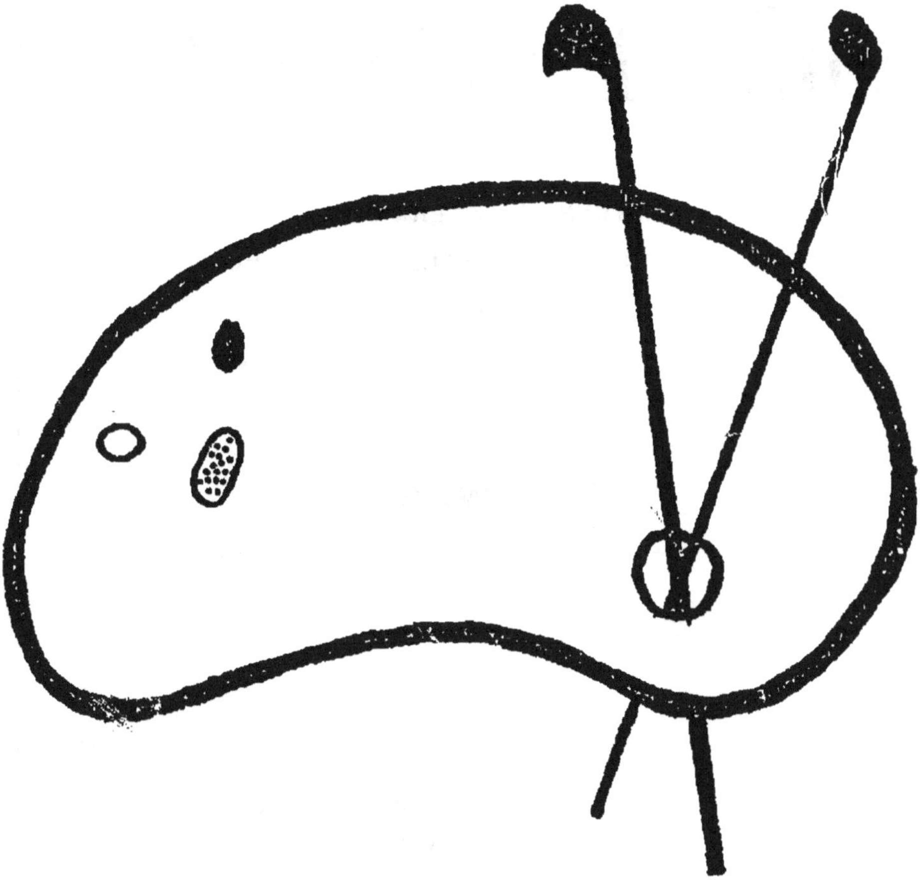

**COUVERTURE SUPERIEURE ET INFERIEURE
EN COULEUR**

LA
MORALE DE SPINOZA

EXAMEN DE SES PRINCIPES
ET DE L'INFLUENCE QU'ELLE A EXERCÉE
DANS LES TEMPS MODERNES

PAR

RENÉ WORMS

ANCIEN ÉLÈVE DE L'ÉCOLE NORMALE SUPÉRIEURE
AGRÉGÉ DE PHILOSOPHIE

OUVRAGE COURONNÉ PAR L'INSTITUT
(Académie des Sciences morales et politiques)

PARIS
LIBRAIRIE HACHETTE ET Cie
79, BOULEVARD SAINT-GERMAIN, 79

Librairie **HACHETTE et C**ie, boulevard Saint-Germain, 79, à Paris.

BIBLIOTHÈQUE VARIÉE, FORMAT IN-16
A 3 FR. 50 LE VOLUME

PUBLICATIONS PHILOSOPHIQUES

BOUILLIER, de l'Institut : *Du plaisir et de la douleur*; 3e édition. 1 vol.
— *La vraie conscience*. 1 vol.
— *Études familières de psychologie et de morale*. 1 vol.
— *Nouvelles Études familières de psychologie et de morale*. 1 vol.
— *Questions de morale pratique*. 1 vol.

CARO (E.), de l'Académie française : *Études morales sur le temps présent*; 5e édition. 1 vol.
— *Nouvelles Études morales sur le temps présent*; 2e édition. 1 vol.
— *L'idée de Dieu et ses nouveaux critiques*; 7e édition. 1 vol.
Ouvrage couronné par l'Académie française.
— *Le matérialisme et la science*; 4e édition. 1 vol.
— *Le pessimisme au XIXe siècle*; 3e édition. 1 vol.
— *La philosophie de Gœthe*; 2e édition. 1 vol.
Ouvrage couronné par l'Académie française.
— *M. Littré et le positivisme*. 1 vol.
— *Problèmes de morale sociale*; 2e édit. 1 vol.
— *Philosophie et philosophes*. 1 vol.

CARRAU (L.), maître de conférences à la Faculté des lettres de Paris : *Étude sur la théorie de l'évolution*. 1 vol.

COURNOT : *Revue sommaire des doctrines économiques*. 1 vol.

FOUILLÉE, maître de conférences à l'École normale supérieure : *L'idée moderne du droit en Allemagne, en Angleterre et en France*; 2e édition. 1 vol.
— *La science sociale contemporaine*; 2e édition. 1 vol.
— *La propriété sociale et la démocratie*. 1 vol.
— *La philosophie de Platon*; 2e édition.
Tome I : Théorie des idées et de l'amour.
Tome II : Esthétique, morale et religion platoniciennes.
Tome III : Histoire du platonisme et de ses rapports avec le christianisme.
Tome IV : Essais de philosophie platonicienne.

FRANCK (Ad.), de l'Institut : *Essais de critique philosophique*. 1 vol.
— *Nouveaux Essais de critique philosophique*. 1 vol.

GARNIER (Ad.) : *Traité des facultés de l'âme*; 4e édition. 3 vol.
Ouvrage couronné par l'Académie française.

GRÉARD (O.), de l'Académie française : *De la morale de Plutarque*; 4e édition. 1 vol.
Ouvrage couronné par l'Académie française.

JOLY, professeur à la Faculté des lettres de Paris : *Psychologie des grands hommes*. 1 vol.
— *Psychologie comparée : l'homme et l'animal*; 2e édition. 1 vol.
Ouvrage couronné par l'Académie des sciences morales et politiques.

JOUFFROY (Th.) : *Cours de droit naturel*; 5e édition. 2 vol.
— *Cours d'esthétique*; 4e édition. 1 vol.
— *Mélanges philosophiques*; 6e édit. 1 vol.
— *Nouveaux Mélanges philosophiques*; 4e édition. 1 vol.

MARTHA (C.), de l'Institut : *Les moralistes sous l'empire romain*; 5e édition. 1 vol.
Ouvrage couronné par l'Académie française.
— *Le poème de Lucrèce*; 4e édition. 1 vol.
Ouvrage couronné par l'Académie française.
— *Études morales sur l'antiquité*; 2e édit. 1 vol.
— *La délicatesse dans l'art*. 1 vol.

NICOLE : *Œuvres philosophiques*. 1 vol.

PRÉVOST-PARADOL : *Études sur les moralistes français*; 6e édition. 1 vol.

SIMON (Jules), de l'Académie française :
— *La liberté politique*; 5e édition. 1 vol.
— *La liberté civile*; 5e édition. 1 vol.
— *La liberté de conscience*; 6e édition. 1 vol.
— *La religion naturelle*; 8e édition. 1 vol.
— *Le devoir*; 14e édition. 1 vol.
Ouvrage couronné par l'Académie française.

TAINE : *Les philosophes classiques du XIXe siècle en France*; 6e édition. 1 vol.
— *De l'intelligence*; 5e édition. 2 vol.
— *Philosophie de l'art*; 4e édition. 2 vol.

THAMIN (R.), professeur à la Faculté des lettres de Lyon : *Un problème moral dans l'antiquité*. 1 vol.
Ouvrage couronné par l'Académie des sciences morales et politiques.

À l'auteur de la Conférence sur Spinoza et de tant d'autres admirables travaux

À Monsieur Ernest Renan

hommage de profond respect

René Worms

LA
MORALE DE SPINOZA

OUVRAGES DU MÊME AUTEUR

PRÉCIS DE PHILOSOPHIE, d'après les leçons de philosophie de M. E. Rabier. Paris, Hachette et Cie, 1891.

ÉLÉMENTS DE PHILOSOPHIE SCIENTIFIQUE ET DE PHILOSOPHIE MORALE. Paris, Hachette et Cie, 1891.

DE LA VOLONTÉ UNILATÉRALE CONSIDÉRÉE COMME SOURCE D'OBLIGATIONS. Paris, A. Giard, 1891.

Coulommiers. — Imp. PAUL BRODARD.

LA
MORALE DE SPINOZA

EXAMEN DE SES PRINCIPES
ET DE L'INFLUENCE QU'ELLE A EXERCÉE
DANS LES TEMPS MODERNES

PAR

RENÉ WORMS

ANCIEN ÉLÈVE DE L'ÉCOLE NORMALE SUPÉRIEURE
AGRÉGÉ DE PHILOSOPHIE

OUVRAGE COURONNÉ PAR L'INSTITUT
(Académie des Sciences morales et politiques)

PARIS
LIBRAIRIE HACHETTE ET Cⁱᵉ
79, BOULEVARD SAINT-GERMAIN, 79
—
1892

Droits de traduction et de reproduction réservés.

LA
MORALE DE SPINOZA

INTRODUCTION

ORIGINES DE LA MORALE DE SPINOZA

Si original que puisse être un penseur, il a toujours eu des devanciers. Ses idées ne lui appartiennent jamais entièrement en propre; elles sont chez lui, en grande partie, un legs des générations qui l'ont précédé ou des maîtres dont il a reçu l'enseignement. Spinoza n'échappe pas à la règle commune : les éléments de son système se retrouvent, partie dans la pensée du peuple juif, dont il est issu, partie dans la pensée de Descartes, duquel il s'est tant inspiré; la construction seule est de lui. Il est donc à la fois légitime et nécessaire de chercher, dans l'histoire de ses prédécesseurs, les matériaux de son œuvre; après quoi l'étude de son esprit, de sa vie morale, nous donnera la formule de leur agencement, la clef de l'œuvre d'art qu'ils contribuent à composer.

I

Spinoza est né dans le judaïsme, et les philosophes hébreux ont été ses premiers maîtres. L'enseignement moral qu'il reçut de ce côté eut essentiellement un caractère religieux. Toute la métaphysique du judaïsme peut se résumer en une phrase : Dieu existe, il est un, et il est grand. Toute sa morale, de même, peut se résumer en un mot : obéis à Dieu. C'est du précepte de l'obéissance à Dieu que découlent les dix commandements et tous les autres devoirs. Et pourquoi l'homme doit-il obéir à Dieu? pour en être récompensé. L'amour désintéressé du divin, la foi mystique en l'idéal pur, sont des sentiments étrangers au judaïsme traditionnel. Accomplir la loi divine, c'est simplement, pour l'homme, le moyen d'être parfaitement heureux dans cette vie et dans l'existence future. Ce caractère utilitaire de l'amour de Dieu se retrouvera dans la morale de Spinoza.

Maintenant, comment l'homme est-il récompensé de son attachement à la loi divine? Sur ce point, nous trouvons dans l'histoire de la pensée juive deux solutions. D'une part, la synagogue, et avec elle les docteurs orthodoxes, affirment que Dieu, conçu comme une personnalité toute-puissante, récompense directement, et par un acte spécial de sa volonté, l'homme pieux et sage; c'est cette doctrine qu'a exprimée Salomon-ibn-Gebirol (Avicebron) dans ces dernières lignes de son livre, par l'orthodoxie desquelles il a voulu racheter tant de hardiesses : « Si tu t'attaches à celui qui donne la vie, il jettera son regard sur toi et te fera le bien, car il est la source de bienfaisance [1] ». Maïmonide lui-même, bien qu'il n'aime point à s'expliquer sur cette question, semble se rallier à l'opinion traditionnelle [2].

Mais d'autres penseurs, plus hardis, adoptent une bien différente solution. Pour eux, Dieu n'est plus un être personnel, mais l'ensemble des êtres individuels : soit la substance dont ils émanent — c'est l'idée des Kabbalistes, — soit l'intellect universel dont les intellects actifs des individus humains ne sont que les fragments — c'est l'idée des philosophes arabes péripatéticiens, Avicenne et Averroès entre autres, et de leurs disciples hébreux. Pour cette école, il ne saurait plus être question de récompenses assignées par Dieu même à l'homme; mais l'accomplissement de la loi divine n'en reste pas moins l'idéal de la sagesse humaine. Cet idéal semble plus désintéressé que celui de l'école orthodoxe, car ici il n'est plus question de « craindre Dieu », mais d' « aimer Dieu ». Mais au fond la préoccupation utilitaire subsiste; car si l'homme, d'après ces auteurs, doit aimer Dieu, c'est que dans

---

[1] *Source de la vie*, cinquième traité, § 74 et dernier. Traduction française de S. Munk, 1857. — Voir aussi : D' Guttmann, *Die Philosophie von Salomon-ibn-Gebirol*, 1889, p. 263-4.

[2] *Guide des égarés* (« More Nebouchim »), traduit en français par S. Munk, 3 vol., 1856 et suiv. — *Die Ethik des Maïmonides* (« Schemonah Perakim »), traduit en allemand par Simon Falkenheim; Königsberg, 1832, in-12.

cet amour — considéré en lui-même, et en dehors de toute préoccupation de récompense extérieure — il trouve sa souveraine perfection et son souverain bonheur. Avicenne et Averroès disaient, après Aristote et Plotin, que la béatitude consiste, pour l'homme, à développer son intellect actif, et à s'unir par là à l'intellect universel et divin [1]; c'est dans ce même développement de la raison, dans cette même union avec Dieu, et nullement dans une rémunération providentielle, que leur disciple juif Chasdaï Creskas place la félicité de l'individu : « le but principal de l'homme, écrit-il, c'est l'amour de Dieu sans préoccupation de ce qui est en dehors de cet amour [2] ». Or, de tous les philosophes juifs du moyen âge, celui qui semble avoir exercé sur Spinoza l'action la plus profonde, c'est précisément Rabbi Chasdaï Creskas [3]. Quoi d'étonnant dès lors si cette théorie se retrouve intégralement dans l'*Éthique*, où l'amour de Dieu est présenté comme assurant, directement et par lui seul, le bonheur de l'homme, où la béatitude n'est pas le prix et la récompense de la vertu, mais la vertu elle-même? Cela se comprend d'autant mieux, que la

---

1. S. Munk, *Mélanges de philosophie arabe et juive*, 1857; voir notamment p. 364 et suiv. et 452 et suiv. — E. Renan, *Averroès*, 2ᵉ édit., 1860, p. 142 et suiv.
2. Cité dans *Revue philosophique*, t. X, compte rendu d'un article de M. Sorley sur « la philosophie juive et Spinoza ».
3. Voir les diverses recherches du Dʳ Joël sur la philosophie juive au moyen âge et les sources de la doctrine de Spinoza (1859-1871), toutes réunies dans ses *Beiträge zur Geschichte der Philosophie*, Breslau, 1876, 2 vol. — On en trouve un bon résumé dans le livre de Fréd. Pollock : *Spinoza, his life and philosophy*; London, 1880.

même doctrine était passée d'Averroès — en même temps qu'aux auteurs juifs — à Giordano Bruno, dont Spinoza semble s'être également inspiré [1]. Ainsi cette doctrine de l'amour de Dieu conçu comme étant par lui-même la souveraine félicité, cette doctrine qui fera le fond de l'*Éthique*, vient à Spinoza d'un docteur juif, Chasdaï Creskas, chez lequel elle était une combinaison de la philosophie gréco-arabe d'Aristote, des Alexandrins et d'Averroès, avec l'esprit, pratique et religieux tout ensemble, de l'antique nation d'Israël.

II

Mais Spinoza n'est pas seulement l'élève des rabbins; il est aussi — il est surtout, dit-on parfois — l'élève de Descartes [2]. En matière morale, il est vrai, l'influence de Descartes sur Spinoza semble moins facile à constater qu'en matière métaphysique. Cela tient à ce que Descartes n'a pas laissé un exposé systématique de ses vues sur l'éthique. Cependant, à y regarder de près, on trouve dans ses œuvres une morale, ou plutôt même deux morales; mais l'une n'était considérée par lui-même que comme provisoire; et la seconde, qui devait être sa morale définitive, est à peine esquissée. Pendant qu'il travaille à construire

1. Sur cette question, voir Land, in *Memory of Spinoza*, p. 14, 15, 54 et suiv.
2. Quant à l'influence que Hobbes a pu avoir sur Spinoza, comme c'est surtout en politique qu'elle s'est exercée, nous en renvoyons l'examen au chapitre xii, *Politique de Spinoza*.

son système, il a besoin, ayant préalablement rejeté toutes les opinions qu'il avait jusque-là reçues, de se tracer à lui-même une règle de vie : de là la morale provisoire qu'il expose dans la troisième partie du *Discours de la Méthode*. Cette morale provisoire, c'est aussi, sous une autre forme, celle qu'il conseille aux hommes d'adopter jusqu'au moment où il aura pu, ayant achevé la science, leur donner les préceptes d'une morale définitive : de là les développements moraux contenus dans les célèbres lettres à la princesse Élisabeth. L'esprit de cette morale provisoire est tout stoïcien. Descartes prétend y concilier Aristote, Zénon et Épicure. Il admet que nous nous attachions avant tout à la recherche de la béatitude, mais il ajoute que « vivre en béatitude n'est autre chose qu'avoir l'esprit parfaitement content et satisfait [1] ». Or, pour avoir l'esprit parfaitement content et satisfait, il n'est qu'un moyen, c'est de ne vouloir jamais que des choses qui dépendent de nous seul; c'est de ne point nous attacher aux biens extérieurs ni aux biens du corps, changeants et périssables, mais aux biens de l'âme « qui seuls peuvent être immortels comme elle ». Le bien, en un mot, ne consiste pour l'homme « que dans une ferme volonté de bien faire, et dans le contentement que produit cette volonté [2] ». En effet, des deux biens de l'âme qui constituent par leur réunion la sagesse, à savoir la connaissance du bien et la volonté

---

1. *Lettre à la princesse Élisabeth*, 1645 (dans l'examen de Sénèque).
2. *Lettre à la reine Christine*.

de l'exécuter, le premier n'est pas en notre pouvoir ; aussi, quoique tous deux soient requis pour arriver à l'état de sagesse parfaite, la volonté de bien faire suffit-elle pour nous rendre pleinement agréables à Dieu ; et ainsi « quiconque a une volonté ferme et constante d'user toujours de la raison le mieux qu'il est en son pouvoir, et de faire en toutes ses actions ce qu'il juge le meilleur, est véritablement sage, autant que sa nature permet qu'il le soit ; et par cela seul il est juste, courageux, modéré, et a toutes les autres vertus [1].... » N'est-ce pas là du pur stoïcisme ? et cet homme vertueux, dont tout le mérite consiste dans la tension de sa volonté (le τόνος stoïcien), ce même homme qui tâchera toujours — suivant le troisième et le plus important des préceptes de la morale provisoire [2] — de se vaincre soi-même plutôt que la fortune et de changer ses désirs plutôt que l'ordre du monde, n'est-ce pas le sage idéal des Sénèque et des Épictète ? Voilà, croyons-nous, l'origine de ce stoïcisme, de cette conception de la morale tout « intérieure », tout entière placée dans l'indépendance de l'âme et sa « liberté », qui sont si remarquables chez Spinoza.

Mais la pensée morale de Descartes ne devait pas, nous l'avons indiqué, s'arrêter à cette phase. Cette morale, par définition, n'est que provisoire ; elle ne peut servir à nous guider qu'en attendant l'édification de la morale définitive. Celle-ci sera le dernier produit et comme l'achèvement de la science. « Toute la phi-

---

1. *Principes de la Philosophie*, épître dédicatoire.
2. *Discours de la Méthode*, IIIe partie.

losophie, écrit Descartes dans un passage souvent cité, toute la philosophie est comme un arbre, dont les racines sont la métaphysique, le tronc est la physique, et les branches qui sortent de ce tronc sont toutes les autres sciences, qui se réduisent à trois principales, la médecine, la mécanique et la morale; j'entends la plus haute et la plus parfaite morale, qui, présupposant une entière connaissance des autres sciences, est le dernier degré de la sagesse. Et, comme ce n'est pas de la racine, ni du tronc des arbres qu'on cueille les fruits, mais seulement des extrémités de leurs branches, ainsi la principale utilité de la philosophie dépend de celles de ses parties qu'on ne peut apprendre que les dernières [1]. » Deux choses résultent de ce texte : la première, c'est que Descartes conçoit la science comme ayant pour principale valeur sa valeur pratique, comme estimable surtout parce qu'elle conduit à la morale; la seconde, c'est que la morale, réciproquement, a besoin, pour être solidement établie, de se fonder sur la science. Et en effet « le moyen le plus assuré pour savoir comment nous devons vivre, n'est-ce pas de savoir auparavant quels nous sommes [2]? » Or nous sommes un être double, fait d'âme et de corps: il nous faudra donc étudier, pour organiser la morale, ce que sont l'âme et le corps, et quelle est la perfection de chacun d'eux. Du corps d'abord; Descartes attache une grande importance à son bon état : « l'esprit dépend si fort du tem-

---

1. *Principes de la Philosophie*, préface.
2. *Lettre à Chanut.*

pérament et de la disposition des organes du corps, que, s'il est possible de trouver quelque moyen qui rende communément les hommes plus sages et plus habiles qu'ils n'ont été jusqu'ici, je crois que c'est dans la médecine qu'on doit le chercher[1]. » Mais c'est surtout à la santé de l'âme qu'il faut s'attacher; or la santé de l'âme, c'est la raison ; aussi nous devons chercher avant tout à devenir des êtres raisonnables : « je pensais, écrit Descartes[2], que je ne pouvais mieux..... que d'employer toute ma vie à cultiver ma raison, et m'avancer autant que je pourrais en la connaissance de la vérité ». Ainsi la raison prend, dans la morale définitive, le rôle qui, dans la morale provisoire, était dévolu à la volonté. C'était par l'usage de notre libre arbitre que nous pouvions, d'après la morale provisoire, nous élever au bien; mais Descartes, comprenant combien ce libre arbitre était inconciliable avec le mécanisme dont il faisait la loi et de la nature, et même (dans le *Traité des Passions*) de l'esprit, sentit peu à peu la nécessité de l'éliminer de son système; et c'est pourquoi, dans la morale définitive qu'il rêvait, ce libre arbitre n'eût sans doute point trouvé place. Cette morale, tout porte à le croire, eût été une morale purement scientifique, presque physiologique, comme l'est déjà la psychologie du *Traité des Passions*. L'instrument du progrès moral et du bonheur de l'homme, ce n'eût plus été la volonté, mais la raison, une raison qui se développe parallèlement à l'orga-

---

1. *Discours de la Méthode*, VI° partie.
2. *Id.*, III° partie.

nisme et qui a, dans le bon état du système nerveux et dans les qualités des esprits animaux, ses conditions d'existence organiques. Mais Descartes n'a pas eu le temps de développer toutes ces idées, qui sont restées en germe dans son système : la morale ne pouvait être que le couronnement des sciences théoriques, et Descartes n'eut pas même le temps de porter celles-ci à leur achèvement. Le rôle de Spinoza — qui, dans toutes les parties de la philosophie, poussa plus loin que Descartes les déductions logiques des principes cartésiens, et qui tira les vraies conséquences des prémisses posées par son maître, — le rôle de Spinoza fut essentiellement de construire cette morale scientifique que Descartes avait seulement annoncée. L'idée que la morale est une science, et que, comme toute autre science, elle doit pouvoir être construite par la seule raison déductive, cette idée, c'est le plus considérable apport du cartésianisme à l'éthique de Spinoza.

III

De là il ressort immédiatement que l'influence de Descartes ne s'est pas fait sentir sur la morale de Spinoza, de la même façon que l'influence du judaïsme. Celle-ci a plutôt donné au système sa matière, et celle-là sa forme. L'amour de Dieu, béatitude de l'homme, voilà ce qui résume le contenu de la morale de Spinoza, et ce que le judaïsme lui a fourni ; l'organisation rationnelle de cette morale, voilà ce qui caractérise la méthode de l'*Éthique*, et ce qui vient de Descartes. Mais la synthèse de cette matière et de cette forme, de ce contenu et de cette méthode, ne s'est pas faite d'elle-même : il a fallu, pour l'accomplir, un esprit puissant, ayant sa façon de sentir et de penser bien à lui, tel qu'était l'esprit de Spinoza. L'originalité de l'œuvre réside dans la façon dont ces éléments ont été réunis, dans l'inspiration qui a animé cette synthèse, dans l'accent avec lequel ces pages ont été écrites. Et la raison de tout cela ne peut se trouver que dans la manière dont Spinoza a entendu la vie morale, ou bien (car c'est tout un chez lui) dont il l'a vécue et pratiquée. L'explication dernière de l'œuvre est dans l'existence de l'ouvrier.

Nous n'avons que fort peu de détails sur la jeunesse de Spinoza. Rien n'autorise à croire qu'il ait jamais beaucoup connu la passion : il semble au contraire avoir été de bonne heure réfléchi et méditatif. Toutefois, il ne resta pas, tout d'abord, insensible aux choses qui d'ordinaire charment les hommes. Bien qu'on ne puisse pas, de la vivante et forte peinture des passions qu'il a faite dans la troisième partie de l'*Éthique*, conclure qu'il les a lui-même éprouvées — car c'est le propre du génie de savoir sympathiser ainsi avec toutes les émotions humaines, — on peut penser qu'il ne résista pas toujours, lui, le jeune docteur si célèbre dans la synagogue par sa science et bientôt par sa révolte, à l'attrait de la gloire; que le futur ami du grand pensionnaire de Witt n'ignora pas l'ambition; que le condisciple de Clara-Maria Van der Ende [1] connut un sentiment plus doux que la simple affection. Mais si, dans ses premières années, il put se laisser aller à ce qu'il appellera un jour des « affections passives », un jour vint où il éprouva l'amer regret d'avoir employé son existence à la recherche de biens futiles et trompeurs. Dans la vie de presque tous les génies originaux, de tous ceux qui, en rompant avec la tradition, ont apporté au monde une idée nouvelle, il y a ainsi une crise, un moment où ils aperçoivent nettement l'insuffisance de tout ce qui les précède, et où leur apparaît, lumineuse, la destination de leur propre existence et l'idée de l'œuvre qu'ils ont à accomplir. Chez le maître de Spinoza, chez Descartes, cette crise — qui nous est racontée au début du *Discours de la Méthode* — fut une crise logique : il sentit, à un instant donné, l'irrémédiable vice de toute la science antérieure, et entrevit le moyen de la remplacer par une science nouvelle, une science rationnelle et mathématique. Chez Spinoza, la crise fut une crise morale : ce qu'il vit, ce fut le vice de l'existence qu'il avait menée jusque-là, et que menaient à côté de

---

1. Il est vrai qu'il a été établi que Clara Van der Ende n'avait guère que douze ans quand Spinoza fut l'élève de son père à Amsterdam ; mais l'on sait que, même après cette époque, le philosophe revint parfois dans la ville natale pour revoir quelques amis particulièrement chers, au nombre desquels il aimait à placer la famille Van der Ende. Si donc il n'est pas certain qu'il aspira à la main de Clara-Maria, rien n'autorise non plus à traiter comme une fable frivole une histoire racontée par le scrupuleux et d'ordinaire si exact biographe de Spinoza, Colerus.

lui tous les hommes; ce qu'il voulut, ce fut poser les règles d'une vie nouvelle, d'une vie idéale et parfaite, pour lui-même et pour l'humanité. Le récit de cette crise, dont malheureusement nous n'avons point la date, nous est donné au début du traité sur la *Réforme de l'entendement*. Spinoza s'est aperçu, nous dit-il, que tous les biens auxquels il s'était attaché jusque-là étaient vains, car ils ne contentaient pas le besoin de la félicité infinie qu'il trouvait au fond de son âme, et de plus, qu'ils étaient fragiles et à chaque instant pouvaient périr. Ce qu'il lui faut donc, c'est le bien infini et le bien éternel; non pas une chose qui soit infiniment et éternellement bonne « en soi » : Spinoza déclare (et ce sera une des bases de sa morale) que les choses ne sont bonnes qu'au regard de l'homme, et dans la mesure où elles peuvent le satisfaire; mais une chose qui soit capable de lui donner le bonheur absolu, et non seulement à lui, mais à tous ses semblables [1]. Mais une telle chose existe-t-elle? Eh quoi, pour poursuivre ce bien incertain, il quitterait ces biens certains dont il jouit maintenant, fortune, honneurs, plaisirs! Non, cette tâche l'effraie. Mais bientôt il se ravise. Ce qu'il va quitter, ce n'est pas un bien certain, c'est au contraire, par nature, un bien incertain : la véritable essence de ces biens finis nous est inconnue, et nous ne savons si les posséder n'est pas plutôt un mal pour nous. Ce qu'il va chercher, au contraire, c'est un bien certain par sa nature — car

---

1. Qui soit, comme il dit, *communicabile sui*.

l'infini, l'éternel et l'absolu nous est certainement bon, — mais incertain seulement par sa réalisation, c'est-à-dire tel qu'il n'est pas sûr que nous arrivions à le posséder. Bien plus, ce qu'il va quitter, c'est un mal certain : car pour acquérir fortune, honneurs et plaisirs, il faut lutter contre nos semblables, et la poursuite de ces biens prétendus n'engendre que querelles, haines, tristesse, et trouble d'âme! Ainsi c'est un mal certain qu'il va abandonner, et pour un bien certain, certain au moins par son essence. Il se trouve donc dans la situation d'un mourant qui serait forcé de chercher un remède, avec la certitude de périr s'il ne le trouve pas. C'est donc maintenant de toutes ses forces qu'il se décide à tendre au bien véritable, au bien éternel et infini ; mais l'atteindra-t-il, là est la question. Pour l'atteindre, il faut qu'il se débarrasse, non pas brusquement et en un instant, mais progressivement et peu à peu, de ses anciens et trompeurs attachements; il faut qu'il arrive à la pleine connaissance de la nature (car, pour lui, comme pour Descartes, c'est la science qui fait le bonheur, et l'infini doit être compris pour pouvoir être aimé), et qu'il y fasse arriver les autres hommes. Que faire pour cela? constituer la science : logique, métaphysique, psychologie, et accessoirement aussi, car tout cela sert à la morale, la mécanique, la médecine, la pédagogie. Mais en attendant que la science soit faite, il faut vivre; il faut donc une morale provisoire, pour pouvoir attendre la morale vraie. Spinoza se prescrit à lui-même trois règles de morale provisoire : se mettre à la portée du vulgaire, pour n'être pas gêné par lui, mais sans se laisser détourner par lui du vrai but de la vie; ne jouir des plaisirs que pour la conservation de la santé; ne se servir de l'argent que pour assurer sa santé et sa vie, ou pour suivre les mœurs du pays en tant qu'elles ne gênent pas notre tâche. Règles qui ne ressemblent guère dans la forme à celles de Descartes (sauf peut-être la première), mais qui pourtant ont bien au fond le même caractère : n'être que des règles provisoires, qui (en nous apprenant à ne pas choquer le vulgaire, à ne pas abuser des plaisirs, à ne pas nous attacher à l'argent), nous aident seulement à travailler en paix à l'œuvre de la science et de la morale définitive. Règles que Spinoza ne fit pas que poser, mais qu'il pratiqua toute sa vie, avec l'étonnante fermeté et l'admirable constance qui animent toute sa vie d'homme et toute sa pensée de philosophe.

Du jour, en effet, où il eut pris ces hautes résolutions, il n'eut plus qu'une pensée : réaliser l'œuvre qu'il avait conçue, conformer sa vie à l'idéal qu'il avait rêvé. Il se défit, comme il se l'était promis, de toutes les affections qui pouvaient gêner ses progrès. Il négligea totalement le soin d'acquérir des richesses; il apprit à se contenter de peu, à vivre frugalement du travail de ses mains. Sa sobriété (il vivait parfois avec quatre sous par jour, qu'il gagnait en polissant, comme son maître Descartes, des verres pour les instruments d'optique) est proverbiale; son désintéressement n'est pas moindre. On sait qu'il refusa de son ami Simon de Vries l'offre de son hérédité; qu'il fit même réduire la pension que lui offraient les héritiers. Dans la succession de ses parents, il abandonna sa part à ses sœurs. Il ne voulut point, comme l'y engageaient les officiers de Condé, dédier une œuvre à Louis XIV pour obtenir une pension. Bien plus, quand l'électeur palatin lui fit offrir une chaire à l'université de Heidelberg, lui promettant la liberté absolue de la parole et de l'enseignement, à condition « qu'il ne dît rien de contraire à la religion établie », Spinoza répondit [1] qu'il n'était point encore assez avancé dans la connaissance de la vérité pour pouvoir en instruire d'autres, que la nécessité d'enseigner lui ôterait le temps de progresser lui-même en science et en vertu, enfin qu'il ne savait pas jusqu'où irait cette liberté de parole qu'on lui promettait, en la restreignant sur un sujet aussi important que la religion. Il dédaignait donc tout autant les honneurs et la célébrité que la fortune. Et cependant, il était sobre sans ascétisme, et humble sans abjection; n'est-ce pas lui qui a dit qu'un homme sage doit user — avec modération, il est vrai — de tous les plaisirs de la vie [2] et se tenir constamment en joie [3], lui aussi qui a condamné, à l'égal de l'orgueil des gens du monde, l'abjection des faux dévots, disant qu' « il n'y a rien de plus voisin d'un orgueilleux, qu'un homme abject [4] »? Ainsi en toute chose il s'éloignait d'un excès comme de l'excès

---

1. *Lettre à Fabricius*, édit. Van Vloten, t. II, p. 182-3.
2. *Éthique*, IV° partie, prop. 45, scholie.
3. Même texte.
4. *Éthique*, IV° partie, appendice, chap. xxii.

contraire; ne voulant pas plus être obligé de se raidir contre la passion que se laisser dominer par elle, estimant que tout le temps qu'on lui donne, soit pour lui céder, soit pour la combattre, est perdu pour l'œuvre vraie de la vie. — C'est encore ainsi que, sans être un fanfaron de hardiesse, en cherchant toujours à être tranquille et à ne point soulever de querelles [1], il sut néanmoins faire preuve du plus grand courage dans des dangers qu'il n'avait point provoqués. Il s'exposa à d'extrêmes périls par son attitude ferme et résolue en face de la synagogue : il brava le poignard des assassins, il encourut de pied ferme l'excommunication, il se laissa chasser de sa demeure, de sa famille, de sa ville natale, plutôt que d'abjurer des opinions qu'il croyait vraies, ou même de se plier à des simulacres d'obéissance et de soumission qui blessaient sa conscience. De même, quand ses amis les de Witt eurent été odieusement massacrés par la populace, Spinoza — c'est Leibniz, son adversaire, qui le rapporte — voulut aller protester publiquement de son indignation contre ce meurtre, et n'en put être empêché que par la violence que lui fit son hôte. Quand, au retour d'une visite faite à Condé, il fut pris par quelques hommes du peuple pour un espion, et que l'on s'attroupa devant la porte de sa maison pour le frapper : « N'ayez peur, dit-il à son hôte, au moindre effort qu'on fera pour entrer chez vous, je sortirai et parlerai au peuple; je suis bon citoyen, et n'ai rien à me

---

1. *Rixas prorsus horreo*, écrit-il à Oldenburg; édit. Van Vloten, t. II, p. 27.

reprocher ». Son courage ne se montrait pas seulement en face de la mort, mais aussi dans des circonstances qui, pour être moins périlleuses, n'en sont pas moins décisives. On dit parfois qu'il craignit le scandale que causerait l'apparition de l'*Éthique*, et que par prudence il ne la publia pas de son vivant; mais, outre que nous ignorons totalement les vrais motifs de cette abstention, laquelle après tout serait bien permise (surtout quand on songe que Descartes avait, non pas seulement laissé inédit, mais brûlé son *Traité du Monde* à l'annonce de la condamnation de Galilée), il faudrait se souvenir que Spinoza n'avait pas hésité à publier son *Traité théologico-politique*, lequel, inaugurant la méthode critique en matière d'interprétation des textes sacrés, devait exciter et excita en effet bien plus de clameurs et de haines que l'*Éthique*. — Ainsi, quand il s'agit de la divulgation et de la défense de ses opinions, Spinoza, tout réservé et ennemi de la violence qu'il pût être, n'en montra pas moins un courage parfois héroïque. Ce n'était point par fierté qu'il le faisait, ce n'était point par une vaine ostentation, mais simplement parce que, en le faisant, il voulait rendre hommage à la vérité dont il se croyait le dépositaire. Et d'autre part cependant, à l'intime persuasion qu'il avait de posséder le vrai [1], il joignait la plus parfaite tolérance pour les opinions d'autrui : « Je laisse vivre les hommes à leur guise, et chercher leur bien comme il leur plaît — écrit-il à

---

1. *Philosophiam... veram invenisse scio.* Lettre à Albert Burgh, édit. Van Vloten, t. II, p. 247.

Oldenburg[1], — pourvu qu'ils m'accordent les mêmes droits ». A ses humbles hôtes, les Van der Spyck, il disait que la morale que leur prêchait leur pasteur était excellente, et qu'on pouvait faire son salut dans toute religion. Bien plus, il allait entendre les sermons de ce pasteur, et converser avec lui. C'est que, dans cette âme ardente, il y avait un fonds inépuisable de bonté. Cet esprit rationaliste, qu'on eût cru tout entier occupé à chercher la solution de problèmes abstraits, qui écrit à Oldenburg[2] que le spectacle de la guerre ne l'excite qu'à philosopher, trouve dans plusieurs lettres des accents touchants pour plaindre les malheurs de sa patrie, la Hollande, et pour s'en montrer l'enfant fidèle et dévoué. Ce cœur qu'on eût cru de pierre, à lire le scholie de l'*Éthique* sur la pitié, envoie à Pierre Balling des consolations émues sur la mort de son fils[3]. Nul n'a eu des amis plus dévoués que Spinoza — on connaît Louis Meyer, Oldenburg, Simon de Vries, Jarrigh Jellis — et nul ne les a mieux aimés; nulle part peut-être il n'a été rendu à l'amitié un plus beau témoignage que celui-ci, que nous tirons d'une lettre de Spinoza : « de toutes les choses qui ne sont pas en notre pouvoir, l'amitié des hommes attachés à la vérité est la plus douce et la plus sûre[4] ». Spinoza eut tellement le désir de faire du bien aux hommes en les éclairant, que, sans jamais se livrer aux pratiques

---

1. Édit. Van Vloten, t. II, p. 124.
2. *Id., ibid.*
3. *Id.*, t. II, p. 58.
4. *Lettre à Blyenberg*, édit. Van Vloten, t. II, p. 65.

d'un prosélytisme charlatanesque, il n'hésita pas à confier ses sentiments les plus intimes à des inconnus qui plus tard devaient le trahir et l'injurier, Albert Burgh, Blyenberg, Bredenburg. Mais que pouvaient lui importer leur ingratitude et leur colère? La vérité ne restait-elle pas là, cette vérité qu'il avait acquise au prix de tant de travaux, qu'il dévoilait dans ses écrits, et qui devait — pensait-il — triompher un jour, par la seule force de sa clarté intrinsèque, de tous les préjugés et de tous les doutes? Aussi ne voulut-il jamais combattre contre de déloyaux adversaires, et s'en remit-il à l'avenir du soin de juger sa cause. Aussi garda-t-il devant la mort, comme il l'avait gardée toute sa vie, l'impeccable sérénité du sage. Il mourut sans qu'aucun de ceux qui l'entouraient se fût même aperçu de ses souffrances, sans que lui-même y vît autre chose qu'un résultat nécessaire des lois universelles et de l'ordre du monde. Sa mort fut courageuse et simple, comme toute son existence l'avait été. Il avait eu toutes les vertus des stoïciens; il en avait ignoré l'orgueil. Il légua à l'humanité les vérités qu'il pensait avoir découvertes, sans vouloir qu'après lui sa réputation même en bénéficiât : ayant estimé toujours que la gloire ne vaut pas la peine qu'on la recherche, il demanda à ses amis, s'ils publiaient l'*Éthique* après sa mort, de n'y point inscrire son nom [1].

Cet admirable désintéressement fait songer à l'une

---

1. B. de Spinoza, *Opera posthuma*, édit. princeps. Préface des éditeurs.

des plus grandes figures de l'antiquité, à ce sage qui n'a pas voulu nous laisser son propre nom, et que nous ne pouvons désigner que par le terme qui caractérisait les « esclaves achetés », Épictète. Mais il est un autre penseur, contemporain de Spinoza celui-là, qu'il rappelle avec plus de netteté encore, et qu'en dépit de tout ce qui les sépare on ne peut s'empêcher de lui comparer : nous voulons parler de Pascal. Sans doute, il y a bien des différences entre eux : Pascal est un chrétien qui s'attache désespérément à sa croyance, Spinoza est un révolté qui repousse toute religion révélée; Pascal immole la raison, et Spinoza la glorifie. Et, malgré cela, il y a des analogies entre ces deux existences. Tous deux, d'abord ont eu une vie diversement, mais également admirable; tous deux ont laissé à leurs disciples l'exemple de la « sainteté ». Mais leurs esprits aussi se ressemblent, ayant passé par les mêmes places de développement. Tous deux ont eu pour maîtres et Descartes et l'Écriture; tous deux sont des cartésiens révoltés et des esprits religieux jetés hors de la religion commune. Tous deux ont eu leur crise morale et en sont sortis de la même façon, par un acte de foi, par un cri d'espérance en l'Éternité. Tous deux ont passé leur existence à méditer l'Infini, et tous deux cependant ont bien connu la petitesse et la misère de l'homme : n'ont-ils point l'un et l'autre écrit sur l'amour avec la vérité d'impression d'un amant! Mais c'est dans la façon dont ils envisagent le rapport qui unit la petitesse de l'homme à sa grandeur, qu'éclate la différence de leurs génies.

Pascal oppose cette petitesse à cette grandeur, et trouve dans le christianisme la raison de cette antinomie. Spinoza voit au contraire dans la misère de l'homme le germe et comme le premier degré de sa grandeur. Il n'y a point pour lui, comme pour Pascal, séparation, contradiction entre la vie des sens et la vie de l'intelligence, entre la chair et l'esprit, entre le monde et Dieu. Aussi, tandis que Pascal prêche l'ascétisme, Spinoza prêche la vie libre et exempte de tourment. Pascal aime la douleur, Spinoza aime la joie. Pascal songe à la mort, et Spinoza écrit que la sagesse est la méditation, non de la mort, mais de la vie. Pascal s'enferme dans la contemplation d'un Dieu immuable et terrible; Spinoza ouvre son âme à l'admiration de l'univers vivant et joyeux. Pascal a les yeux tournés vers le passé; Spinoza, vers l'avenir.

PREMIÈRE PARTIE

EXPOSÉ CRITIQUE
DE LA MORALE DE SPINOZA

CHAPITRE I

CONCEPTION, RÔLE ET MÉTHODE DE LA MORALE

Raconter l'existence de Spinoza, c'était, par avance, définir son œuvre : car le sage de la Haye n'a fait autre chose, dans ses ouvrages, que « maximiser » sa conduite. La crise morale qui détermina la direction de sa vie détermina aussi le caractère de tous ses travaux. Du jour où il eut compris qu'il n'y a qu'un seul bien qui puisse vraiment satisfaire l'âme, il ne se proposa pas seulement de le conquérir pour soi-même, il voulut aussi le révéler à autrui : il chercha la souveraine félicité pour ses semblables comme pour lui. Et ce désir qu'il eut de moraliser les hommes fut désormais, dans tous ses écrits, sa préoccupation capitale. Dans la première en date de ses œuvres originales, dans cette imparfaite mais puissante ébauche de l'Éthique qu'on nomme le traité « de Dieu, de l'homme et de sa béatitude », Spinoza consacre déjà à l'étude des questions morales toute une moitié de son travail, la seconde et la plus importante, car elle tire les conséquences pratiques des principes métaphysiques posés dans la première partie. Plus tard, quand il écrit ses œuvres définitives, c'est toujours la même voie qu'il suit. S'il écrit le Traité de la Réforme de l'Entendement, c'est, nous dit-il [1], parce que rien n'est plus utile pour assurer le bonheur de l'homme que de lui faire connaître la vraie méthode par laquelle il peut arriver à la possession de la science. S'il fait un Traité politique et un Traité théologico-politique, c'est parce que la forme et les lois du gouvernement, d'une part, les principes de la religion et la liberté de conscience, de l'autre, importent grandement à la félicité des nations. S'il condense enfin en un ouvrage le résumé de ses idées sur la nature de Dieu et de l'âme, c'est qu'il croit ces connaissances spéculatives indispensables pour guider la conduite et l'action. Aussi, dans cet ouvrage, il réserve à la morale la plus forte et la meilleure part ; et, afin que nul ne puisse se tromper sur son but, il le nomme « l'Éthique ». Il n'en consacre que les deux premiers livres à l'étude des problèmes métaphysiques, et s'empresse de passer, dans les trois derniers, à l'étude des problèmes moraux ; bien plus, il déclare expressément que ceux-là ne sont, à ses yeux, que l'introduction de ceux-ci : « Nous étudierons seulement — dit-il dans le préambule du second livre de l'*Éthique* — les choses qui peuvent nous conduire comme par la main, à la connaissance

---

1. *De emendatione intellectus*, édit. Van Vloten, t. I, p. 5 et 6.

de l'âme et de son vrai bonheur ». Ainsi la morale est, aux yeux de Spinoza, la partie essentielle de la philosophie. La pratique est supérieure à la spéculation : donc la logique et la métaphysique doivent servir surtout à nous éclairer en vue de l'action. Dans la pratique elle-même, c'est l'action de la partie la plus noble de notre être, c'est-à-dire celle de notre âme, qui nous importe surtout; les soins à donner au corps ne doivent avoir en vue que d'aider à maintenir l'âme en bon état : la mécanique et la médecine, mises par Descartes presque sur le même rang que la morale, sont donc, pour Spinoza, ses humbles servantes [1]. La morale n'est donc pas seulement la plus haute de toutes les sciences; elle est tellement supérieure à toutes les autres, que celles-ci ne méritent d'être cultivées qu'en raison des services qu'elles peuvent lui rendre. « Toutes les sciences doivent être dirigées vers ce but unique qui est de nous conduire à la souveraine perfection de la nature humaine; en sorte que tout ce qui, dans les sciences, n'est pas capable de nous faire avancer vers notre fin doit être rejeté comme inutile; c'est-à-dire d'un seul mot, que toutes nos actions, toutes nos pensées doivent être dirigées vers cette fin [2]. »

Toutes les sciences ont ainsi besoin, pour subsister, de la morale. Mais, réciproquement, la morale a besoin d'elles. D'abord, les sciences sont la base sur laquelle toute éthique doit nécessairement reposer. Le moraliste étudie et veut diriger la conduite humaine; mais

1. *Réforme de l'Entendement*, début.
2. *Id.*, édit. Van Vloten, t. 1, p. 6-7.

ne lui faut-il pas d'abord connaître ce qu'est l'âme de l'homme qu'il prétend gouverner, et quelle place cette âme occupe dans l'univers? Ainsi la métaphysique est faite, sans doute, en vue de la morale; mais la morale ne peut être constituée que grâce à la métaphysique; elles se prêtent et se rendent sans cesse un appui réciproque : « Nous ne chercherons, dit Spinoza [1], que dans la connaissance de l'âme ces remèdes des passions que tout le monde essaie, mais que personne ne sait ni bien employer, ni bien connaître; et c'est exclusivement de cette connaissance que nous conclurons tout ce qui regarde son bonheur ». Mais il y a plus. Ces sciences accessoires de la morale réagissent sur elle pour lui imposer leur méthode. En effet, pour Spinoza, la méthode est la même pour toutes les sciences : il n'existe pas, à ses yeux, plusieurs ordres de sciences distincts, parce qu'il n'existe pas plusieurs ordres d'existences, objets de ces sciences. Les philosophes distinguent d'habitude trois ordres d'existence : il y a des choses, disent-ils, qui n'ont qu'une existence purement « logique », tels les nombres et les autres concepts mathématiques; il en est d'autres qui ont une existence « physique », tels les objets sensibles; il en est d'autres enfin qui ont une existence « morale », c'est-à-dire qui possèdent à la fois la perfection des premiers et la réalité des seconds, tels le bien et le beau. De là, dit-on, trois catégories de sciences bien

---

[1]. *Éthique*, V° partie, préambule. C'est l'exacte contre-partie du texte que nous avons cité tout à l'heure (préambule de la II° partie).

différentes : les premières, déductives ; les secondes, expérimentales et inductives ; les troisièmes, intuitives. — L'une des idées fondamentales du spinozisme est la négation de toute différence profonde entre ces trois ordres. Pour Spinoza, tout ce qui est concevable, est réel ; et tout ce qui est réel, dans la mesure où il est réel, est parfait [1]. Le physique se ramène au logique ; le moral se ramène au physique, et, par son intermédiaire, au logique également. La science de la perfection de l'âme, ou morale, n'est point d'une autre nature que la science de l'existence de l'âme, ou psychologie ; mais celle-ci à son tour est de même essence que la science de l'existence réelle des corps, ou physique, laquelle ne diffère pas non plus de la science de leur existence logique, ou géométrie. Ainsi, de proche en proche, la méthode de la morale se ramène à celle de la géométrie. C'est ce qu'affirme Spinoza, dans un remarquable passage de son *Éthique* : « On doit expliquer toutes choses, dit-il [2], par une seule et même méthode, je veux dire par les lois universelles de la nature.... Je vais donc traiter des passions, de leur force, de la puissance dont l'âme dispose à leur égard, suivant la même méthode que j'ai précédemment appliquée à la connaissance de Dieu et de l'âme, et j'analyserai les actions et les appétits des hommes comme s'il s'agissait de lignes, de plans, et de solides. » L'homme en effet n'est point, comme se l'imaginent à

---

1. « Par réalité et par perfection, j'entends une seule et même chose. »
2. *Éthique*, IIIe partie, préambule.

tort quelques moralistes, un empire dans un empire [1]; il est absurde de considérer sa volonté comme indépendante des lois naturelles, et comme capable d'y déroger : l'âme humaine est, en réalité, une partie de la nature aussi despotiquement soumise que toutes les autres aux règles d'un inflexible déterminisme. Aussi nos actions peuvent-elles, tout comme les modifications des corps, être prévues *a priori*. La morale peut donc être, tout entière, construite déductivement, en partant des principes de la nature humaine, sans qu'on rompe un instant la chaîne des causes et des effets. Sa méthode, en un mot, est identique à celle de la physique mathématique ou de la géométrie, ou plus exactement encore à celle de la logique universelle [2]. Voilà pourquoi la méthode morale de Spinoza est, extérieurement, dans sa forme, une déduction géométrique, faite de théorèmes et de corollaires; et intérieurement, dans son fond logique, un pur rationalisme, ne visant qu'à amener l'âme de l'idée confuse à l'idée claire, de la perception inadéquate à la connaissance distincte. Voilà aussi pourquoi Spinoza s'interdit sévèrement, dans son œuvre, toute digression oratoire, toute réflexion purement critique sur la conduite ordinaire des hommes. C'est le propre des moralistes ordinaires, dit-il, de blâmer ou de railler la faiblesse humaine; mais lui-même ne fera rien de

---

1. *Éthique*, IIIe partie, préambule.
2. Cette conception remarquable ne serait-elle point une extension, faite par Spinoza, de l'idée de la « mathématique universelle » qu'il avait reçue de Descartes ?

semblable : il cherchera les lois de l'activité morale, il montrera quel est leur jeu naturel, quelles conséquences a chaque acte pour son auteur, et ce sera tout : « Je me suis soigneusement abstenu, écrit-il, de tourner en dérision les actions humaines, de les prendre en pitié ou en haine; je n'ai voulu que les comprendre[1] ». Spinoza n'a vu dans la morale qu'une science, plus élevée que les autres, mais de même essence et de même méthode. Si les sciences, à ses yeux, n'ont de valeur pour l'homme que parce qu'elles servent à édifier la morale, la morale réciproquement n'a de valeur que si elle s'inspire des procédés et des résultats des autres sciences, que si elle se fait science elle-même. La science ne vaut que pour la morale; la morale ne vaut que comme science.

1. *Traité politique*, Introduction, § 4.

CHAPITRE II

DONNÉES MÉTAPHYSIQUES DE LA MORALE

Pour pouvoir diriger l'âme humaine, avons-nous dit, il faut d'abord savoir ce qu'est cette âme et quelle place elle tient dans l'univers. Pour construire la morale, il faut donc d'abord avoir fait la métaphysique. Quels sont donc les principes de la métaphysique de Spinoza, ou ceux du moins parmi ces principes qui servent à l'éthique de fondement?

En métaphysique comme en morale, Spinoza s'inspire à la fois du rationalisme de Descartes et de la théologie judéo-chrétienne. Avec Descartes, il déclare que tout ce que l'entendement conçoit clairement et distinctement, est vrai. Or nous avons deux sortes d'idées claires et distinctes : les idées des choses étendues, et les idées des êtres pensants. Donc l'étendue et la pensée existent réellement, et elles sont entièrement différentes l'une de l'autre. Bien plus — et c'est ici que Spinoza se sépare de Descartes, — elles sont si radicalement hétérogènes qu'on ne conçoit entre elles aucune action réciproque : ni l'esprit ne peut mouvoir le corps, ni le corps ne peut émouvoir l'esprit. Les deux séries de faits qui composent le monde à nous connu sont sans influence l'une sur l'autre. Et cependant l'expérience constate qu'elles sont liées l'une à l'autre, que leurs développements et leurs variations sont parallèles. Mais comment expliquer ce parallélisme, si on nie toute action de l'une sur l'autre? En admettant, répond Spinoza, que leur lien n'est pas en elles-mêmes, mais en dehors d'elles et au-dessus d'elles, qu'il est en Dieu.

Mais le Dieu de Spinoza n'est pas, comme celui du vulgaire, un être personnel, intelligent, sage, et bon. Comme les théologiens, Spinoza s'oppose de toutes ses forces à l'anthropomorphisme[1], et déclare qu'il n'y a rien de commun entre les attributs de Dieu et les attributs de l'homme : « L'intelligence et la volonté de Dieu diffèrent autant de l'intelligence et de la volonté de l'homme, que le Chien, signe céleste, diffère du chien, animal aboyant ». L'homme est un être absolument fini, car toutes ses facultés sont limitées et étroites; Dieu est un être absolument infini, car en chacun de ses attributs il possède l'infinité. Ne voulant refuser à son Dieu aucune qualité, Spinoza en fait tout ce qui est et tout ce qui peut être. Dieu est l'en-

---

1. On pourrait dire, presque sans paradoxe, que c'est pour élever Dieu infiniment au-dessus de l'homme qu'a été construit tout ce système, dont le dernier terme est pourtant de faire entrer l'homme en Dieu.

semble des êtres : il est à la fois corps et esprit, ou plutôt il n'est, ni le corps, ni l'esprit finis et périssables, mais l'essence, mais la substance éternelle et infinie de l'esprit et du corps. Il a toute la réalité des êtres sensibles, sans avoir rien de leur imperfection. Il les renferme tout entiers, et il renferme infiniment plus qu'eux. Il les embrasse sans s'épuise. en eux, et il les engendre sans s'amoindrir. Il a une infinité d'attributs, et chacun de ces attributs est infini. Mais de cette infinité d'attributs nous ne connaissons que deux, l'étendue et la pensée, et encore ne les connaissons-nous pas dans leur essence infinie, mais seulement dans les modifications finies qu'elles subissent ; et ces modifications sont ce qui produit les êtres sensibles : les âmes particulières, modes de l'esprit divin, et les corps particuliers, modes de l'étendue divine [1]. Quand la substance infinie se développe, dans chacun

1. Ou plutôt les idées particulières et les fractions d'étendue particulières. Car pour Spinoza, ni une âme, ni un corps, n'est un être simple et un, ayant son individualité et son indépendance, — puisqu'il n'y a qu'une seule substance, la substance divine. Tout âme et tout corps n'est qu'une somme de parties, pensantes ou étendues, de l'Être Divin : parties qui pour le moment sont groupées dans un certain ordre, mais qui pourront l'instant d'après se dissocier, sans qu'il reste rien de leur premier groupement ; car l'être qu'ils formaient n'a pas de personnalité véritable, et il n'y a rien de plus en lui que les modes dont il est composé. Par cette conception, dont nous verrons une application quand nous traiterons de l'immortalité de l'âme, Spinoza précède Hume et Stuart Mill. Car, pour Hume aussi, l'âme ne sera qu'une somme d'idées, chacune au fond indépendante des autres. En réduisant toutes les substances à la substance divine, le dogmatique auteur de l'*Éthique* fraie la voie au sceptique auteur des *Essais*, qui niera résolument toute substance.

de ses attributs se produisent des modifications, qui sont nécessairement corrélatives entre elles, puisque c'est suivant une loi unique que la substance s'est développée en tous ses attributs. L'étendue divine et la pensée divine, attributs de la substance infinie, se modifient donc parallèlement l'une à l'autre. Les corps humains et les esprits humains, modes de ces attributs divins, sont par suite constamment parallèles; et le lien qui existe entre eux se trouve ainsi suffisamment expliqué, en dehors de toute action de l'un sur l'autre, par la loi qui les fait dépendre tous deux du développement de la substance divine.

Mais comment et pourquoi la substance divine se modifie-t-elle? Les panthéistes anciens, stoïciens ou néo-platoniciens, prétendaient laisser à leur Dieu les attributs d'une Providence. Plus conséquent avec lui-même, Spinoza refuse nettement à son Dieu ce caractère. Dieu renferme en soi, pour Spinoza, tous les esprits; mais la somme de tous ces esprits n'est pas un esprit distinct : Dieu n'est pas une conscience centrale, il est une série de consciences fragmentaires. Il est la source de toutes les intelligences, et il n'a pas à proprement parler l'intelligence; car ce serait le diminuer que lui attribuer les déterminations du fini. En sorte que cet auteur des pensées et des volontés humaines n'est ni une pensée ni une volonté. L'homme se guide sur des fins qu'il a conçues; mais Dieu ne eut ni penser, ni vouloir des fins. S'il agit donc, ce n'est pas en vue d'un but créé et choisi par lui-même, c'est en vertu d'une nécessité intérieure qui est inhérente à toutes ses actions. Il agit, parce que c'est sa nature d'agir ainsi, et qu'il ne se peut pas, logiquement, qu'il agisse d'une autre façon. L'existence et l'action de Dieu sont donc nécessaires, d'une nécessité absolue, ou, comme dira Leibniz, géométrique. Par suite, toutes choses aussi sont nécessaires, puisque toutes choses sont des modifications de Dieu. En particulier, les opérations de l'âme humaine sont nécessaires, et c'est une chimère de croire que nous puissions, par une action prétendue libre, rompre la chaîne du déterminisme divin et échapper aux règles universelles de la nature. Au contraire, dans toutes nos pensées et dans toutes nos actions, nous sommes doublement soumis au déterminisme. D'abord, chaque pensée et chaque acte résulte nécessairement de la pensée et de l'acte immédiatement antécédents, et ceux-ci de ceux qui les précèdent; on peut ainsi remonter de cause en cause dans l'ordre des êtres finis, sans jamais rencontrer de premier terme auquel il faille s'arrêter : la chaîne de ces causes est continue et infinie. Et d'autre part, si, au lieu de chercher ainsi les causes en longueur, pour ainsi dire, ou en série linéaire, on les cherche en profondeur; c'est-à-dire si, d'un fait donné, on veut trouver, non la cause prochaine, qui a elle-même besoin d'une autre cause, et ainsi de suite à l'infini, mais la cause suprême et dernière, il faudra voir, derrière tout phénomène, la substance dont il est une modification et par les lois de laquelle il s'explique. Ainsi, d'une part, dans l'ordre des phénomènes et du temps, dans la Nature naturée, causalité qui enchaîne tout fait à un fait précédent; d'autre part, dans l'ordre de l'être et de l'éternité, dans la Nature naturante, causalité qui enchaîne tout mode à Dieu [1]. Physiquement donc et métaphysiquement à la fois, tout être est lié à la place qu'il occupe, et nécessairement déterminé à exister et à agir. Dieu seul peut être appelé cause libre, non en ce sens qu'il puisse faire ce qu'il veut (nous avons déjà vu qu'il est lui-même lié à la nécessité de son essence); mais en ce sens que nul autre être — puisqu'il est la seule existence — n'agit sur lui pour le contraindre : il n'a besoin que de lui-même pour exister et pour agir, il est indépendant de tous, et c'est ce que Spinoza appelle être libre. Toutes les autres choses, au contraire, tirent de lui l'existence et l'impulsion, toutes dépendent de lui; aucune d'elles, par suite, n'est libre, et la volonté humaine, notamment, ne saurait être dite cause libre, mais seulement cause nécessitée [2]. Le lien qui la lie aux autres êtres n'est lui-même qu'une conséquence du lien qui la subordonne à Dieu. Le déterminisme par la substance est donc la cause dernière de tout ce qui se produit dans le monde : ce qui caractérise chaque mode, c'est la façon spéciale dont il est déterminé par la substance. Par suite, s'il est exact

---

1. « Toute chose finie ne peut exister et agir que si elle est déterminée à exister et à agir par une autre chose finie, et ainsi de suite à l'infini. » *Éthique*, Ire partie, prop. 28. — « Toutes choses sont déterminées, par la nécessité de la nature divine, à exister et à agir d'une manière donnée. » *Éthique*, Ire partie, prop. 29.

2. *Éthique*, Ire partie, prop. 32.

de dire que, dans le système de Spinoza, Dieu est en toutes choses, il serait plus exact encore de dire que toutes choses sont en Dieu. Car Dieu est une réalité indépendante, ce que les modes ne sont pas. Il existe et il est conçu par soi seul, mais les modes ne sont conçus que par lui. L'universel se suffit logiquement à soi-même, quoique la loi de son essence soit de produire l'individuel; mais l'individuel n'existe que parce qu'il possède et représente l'universel. L'essence de l'absolu, c'est l'absolu lui-même; mais l'essence du relatif, c'est encore l'absolu [1].

1. Les ressemblances qui existent entre cette doctrine et celle de Leibniz nous paraissent remarquables. La nature de la monade, pour Leibniz, est la même que la nature du mode, pour Spinoza : elle consiste dans sa façon spéciale de refléter Dieu. La seule différence (mais elle est capitale), c'est que, pour Leibniz, l'absolu sort de lui-même et engendre le relatif par un acte de bonté; tandis que pour Spinoza, l'absolu ne sort pas à proprement parler de lui-même pour produire le relatif — puisque le mode, c'est encore, en quelque façon, Dieu lui-même, — et cette production du relatif par l'absolu est logiquement, non pas moralement, nécessaire.

CHAPITRE III

CRITIQUE DE LA LIBERTÉ

Des données métaphysiques que nous venons de résumer résultent, pour la morale de Spinoza, deux caractères essentiels : elle nie la liberté, et elle nie l'existence du bien absolu, du bien en soi. Montrons comment ces deux propositions sont établies par notre philosophe; nous verrons ensuite comment, grâce à elles, il s'attaque aux théories morales en honneur de son temps.

Tout d'abord, quand on dit que Spinoza nie la liberté, il faut avoir soin de faire une distinction. Ce que Spinoza refuse à toute individualité, ce n'est pas la possibilité d'être indépendante, c'est simplement la faculté d'agir suivant son seul choix; ce n'est pas à proprement parler toute la liberté, ce n'est que le libre arbitre. Nous avons vu, en effet, qu'il attribue à Dieu la liberté; nous verrons plus tard qu'il appelle « libre » l'homme souverainement sage; mais pour lui, dans tous ces cas, être libre, c'est uniquement ne dépendre d'aucun objet extérieur; ce n'est pas ne pas dépendre d'une loi de développement interne; au contraire, c'est exister et agir suivant la nécessité de sa propre essence, c'est être mû, en un mot, par un *déterminisme intérieur*. Ainsi la liberté « n'ôte pas la nécessité d'agir; au contraire, elle la pose[1] ». Le contraire d'une chose libre, c'est une chose nécessitée, et nullement une chose nécessaire. — Mais cette indépendance même, qui est (on le voit) toute relative, est le privilège de Dieu et du sage. Les hommes, d'ordinaire, ne sont pas libres : sans cesse ils sont mus par des causes étrangères à eux, sans cesse ils suivent une ligne de conduite qui leur est imposée du dehors. Nous avons vu comment Spinoza établit, métaphysiquement, ce déterminisme universel, en le fondant sur le développement de la substance divine. Mais il lui faut encore, pour prévenir des objections, en donner une démonstration psychologique, fondée sur l'analyse de nos volitions et de nos actions. C'est dans cette analyse psychologique, telle qu'elle est faite dans l'*Éthique*[2], que nous allons maintenant le suivre.

L'homme, dit Spinoza, s'imagine d'ordinaire qu'il possède certaines facultés, certains pouvoirs de comprendre et d'agir; ces facultés, il leur attribue une existence réelle, indépendante, il en fait des entités

---

1. *Traité politique*, II, § 7.
2. Nous disons « dans l'*Éthique* ». Mais ce n'est pas à dire que, dans ses autres œuvres, Spinoza n'ait pas soutenu, d'une

métaphysiques; et il leur donne un nom, les appelant l'entendement et la volonté. Puis il leur prête certains caractères : l'entendement lui paraît « déterminé », parce que nos idées nous viennent du dehors, nous viennent des choses mêmes, et s'imposent pour ainsi dire à nous. Au contraire, la volonté lui paraît « libre »; nos volitions, dit-il, ne dépendent que de notre libre choix : elles sont indépendantes du corps, bien plus, elles le dominent et le meuvent; elles sont indépendantes de nos idées; bien plus, elles s'étendent plus loin que nos idées mêmes, car la volition dépasse la connaissance et l'emporte même sur elle, puisqu'elle a la puissance de suspendre le jugement. Telle est la notion que le vulgaire se forme de la liberté, et que Descartes a eu le tort d'accepter [1]. Car, même si l'on admet — dit Spinoza — l'existence d'une « volonté en soi », il est faux de dire qu'elle ait puissance sur

---

façon plus brève sans doute, mais enfin très claire, la même doctrine. Schopenhauer a prétendu à tort (*Ueber die Freheit des Willens*, 1841) que Spinoza, s'il nie la liberté dans l'*Éthique*, l'avait d'abord affirmée dans ses *Principia philosophiæ cartesianæ*; mais c'était oublier : 1° que ces deux ouvrages ont été composés en même temps, bien que les *Principia* aient seuls paru du vivant de Spinoza; 2° que les *Principia* exposent, non les idées mêmes de Spinoza, mais celles de Descartes, et que d'ailleurs l'éditeur du livre, Louis Meyer, a eu soin dans la préface d'écrire que Spinoza laissait à son maître — sans vouloir nullement l'accepter pour lui-même — la responsabilité des doctrines exposées dans ce livre : il faisait même une réserve expresse sur la question de la liberté, disant que sur ce point tout particulièrement, Spinoza n'adoptait pas les idées cartésiennes qu'il se voyait néanmoins obligé, comme tout interprète fidèle, de développer dans les *Principia*.

1. *Éthique*, IIIe partie, prop. 2 et 3, scholie.

le corps; en effet, ce seraient plutôt les états du corps qui influeraient sur la volonté, que la volonté sur l'état du corps; et il est faux de dire aussi qu'elle ait puissance sur l'entendement, car ce serait plutôt l'entendement qui la déterminerait : comment vouloir, en effet, ce dont on n'a aucune idée? et comment suspendre son jugement par la volonté, si ce n'est parce qu'on en trouve la force dans cette conviction *rationnelle*, qu'on n'est pas suffisamment éclairé? Donc les prérogatives prêtées à la volonté sont illégitimes. Mais il y a plus : c'est à l'existence même de la volonté que Spinoza prétend s'attaquer; c'est sa réalité, comme faculté distincte, qu'il nie énergiquement. En effet, dit-il, nous ne trouvons jamais dans notre esprit que des volitions particulières : la prétendue « volonté » n'est connue que dans ses manifestations spéciales, et la conscience ne saisit jamais ce prétendu pouvoir caché derrière les phénomènes. Son existence est donc, non pas immédiatement perçue, mais simplement conçue, mais inférée; et encore cette inférence n'est-elle pas fondée : car une juste induction nous dirait seulement : « les volitions forment des séries » et non pas « les volitions doivent être rapportées à une force productrice commune ». Or, le même raisonnement, pour Spinoza, pourrait être répété au sujet de l'intelligence, laquelle n'est pas un être en soi, un pouvoir occulte, mais simplement l'ensemble des phénomènes représentatifs. En résumé, doit-on conclure, « la volonté et l'entendement ne sont autre chose que les volitions et les idées particulières[1] ». — Mais il y a plus : non seulement la volonté et l'intelligence se réduisent à des sommes de volitions et d'idées, mais idées et volitions ne sont pas des phénomènes d'essences distinctes. Vouloir une chose, en effet, c'est penser cette chose, et l'appeler de ses vœux, ou, comme dit Spinoza, « l'affirmer »; mais cette affirmation n'est pas l'œuvre d'un pouvoir spécial — puisque nous venons de voir que Spinoza n'admet pas l'existence d'une semblable faculté; — elle est impliquée dans l'idée même, dont elle n'est qu'un caractère particulier : « il n'y a donc dans l'âme aucune autre volition, c'est-à-dire aucune autre affirmation ou négation, que celle que l'idée, en tant qu'idée, enveloppe[2] ». Mais dès lors, puisqu'il n'y a pas de différence essentielle entre les volitions et les idées, et que la volonté est simplement la somme des premières, et l'entendement la somme des secondes, il en résulte que « la volonté et l'entendement sont une seule et même chose[3] ». Or tout le monde admet que la nature de nos idées ne dépend pas de nous, mais est déterminée par la nature de l'objet à connaître; donc la nature de nos volitions — qui sont identiques à nos idées — l'est également; donc la volonté n'est pas libre. Telle est la conclusion à laquelle voulait en venir Spinoza. Mais il l'étaie encore d'une autre preuve. On admet sans difficulté,

1. *Éthique*, II⁰ partie, prop. 48, scholie; *Id.*, prop. 49, scholie. Noter, encore ici, une analogie avec Hume et Stuart Mill.
2. *Éthique*, II⁰ partie, prop. 49.
3. *Id.*, prop. 49, corollaire.

écrit-il, que « nous ne pouvons rien faire par la décision de l'âme qu'à l'aide de la mémoire; par exemple, nous ne pouvons prononcer une parole qu'à condition de nous en souvenir; or il ne dépend évidemment pas du libre pouvoir de l'âme de se souvenir d'une chose ou de l'oublier¹ »; donc il n'en dépend pas non plus de la vouloir; donc il n'y a pas de libre arbitre qui préside à nos actions. Cette nouvelle démonstration, qui montre la dépendance où se trouve la volonté par rapport à la mémoire, vient corroborer la première — plus complète, — qui réduisait la volition à l'idée. La conclusion générale qu'il faut tirer de cette discussion, c'est que « cette décision de l'âme, que nous croyons libre, n'est pas véritablement distincte de l'imagination ou de la mémoire, et elle n'est au fond que l'affirmation que toute idée, en tant qu'idée, enveloppe nécessairement² ».

On peut faire à Spinoza une objection. D'où vient, lui dira-t-on, si les hommes pensent et agissent par nécessité, qu'au contraire tous se croient libres? C'est, répond-il, qu'ils ignorent les causes qui les déterminent. « Ils ont conscience de leurs volitions et de leurs désirs; quant aux causes qui les déterminent à désirer et à vouloir, comme ils les ignorent, ils n'y pensent pas même en songe³. » Par suite, quand, cherchant à se rendre compte des opérations de leur

---

1. *Éthique*, III⁰ partie, prop. 3, scholie.
2. *Id.*, *ibid.*
3. *Éthique*, Iʳᵉ partie, appendice, 1. — Même théorie dans : *Éthique*, III⁰ partie, prop. 35, scholie.

pensée, ils se remémorent une de leurs volitions, ils se la représentent sans l'objet extérieur qui l'a causée ; et par là ils sont amenés à se croire indépendants de toutes choses, à se croire libres [1]. C'est donc une connaissance incomplète des circonstances de leurs actions qui produit en eux cette croyance ; mais une connaissance incomplète, et qui se croit complète, c'est pour Spinoza, et par définition, une « imagination » ; c'est donc à l'imagination qu'est due cette trompeuse croyance au libre arbitre : « la seule imagination perçoit les choses comme contingentes [2] ». Mais cette illusion, remarquons-le, se produit nécessairement. Tout être qui n'a qu'une intelligence limitée, et chez lequel l'imagination se rencontre à côté de la raison, est fatalement condamné à cette erreur : la pierre qui tombe, si elle pouvait penser, s'imaginerait qu'elle tombe librement et de son plein gré dans l'espace [3]. Il n'est donc pas étrange que nous continuions à nous croire libres, dans les cas mêmes où, le plus visiblement, et au su de tous nos semblables, nous subissons l'action des causes étrangères : ainsi l'ivrogne que la boisson excite n'en croit pas moins agir à son libre choix ; ainsi le dormeur qui rêve se croit la cause adéquate des fantasques actions qu'il accomplit dans ses songes [4]. Bien mieux encore :

---

1. Remarquer l'analogie de cette genèse de l'idée de liberté, telle que l'expose Spinoza, avec la genèse de l'idée de bien moral, telle que l'expose M. Herbert Spencer.
2. *Éthique*, IIe partie, prop. 44, corollaire 1.
3. *Lettre à Schullen*, édit. Van Vloten, t. II, p. 207.
4. *Éthique*, IIIe partie, prop. 2, scholie.

il est des cas où nous-mêmes nous sentons la force des choses extérieures qui nous meut et nous entraîne, et où nous continuons cependant, par habitude, à nous croire indépendants; mais d'ailleurs nous avons beau persister dans l'affirmation de notre liberté, nous sommes fatalement, en fin de compte, vaincus par la puissance des causes extérieures, qui surpasse de beaucoup la nôtre. C'est ce conflit que nous reconnaissons en nous quand nous disons, par exemple, que nous voulions nous taire et que quelque chose nous a forcé à parler, ou bien que, suivant l'expression du poète, nous voyons le bien et faisons le mal[1]. Preuve évidente que, là même où nous croyons trouver en nous une puissance libre, c'est une force indépendante de nous qui nous conduit!

Ainsi, d'après Spinoza, si nous nous croyons libres, c'est par ignorance des causes qui nous font agir. A cette théorie on fait souvent une spécieuse critique : c'est, dit-on, tout au contraire, lorsque nous avons la plus pleine conscience des motifs de notre action que nous nous croyons le plus libre; c'est quand nous avons bien raisonné nos actes que nous nous en sentons véritablement l'auteur. Mais cette critique, qui se fonde sur un fait psychologique indéniable, et qui vaut peut-être contre un certain déterminisme, ne nous paraît pas porter contre le déterminisme de Spinoza. Ce fait psychologique, en effet, s'accorde pleinement avec la théorie de l'*Éthique* qui fait con-

---

1. *Éthique*, III⁰ partie, prop. 2, scholie.

sister la liberté, non dans l'indépendance à l'égard de tout motif, mais au contraire dans un déterminisme intérieur; car alors en effet il devient très naturel qu'on se croie libre surtout quand on se sent déterminé à agir par des motifs clairement conçus, puisque c'est alors seulement que véritablement on est libre. Loin donc qu'on puisse tirer de ce fait psychologique — bien établi d'ailleurs — un argument contre Spinoza, il nous semble que ce serait plutôt Spinoza qui serait en droit de l'invoquer contre ses adversaires.

Une difficulté autrement sérieuse, et sur laquelle ses correspondants ont plus d'une fois attiré son attention, résulte pour Spinoza de la nécessité où il se trouve de concilier avec son déterminisme la responsabilité humaine. Si l'homme n'est plus libre, de quel droit pourra-t-on le punir pour ses mauvaises actions? Car, s'il les a accomplies fatalement, il n'en doit plus, semble-t-il, subir la peine. A cette objection d'une haute portée, Spinoza a tenté plusieurs réponses. D'abord, dit-il, que le bien et le mal soient accomplis nécessairement et non librement, cela fait-il « que le bien soit moins désirable et le mal moins redoutable [1] »? Cela fait-il que l'un soit plus utile et l'autre plus dangereux pour la société? Nullement. Par conséquent, de même que nous avons le droit de tuer un reptile qui nous blesse, bien qu'il ait agi sans liberté [2], de même la société a le droit de se débar-

1. *Lettre à Oosten*, édit. Van Vloten, t. II, p. 171.
2. *Cogitata metaphysica*, partie II, chap. viii; édit. Van Vloten, t. II, p. 490.

rasser du criminel qui la gêne, bien qu'il n'ait pas pu agir autrement. — Elle en a le pouvoir, direz-vous, mais moralement elle n'en a pas le droit; car la punition, pour être équitable, doit frapper uniquement l'être qui peut reconnaître qu'il la méritait, elle doit pouvoir agir par des effets moraux non moins que par des effets physiques. — Sans doute, répondra Spinoza; mais, même dans mon système, il en est ainsi : le châtiment fera mieux que d'amender, il préviendra; la punition, non pas réelle, mais conçue, l'idée de la punition, agira sur le malfaiteur avant qu'il commette son crime et l'empêchera de le consommer; « que nous soyons libres ou non, c'est toujours la crainte et l'espérance qui nous conduisent [1] »; donc, que nous soyons libres ou non, l'espoir de la récompense et la terreur du châtiment suffiront toujours pour retenir les hommes dans l'observation du devoir social. — Mais, encore une fois, dirons-nous, supposons l'utilité générale suffisamment garantie par votre théorie; toujours reste-t-il que, du point de vue de la justice pure, le condamné ne mérite pas sa peine : il est parfaitement excusable, au contraire, puisqu'il n'est pas l'auteur de son être et de ses actions, mais que c'est Dieu ou la substance divine qui, par les lois nécessaires de son développement, l'a contraint à agir ainsi. — Nullement, répond Spinoza : « Nous sommes inexcusables aux yeux de Dieu, parce que nous sommes en sa puissance comme

---

1. *Cogitata metaphysica*, edit. Van Vloten, t. II, p. 490.

l'argile entre les mains du potier, qui tire de la même matière des vases destinés à un noble usage et d'autres destinés à un usage vulgaire[1]. » — Mais quoi! cette comparaison elle-même ne condamne-t-elle pas bien nettement son propre auteur? Est-ce que, de toute évidence, le vase d'argile n'est pas excusable de son imperfection et de sa laideur, précisément parce qu'il ne tient pas de lui-même ce qu'il a d'être et de perfection, mais d'un auteur sur la décision duquel il n'a rien pu? — Il faut bien entendre ma pensée, réplique Spinoza[2] : quand je dis que nous sommes inexcusables devant Dieu, je veux dire simplement que nous n'avons pas le droit de l'accuser, s'il nous a donné une nature faible ou un esprit impuissant, « pas plus que le triangle n'aurait le droit de l'accuser, de ne lui avoir pas donné les propriétés du carré »; car, dans un cas comme dans l'autre, Dieu a agi nécessairement : son œuvre est naturellement tout ce qu'elle peut être; elle est, en ce sens, souverainement parfaite. L'homme ne peut pas se plaindre de ce qu'il est, car il est ce qu'il devait être. — Sans doute; mais pourquoi le punir alors d'être ce qu'il ne pouvait pas ne pas être?

Spinoza, en somme, pour concilier le déterminisme et la responsabilité, n'invoque que d'assez misérables expédients. Mais derrière ces arguments on en sent un plus sérieux. Pour qu'un être soit punissable, il

---

1. *Lettre à Oldenburg*, édit. Van Vloten, t. II, p. 242.
2. Autre *lettre à Oldenburg*, édit. Van Vloten, t. II, p. 254.

faut peut-être qu'il soit libre; mais il faut d'abord, à coup sûr, qu'il ait mal agi, que son acte soit, en lui-même et absolument parlant, un acte mauvais. Mais nous verrons bientôt qu'il n'est pas d'acte, pour Spinoza, qui soit absolument mauvais.

CHAPITRE IV

CRITIQUE DU BIEN EN SOI

Les idées de bien et de fin étaient, depuis Aristote, associées par tous les philosophes et considérées comme « réciproques » l'une de l'autre. Le monde, disaient-ils, est l'œuvre de Dieu, et le bonheur des créatures se trouve dans l'accomplissement des volontés de Dieu; le Créateur est Bien en soi et Fin en soi; et le bien de la créature, c'est l'union avec le Créateur, la possession du Bien en soi. Spinoza, niant la création et l'existence d'une finalité dans la nature, ne pouvait garder une telle conception du bien. Dans le remarquable appendice de la première partie de l'*Éthique*, et aussi dans le préambule de la quatrième partie, il montre comment de fausses idées sur la finalité ont engendré les erreurs des hommes sur la question du bien. C'est dans cette démonstration que nous allons nous engager avec lui.

L'homme, dit Spinoza[1], recherche en toutes choses son intérêt, et il en a conscience; il agit donc en vue de fins qu'il s'est proposées, et il conçoit tous ses actes comme produits et guidés par des fins : tel est le genre de causes qu'il attribue, avec raison, à ses propres œuvres. Mais, d'autre part, il ignore les causes des phénomènes extérieurs, des œuvres de la nature. Quand il veut s'expliquer ces phénomènes, il n'a qu'un moyen à sa disposition, c'est de leur étendre, par analogie, l'explication qui est celle de ses propres actes; c'est, par conséquent, de supposer que ces faits naturels sont produits, eux aussi, par suite de fins préconçues, et visant — comme les fins de sa propre conduite — à assurer son intérêt à lui-même. Ainsi les productions de la nature lui apparaissent comme des moyens adaptés à des fins qui lui sont à lui-même utiles : les yeux, par exemple, lui semblent faits pour « sa » vision, les plantes et les animaux pour « son » alimentation, le soleil et les astres pour « son » éclairement, etc. Mais il ne peut supposer que les choses se soient ainsi arrangées d'elles-mêmes dans un ordre si favorable à la satisfaction de ses besoins : car des fins supposent un esprit qui les ait conçues, et les choses ne possèdent pas l'intelligence; il s'imagine, par suite, que l'univers a été organisé par un ou plusieurs êtres qu'il conçoit à sa propre ressemblance, êtres auxquels il attribue l'intelligence et la liberté, et qui, selon

---

1. *Éthique*, Ire partie, appendice, 1.

lui, auraient créé le monde pour l'homme, et l'homme pour en être adoré. « De là, dit Spinoza, le culte de tous les faux dieux. » — Une chose cependant aurait bien dû arrêter l'homme dans la voie de l'erreur : c'est le spectacle du mal; en se voyant frappé de mille infortunes, il eût dû comprendre que le monde ne pouvait être l'œuvre d'une bienfaisante Providence. Mais non, l'homme a préféré conserver sa chimère des dieux créateurs, et rapporter ses souffrances à la colère de ces dieux irrités par son ingratitude! Et s'il observait que les maux frappaient au hasard l'impie et l'homme pieux, donnant ainsi à sa théorie un démenti éclatant, il aimait encore mieux laisser cela au nombre des choses inconnues et incompréhensibles que de détruire une bonne fois tout ce ruineux édifice et d'en reconstruire un nouveau!

Et cependant il est bien manifeste, pour toute raison éclairée, que ce ne sont là que rêveries et chimères. Toutes choses provenant du développement nécessaire de la substance divine, il est impossible que le monde soit régi par des causes finales. Contre ceux qui défendent ces causes, Spinoza accumule les objections [1]. Admettre une finalité, dit-il, c'est admettre que les effets prédéterminent les causes : c'est donc prendre la cause pour l'effet, et réciproquement; c'est donc rendre postérieur ce qui est premier par nature; c'est aussi rendre imparfait ce qui est le plus parfait. Car le plus parfait, en réalité, c'est ce qui a été créé immédiate-

---

1. *Éthique*, Ire partie, appendice, 2.

ment par Dieu, et le plus imparfait, c'est ce qui a exigé, pour être produit, le plus d'intermédiaires; dans la théorie finaliste, au contraire, les choses qui exigent pour leur production des intermédiaires, étant les causes finales de ces derniers, deviendraient les choses les plus parfaites. Bien plus, cette doctrine va jusqu'à détruire la perfection de Dieu : car si Dieu s'est proposé des fins, s'il a agi en vue de quelque but, il y a donc hors de lui des choses qu'il désirait, des choses dont il manquait; il n'est donc pas véritablement parfait. Toute cette théorie des fins, conclut Spinoza, renverse entièrement l'ordre de la nature. Elle ne se fonde que sur l'ignorance du peuple, qui prétend expliquer la chute d'une pierre par des intentions divines, parce qu'il n'en voit pas les causes naturelles. Ceux qui l'acceptent sont des sots; ceux qui le propagent, des charlatans [1].

Il est aisé maintenant de voir à quelles erreurs ont conduit ces fausses idées de finalité. C'est d'elles que nous avons tiré les notions d'ordre absolu, de perfection absolue, de bien absolu [2]. L'esprit n'embrasse pas naturellement la réalité tout entière, il ne la conçoit que partiellement : l'homme ne comprend pas, il imagine. Et malheureusement il croit comprendre; il confond avec une véritable intellection ce qui n'est qu'une imagination incomplète; il prend, pour des propriétés réelles des choses, de purs produits de sa fantaisie. C'est ainsi que, ayant appelé « idées ordonnées » les

---

1. *Éthique*, Ire partie, appendice, 2.
2. *Id.*, appendice, 3.

idées qu'il imaginait facilement, il a cru qu'il y avait de l'ordre dans les choses elles-mêmes! Et, comme les choses faciles à imaginer lui sont naturellement plus agréables que les autres, il a cru que Dieu même, ayant tout créé pour l'homme, avait tout créé avec ordre; mettant par là en Dieu l'imagination, à moins qu'il n'aime mieux dire que Dieu a disposé toutes choses de la façon la plus propre à les faire facilement imaginer! L'homme ne s'aperçoit même pas qu'il y a une infinité de choses qui surpassent son imagination, un très grand nombre qui la confondent. N'a-t-on pas vu des philosophes, poussant à l'extrême cette ridicule manie, soutenir que Dieu aime l'harmonie, ou que les mouvements des corps célestes composent une harmonie divine!

L'origine de l'idée de perfection absolue n'est pas très différente. La notion de parfait et d'imparfait a d'abord été formée à propos des œuvres de l'art humain [1]. Quand un architecte, par exemple, avait construit une demeure, ceux qui la voyaient la traitaient de parfaite ou d'imparfaite, suivant qu'elle remplissait entièrement ou non le but que s'était proposé l'ouvrier. Plus tard, par la comparaison d'un grand nombre de demeures, les hommes se formèrent un certain type moyen de la demeure ordinaire, et ce fut en comparant une demeure réelle à ce type idéal qu'ils jugèrent de sa perfection ou de son imperfection. Transportant ensuite ce mode de raisonnement des produits

---

1. *Éthique*, IVe partie, préambule.

de leur art aux choses de la nature, ils dirent qu'une chose naturelle était parfaite, quand elle ressemblait au type ordinaire des choses de même espèce qu'ils avaient habituellement sous les yeux. Et, comme ils concevaient la nature comme agissant d'après des fins, ils imaginèrent qu'elle se réglait sur ce type — simple produit pourtant de leur expérience interne, — pour produire ses œuvres. Ils furent ainsi amenés à attribuer une valeur objective et absolue à ces idées de parfait et d'imparfait, appelant désormais parfait ce qui leur paraissait réaliser pleinement les vues de la nature, et imparfait ce qui ne les traduisait que partiellement. Nouvelle erreur dans laquelle les a fait tomber leur habitude de confondre l'imagination avec l'entendement, les idées subjectives avec les propriétés réelles des choses, les fins sur lesquelles se règle réellement l'activité de l'homme avec les fins qu'il prête à l'activité de la nature.

Une semblable erreur est encore à la base de notre idée de bien et de mal absolus. Les hommes nommèrent bon, tout d'abord, ce qui les aidait à accomplir les desseins qu'ils avaient conçus, ce qui avait quelque utilité pour l'usage de la vie, « ce qui servait à la santé et au culte de Dieu [1] ». Le bien, donc, ce fut, naturellement, ce qui procurait une satisfaction, ce qui procurait à l'esprit une émotion agréable : et tel est, pour Spinoza, le sens légitime du mot « bien ». Par là il est évident qu'une chose ne doit être dite bonne que rela-

---

1. *Éthique*, Ire partie, appendice, 3.

tivement à nous, qu'en considération des services qu'elle peut nous rendre; et comme une même chose ne rend pas des services égaux à tous les hommes, comme elle peut plaire aux uns en même temps qu'elle déplaît aux autres, il est évident que « une même chose peut être à la fois bonne, mauvaise et indifférente; par exemple la musique est bonne pour un mélancolique; pour un sourd elle n'est ni bonne ni mauvaise [1] ». Aux yeux de la raison donc, tout bien est essentiellement relatif. Mais l'imagination intervient ici encore pour nous tromper. Rappelons-nous comment elle nous faisait croire à notre liberté. Elle engendrait cette croyance illusoire : premièrement, parce qu'elle nous présentait nos actions séparées de leurs causes naturelles; en second lieu, parce qu'elle nous faisait former le concept général de la volonté par derrière les notions que nous avions de nos volitions particulières. Eh bien, c'est exactement de la même façon, par abstraction et par généralisation, qu'elle nous fait croire au bien absolu. La raison, ou connaissance complète, nous fait dire que « une chose est bonne, parce qu'elle nous est utile »; l'imagination, ou connaissance incomplète, nous rappelle l'idée d'une chose bonne, mais en nous laissant oublier la moitié de la définition, celle qui porte que l'utilité de la chose pour nous fait toute sa bonté : et ainsi, c'est notre ignorance de la cause de la bonté qui nous fait croire au bien absolu, comme c'était notre ignorance des causes de nos actions qui nous faisait

---

1. *Éthique*, IVe partie, préambule.

croire à notre liberté. De même, à force d'avoir jugé un grand nombre de choses « bonnes » ou « mauvaises » selon leur utilité pour nous, nous nous sommes formé une certaine idée moyenne de ce qu'est une chose bonne et mauvaise — comme nous nous étions formé, ainsi qu'il a été montré plus haut, une certaine idée moyenne de ce qu'est une chose parfaite ou imparfaite. Cette idée moyenne formée par généralisation des idées usuelles, va devenir pour nous une sorte de modèle idéal qui nous servira de type de comparaison pour juger de la bonté des choses ordinaires. Et alors l'imagination, nous la présentant seule, sans nous avertir (comme ferait la raison) qu'elle n'est qu'un résumé de notre expérience, l'imagination nous fait croire que cette idée moyenne est l'idée d'un être réel, qui devient de la sorte le « Bien en soi ». Ainsi, de même que c'était l'imagination qui nous créait, derrière les volitions particulières, le fantôme de la volonté puissance générale, de même c'est encore l'imagination qui nous crée, derrière les biens particuliers et relatifs, le fantôme d'un bien général et absolu. Une fois que cette illusion est née, à quelles divagations, dit Spinoza, ne conduit-elle pas ! Tantôt on donne le nom de « bon » à Dieu seul, tantôt on l'étend à tous les êtres qui semblent se conformer à la loi de Dieu, oubliant, encore une fois, qu'il n'y a et ne peut y avoir de bien que par rapport à notre utilité personnelle. Mais, comme le faux est multiple, si le vrai est unique, les hommes, une fois qu'ils eurent perdu la saine notion du bien, se lancèrent chacun dans une direction opposée, attribuant le caractère de

« bien absolu » à des choses bien différentes, se forgeant chacun son idéal entièrement contraire à l'idéal d'autrui. De là sont nées ces théories, toutes fausses, sur le souverain bien, dont nous allons voir Spinoza réfuter les principales, dont chacune a ses sectateurs, tous ardents à décrier et à maudire leurs contradicteurs. Haines terribles et ridicules, si on songe à l'absurdité de leur cause, mais moins funestes encore que leur naturelle et nécessaire conséquence, ce scepticisme qui nous envahit à la pensée des faiblesses et des contradictions de l'esprit humain, si nous ne savons pas en discerner l'explication, et nous élever, au-dessus des erreurs qui ont fait naître les sectes, à la vérité qui les condamne toutes également.

CHAPITRE V

CRITIQUE DES THÉORIES MORALES COURANTES

Les diverses morales qui s'appuient sur l'idée d'un bien en soi ont été, comme cette idée elle-même, vivement critiquées par Spinoza. Ce n'est pas qu'il consacre à leur réfutation une section déterminée de son œuvre; mais il ne perd pas une occasion d'insérer, dans les scholies de ses théorèmes, de malignes allusions à leur endroit.

Voici d'abord la morale populaire, celle des gens qui n'ont pas de système philosophique à eux, et qui dans leur conduite ne suivent que l'instinct. Pour eux, trois choses résument toute la vie : ils veulent les honneurs, la richesse, le plaisir. Ils croient que ces trois choses sont de vrais biens, des biens en soi, et méritent d'être recherchées pour elles-mêmes. Mais de combien de maux au contraire ces prétendus biens ne sont-ils pas la source? Le plaisir amène après lui la tristesse et le regret. Les honneurs et les richesses nous jettent dans une inquiétude continuelle; car, plus nous en possédons, plus nous voulons en posséder; sommes-nous déçus dans nos ambitions, l'affliction s'empare de nous; enfin, la recherche des honneurs nous oblige, en tous temps, à flatter le vulgaire, à conformer notre vie à la sienne, à partager ses erreurs. Mais, si même nous savons nous préserver de tous ces maux, conséquences ordinaires de ces passions, si nous atteignons sans encombre l'objet de nos désirs, nous n'en sommes pas moins des insensés : car, concevant l'honneur, la richesse, le plaisir, comme des biens en soi (au lieu de les rapporter, comme de simples moyens, à l'unique fin rationnelle, qui est notre bonheur), nous ne les possédons jamais véritablement, mais nous sommes possédés par eux. Ainsi notre personnalité même s'efface et s'évanouit quand nous nous laissons, comme des fous, entraîner à la poursuite de ces biens extérieurs, quand nous cherchons hors de nous-mêmes les satisfactions et le bonheur. Posséder ces biens — avec les suites funestes qu'ils entraînent, — c'est s'exposer à une mort probable; se laisser posséder par eux, c'est courir à une mort certaine [1].

Plus noble, dit-on souvent, que la morale populaire, mais non moins absurde aux yeux de Spinoza, est la morale de l'honneur, celle des gens qui agissent en vue de se concilier l'estime de leurs semblables et d'en éviter le mépris. Ces idées d'estime et de mépris, de louange et de blâme, sont toutes, dit Spinoza, déri-

---

1. *Réforme de l'Entendement,* édit. Van Vloten, t. 1, p. 3-5.

vées de la croyance au libre arbitre [1]. Puisque l'homme, pense-t-on, est libre d'agir à sa guise, ses actions ont — en elles-mêmes, indépendamment de leurs conséquences, et par rapport seulement à l'intention qui les a guidées — une valeur bonne ou mauvaise. Ce qu'on apprécie dès lors chez l'agent, ce qu'on juge chez lui digne d'estime ou de mépris, de louange ou de blâme, c'est sa volonté. Mais Spinoza croit avoir démontré que la volonté n'est pas libre. Donc le jugement qu'on porte sur elle n'a aucune raison d'être. Dire, au sens où on l'entend d'ordinaire, qu'un homme est digne d'estime, c'est dire qu'il a eu du mérite à agir comme il l'a fait; mais il ne pouvait pas, dit Spinoza, agir autrement : quel mérite lui reste-t-il donc? Que si l'estime se mesurait à l'utilité qui résulte, pour l'humanité en général, d'une action donnée, Spinoza en ferait cas, et nous verrons en effet qu'il place cette sorte d'estime au nombre des récompenses de l'homme de bien; mais, tant qu'elle est conçue comme le conçoit le vulgaire, elle n'a aucune valeur réelle, et ne saurait devenir un principe moral d'action.

Si l'estime des hommes n'est pas enviable ni leur mépris redoutable, faut-il rechercher davantage la faveur de Dieu, faut-il craindre davantage son blâme? Le sage agira-t-il en vue de se concilier la bienveillance de Dieu, et d'éviter sa colère? Nullement. Le Dieu de Spinoza, en effet, ce Dieu dont l'esprit n'a rien de commun avec l'esprit humain, « est exempt de

---

1. *Éthique*, Ire partie, appendice, 1.

toute passion, et il n'est sujet à aucune affection de joie ou de tristesse [1] ». Donc, « à proprement parler, il n'aime et ne hait personne [2] », car l'amour et la haine sont encore des passions, et Dieu est en dehors et au-dessus des passions. Par conséquent, il est absurde de croire qu'il prendra plaisir à nous voir agir dans tel ou tel sens, et nous en récompensera. Celui-là même qui aime Dieu « ne peut faire effort pour que Dieu l'aime à son tour [3] »; il ne peut que chercher lui-même à ressentir pour la divinité cet « amour intellectuel infini » qui naît d'une conception adéquate de l'ordre universel et nécessaire des choses, et qui renferme en soi, par la jouissance unique qu'il procure, sa propre récompense. — De même, il serait ridicule de s'abstenir d'une action par crainte d'un châtiment divin [4]. Car, si une action est mauvaise, ce n'est jamais parce qu'elle est contraire à la volonté de Dieu. Supposer qu'elle lui est contraire, ce serait rabaisser Dieu, et mettre en lui l'imperfection, puisque ce serait penser qu'il a voulu une chose qui ne s'est point réalisée. Ce serait, aussi, mal comprendre la nature de sa volonté : Dieu agit par la nécessité de son essence, et non par un libre décret; sa volonté n'est donc point distincte de son entendement, ni de son essence; or l'acte qu'on suppose coupable, le péché d'Adam par exemple, était intelligible à l'entendement divin, et il devait être fata-

---

1. *Éthique*, V⁰ partie, prop. 17.
2. *Id.*, corollaire.
3. *Id.*, V⁰ partie, prop. 19.
4. *Lettre à Blyenbergh*, édit. Van Vloten, t. II, p. 66-69.

lement produit en vertu des lois de l'essence divine : donc on ne saurait croire, absolument parlant, qu'il était contraire à la volonté divine. Cela ne veut pas dire d'ailleurs — déclare Spinoza par une distinction toute scolastique — que Dieu soit cause du mal que fait Adam ; car le mal, dans l'acte d'Adam, n'est rien autre chose qu'une privation, la privation des biens que cet acte, s'il eût été autre, eût valus à son auteur ; mais une privation ne peut exister qu'au regard de notre entendement, lequel, étant limité, peut concevoir l'imperfection, — mais non au regard de l'entendement divin, qui, étant infini, ne conçoit que la réalité et la perfection [1]. Donc Dieu n'est pas l'auteur de la faute. Mais il n'en sera pas non plus le vengeur, puisque sa nature lui interdit toute colère et toute haine pour les hommes. La morale fondée sur la volonté divine repose donc, comme la précédente, sur une base ruineuse.

De la morale religieuse est dérivé l'ascétisme, que Spinoza n'a garde non plus d'épargner. La morale ascétique a beau être l'inverse de la morale du vulgaire, qui recherche la richesse et le plaisir, elle n'est pas pour cela mieux traitée que cette dernière. C'est que Spinoza hait également les déterminations qui proviennent des passions contraires, parce qu'elles sont, à ses yeux, également éloignées de la raison. Autant que la vanité des gens du monde, il abhorre l'abjection des dévots [2]. Autant que la débauche in-

---

1. Même *lettre à Blyenbergh.*
2. *Éthique*, IVe partie, prop. 57, scholie.

spirée par un fol amour du plaisir, il maudit l'ascétisme inspiré par une absurde horreur du bien-être et par une ridicule crainte des châtiments célestes. « Plus nous avons de joie, écrit-il [1], plus nous acquérons de perfection, plus nous participons nécessairement à la nature divine. Il est donc d'un homme sage d'user des choses de la vie et d'en jouir autant que possible, pourvu que cela n'aille pas jusqu'au dégoût, car alors ce n'est plus jouir. Oui, il est d'un homme sage de se réparer par une nourriture modérée et agréable, de charmer ses sens du parfum et de l'éclat verdoyant des plantes, d'orner même son vêtement, de jouir de la musique, des jeux, des spectacles, et de tous les divertissements que chacun peut se donner sans dommage pour personne. En effet, le corps humain se compose de plusieurs parties de différente nature, qui ont continuellement besoin d'aliments nouveaux et variés, afin que le corps tout entier soit plus propre à toutes les fonctions qui résultent de sa nature, et, par suite, afin que l'âme à son tour soit plus propre aux fonctions de la pensée. » Le sage, en un mot, ne cherchera pas à se mettre au-dessus de l'humaine nature par des abstinences forcées ; il contentera les besoins du corps pour tenir l'âme en repos et en joie. Il ne se tourmentera pas par la pensée de châtiments qui doivent punir ses fautes dans une autre vie ; il tâchera de bien agir, simplement afin de passer heureusement l'existence présente. Il n'aura pas l'œil fixé sur le moment où l'attend

---

1. *Éthique*, IVe partie, prop. 45, scholie.

un juge inexorable, mais sur le temps qu'il lui reste encore à passer ici-bas. « La chose du monde à laquelle le sage pense le moins, c'est la mort; et sa sagesse n'est pas la méditation de la mort, mais la méditation de la vie [1]. »

« La vertu est la méditation non de la mort, mais de la vie. » Sans doute, en écrivant cette ligne, Spinoza songeait à la théorie du christianisme, il se proposait de combattre la crainte du jugement dernier. Mais nous ne pouvons oublier que, avant le christianisme, Platon avait déjà donné, de cette grande idée que repousse Spinoza, une formule que toute l'antiquité adopta après lui [2]. Et vraiment, devant cette concordance de témoignages, on peut se demander si la sentence que combat l'auteur de l'*Éthique* n'est pas la sentence vraie, celle qui résume le mieux l'opinion de toutes les grandes morales sur la direction de la conduite humaine. Méditer la mort, n'est-ce pas sentir le néant de cette vie présente, si fragile et si misérable quand elle n'aboutit à rien de plus grand qu'elle-même? N'est-ce point élever sa pensée au-dessus de cet in-

---

1. *Éthique*, IVe partie, prop. 67.
2. Platon avait écrit (*Phédon*, 67, D) : « τὸ μελέτημα τοῦτ' ἐστί τῶν φιλοσόφων, λύσις καί χωρισμὸς ψυχῆς ἀπὸ σώματος. » — De là, chez les derniers stoïciens, la formule de la sagesse : « μελέτη τοῦ φυσικοῦ θανάτου. » (Porphyrius, *Proleg. Philos.*, Schol. Berol., p. 76, 28.) Et, d'une façon plus précise encore, chez les philosophes romains : « Sapientia, mortis commentatio »; et chez les commentateurs néo-platoniciens d'Aristote : « σοφία μελέτη θανάτου » (David Armenius). Voir : Land, in *Memory of Spinoza*, note 40 (travail inséré dans les *Essays* publiés par le professeur Knight sur Spinoza).

stant périssable, pour embrasser, dans une vue plus haute, et les siècles qui ont passé et qui passeront comme cet instant même, et l'éternité, qui ne passera pas? N'est-ce point remonter à la source de notre être, s'il est vrai que notre nature — et notre grandeur — est d'être un esprit capable de concevoir l'infini? N'est-ce pas encore, moralement, donner un bien noble but à notre conduite, puisque c'est comprendre qu'aucun objet fini n'est digne que nous travaillions en vue de l'atteindre, et que le seul vrai bien réside dans l'infini et dans l'impérissable? — Mais si la formule repoussée par Spinoza, signifiant tout cela, est vraie, il n'en faudrait pas conclure que la formule de Spinoza est fausse — car, au fond, loin d'être contraire à la première, elle s'accorde parfaitement avec elle. Quand Spinoza dit que la méditation de la vie doit être l'occupation du sage, il n'entend point parler de la vie étroite et incomplète qui est celle de la plupart des hommes, mais, au contraire, de la vie vraiment « divine », qui résulte, pour le sage, de la contemplation de l'infinie et éternelle essence de Dieu, de l'union, par l'intelligence et l'amour, avec toute l'humanité et avec toute la nature; vie qui, élevant l'âme hors de ce monde incomplet et restreint, lui fait goûter par avance les suprêmes béatitudes. Ainsi l'idée de Spinoza n'est que l'idée de Platon et du christianisme sous des mots opposés. Si la mort est grande, pour Platon et pour le christianisme, c'est parce qu'elle conduit l'âme plus près de Dieu; si la vie est grande aux yeux de Spinoza, c'est parce que le sage, en la vivant comme il doit la vivre, se rattache de plus en plus à Dieu. Si Platon exalte la méditation de la mort, et Spinoza la méditation de la vie, c'est que chacun d'eux voit, derrière ces noms différents, une même chose : la méditation de l'éternité.

CHAPITRE VI

THÉORIE DU BIEN

Nous avons vu Spinoza réfuter les idées morales généralement admises. Quelle théorie va-t-il émettre pour son compte?

Pour lui, nous l'avons dit, le bien ne réside pas dans les choses extérieures. Une chose bonne, c'est simplement « une chose que nous savons certainement nous être utile [1] ». La bonté est une affirmation portée par l'esprit sur les choses. Quant au bien lui-même, il est — si l'on peut employer ici un mot plus récent que Spinoza — tout subjectif; c'est l'état d'un esprit qui se sent être et agir, et qui en est satisfait.

Maintenant, pour qu'il y ait une science du bien, pour qu'on puisse instruire les hommes de leur bien, il faut que ce bien soit identique pour tous; il faut

---

1. *Éthique*, IV° partie, définition 1.

qu'il soit naturellement *communicabile sui* [1]. Mais où les divers esprits peuvent-ils trouver ce bien, qui doit être le même pour tous? Ce n'est pas dans les choses; car les choses extérieures sont jugées différemment par les hommes, suivant leurs dispositions et leurs préjugés : l'un estime bon ce que l'autre juge mauvais, le premier adore ce qu'exècre le second. Donc, ce bien, ils ne peuvent le trouver qu'en eux-mêmes, et encore seulement dans cette partie d'eux-mêmes qui se retrouve identique chez tous, et qui constitue essentiellement, derrière les qualités particulières à chacun, la nature universelle de l'homme.

Le bien, par suite, ce sera, pour l'individu, la réalisation de plus en plus parfaite en lui-même de cette essence universelle de l'homme. Par delà notre état présent, nous concevons ainsi un état de notre esprit bien supérieur à celui-là; nous appelons « biens » les moyens qui peuvent nous servir à nous élever à cet état supérieur, et « bien suprême » le fait d'y atteindre [2]. C'est cette « Idée de l'homme » — Idée toute platonicienne, en somme — que nous contemplons dans nos actions, et à laquelle nous nous rapportons pour juger du bien et du mal [3]. — Nous verrons plus tard en quoi cet idéal consiste exactement; mais l'esprit de la doctrine veut que nous voyions d'abord comment l'homme tend vers lui.

---

1. *Réforme de l'Entendement*. édit. Van Vloten, t. 1, p. 3.
2. *Id.*, p. 6.
3. *Éthique*, IV⁰ partie, préambule. — *Dieu, l'homme et la béatitude*, traduction Janet, p. 62.

La recherche du bien n'est pas, pour Spinoza, une démarche pénible et à laquelle l'homme se résigne difficilement. Le bien de l'homme, en effet, n'est pas placé dans une sphère différente de celle où il vit d'ordinaire : le bien, c'est l'homme lui-même, devenu plus complètement ce qu'il peut être, élevé pour ainsi dire à la puissance infinie. Le bien ne diffère qu'en degré, nullement en nature, de la vie habituelle. La perfection n'est que l'état de l'homme pleinement actif et pleinement conscient; avoir plus de perfection, c'est avoir plus de réalité; réalité et perfection ne font qu'un. Aussi n'est-il pas étonnant que l'homme, loin d'être naturellement corrompu, aspire naturellement au bien, puisque le bien n'est que l'achèvement et la continuation plus parfaite de la nature. L'homme tend donc forcément à son bien, et ce bien n'est autre chose, pour lui, que la conservation et l'extension de son propre être : vivre plus et vivre mieux sont, pour Spinoza, synonymes. Cet effort de l'être pour se conserver — qui n'est pas d'ailleurs propre à l'homme, mais commun à tous les êtres — ne doit pas être conçu comme une « force » : Spinoza répugne à toute notion dynamique. Cet effort, c'est simplement « l'essence même de l'être [1] »; c'est le simple fait d'exister. En effet, en vertu du seul principe de l'inertie posé par Descartes, toute existence, par cela même qu'elle est, dure tant qu'une chose extérieure ne vient pas la détruire : « l'esprit tend à persister dans son être,...

---

1. *Éthique*, III° partie, prop. 6 et 7.

pendant un temps indéfini,... et il a conscience de cet effort [1]. » Et, en s'attachant ainsi à conserver et à développer son existence, l'homme n'a point pour but la satisfaction de quelque être supérieur, la réalisation de quelque fin transcendante ; non, son intérêt individuel est le seul mobile qui le pousse : « personne ne s'efforce de conserver son être en vue d'une autre chose que soi-même [2] ». Si nous agissons dans tel ou tel sens, ce n'est pas parce que nous avons antérieurement jugé que l'acte que nous allons faire est bon ; au contraire, ce qui fait paraître une chose bonne, c'est que nous nous sentons portés naturellement vers elle : « Ce qui fonde l'effort, le vouloir, l'appétit, le désir, ce n'est pas qu'on ait jugé qu'une chose est bonne ; mais au contraire on juge qu'une chose est bonne, par cela même qu'on y tend par l'effort, le vouloir, l'appétit, le désir [3] ». Le principe de la conduite humaine, ce n'est donc pas la réflexion, c'est l'instinct ; c'est, non le jugement sur la valeur morale des choses, mais le sentiment de la conservation individuelle. Chacun veut être, et être bien ; voilà le premier principe de toute vie, et le ressort fondamental de toute activité : « la fin pour laquelle nous agissons, c'est l'appétit [4]. »

Puisque le désir est le seul mobile de notre conduite, ceux qui prétendent lui opposer la vertu ne pronon-

---

1. *Éthique*, IIIe partie, prop. 8 et 9.
2. *Id.*, IVe partie, prop. 25.
3. *Id.*, IIIe partie, prop. 9, scholie. — Il en résulte que chacun juge du bien suivant ses passions particulières (*Éthique*, IIIe partie, prop. 39, scholie).
4. *Id.*, IVe partie, défin. 7.

cent qu'un mot vide de sens. Ou la vertu n'est rien, ou elle est le pouvoir, pour l'homme, de satisfaire son désir. Et c'est bien en ce dernier sens que Spinoza admet l'existence de la vertu. La vertu, pour lui, n'est autre chose que la constance dans le désir, et le succès de l'appétit. « Plus chacun, dit-il, s'efforce et est capable de chercher ce qui lui est utile, plus il a de vertu. Nul ne peut désirer d'être heureux, de bien agir et de bien vivre, sans désirer d'être, d'agir, et de vivre, c'est-à-dire d'exister actuellement. On ne peut concevoir aucune vertu antérieure à celle-là [1]. » « L'effort d'un être pour se conserver est le premier et unique fondement de la vertu [2]. » « Vertu et puissance c'est tout un ; la vertu, c'est l'essence même ou la nature de l'homme, en tant qu'il a la puissance de faire certaines choses qui se peuvent concevoir par les seules lois de sa nature [3]. » La vertu, dans cette doctrine, n'est donc pas une qualité spéciale que seuls possèdent quelques privilégiés. Comme la perfection, elle n'est qu'une quantité, qu'un degré d'existence. Elle se confond, pour un être, avec sa réalité, avec son essence même. Par cela seul qu'il existe, tout individu a une certaine vertu ; et, plus un individu existe, c'est-à-dire plus sa vie est intense et plus son effort pour persévérer dans l'être est heureux, plus aussi il a de vertu. Chercher à devenir vertueux, ce n'est donc pas chercher à s'élever au-dessus de sa propre nature, mais

---

1. *Éthique*, IV° partie, prop. 20, 21 et 22.
2. *Id.*, prop. 22, corollaire.
3. *Id.*, définition 8.

seulement à développer et à fortifier celle-ci. Le progrès pour l'homme n'est pas de devenir autre chose que ce qu'il est naturellement, mais de devenir cela même de plus en plus.

L'idée capitale de cette théorie, c'est, en un mot, que la nature est bonne et renferme en soi les germes de tout bien ; que la moralité consiste dans une conduite conforme à la nature ; que la vie vertueuse ne diffère de la vie naturelle que quantitativement, et non qualitativement. Par conséquent, Spinoza refuserait d'opposer, aussi absolument que Kant, à la conduite que tiennent les hommes, la conduite qu'ils devraient tenir; il ne chercherait pas, hors de la vie réelle, la règle du devoir; il ne distinguerait pas le droit du fait. Au contraire, son système repose sur une confusion voulue du fait et du droit. La vertu de l'homme, c'est sa puissance; son droit, c'est sa puissance également : « chaque chose, dit Spinoza, a par nature autant de droit qu'elle a de puissance pour exister et pour agir [1] »; « tout ce que chaque homme fait d'après la loi de la nature, il le fait du droit suprême de la nature; et, autant il a de puissance, autant il a de droit [2] »; « d'une manière absolue, le droit suprême de la nature permet à chacun de faire ce qui peut lui être utile [3] ». Nous verrons comment Spinoza, par sa théorie du droit social, a soin de tempérer les effets dangereux que pourrait avoir cette doctrine. Mais, sur

1. *Traité politique.* chap. II, § 3.
2. *Id.*, § 4.
3. *Éthique*, IVe partie, appendice, chap. VIII.

la question du droit naturel, il n'a jamais varié : chacun, il l'affirme partout très nettement, a autant de droit que de puissance, c'est-à-dire d'être; et chacun a droit naturellement à tout ce qui peut lui être utile, pourvu qu'il ait assez de puissance pour s'en emparer.

Le droit, pour Spinoza, n'est donc rien de plus que le fait. Le devoir, lui aussi, n'est rien de plus. Le mot d'obligation morale n'aurait pas de sens dans la langue de l'*Éthique*. Tout être est obligé, sans doute, de faire ce qu'il fait, mais il l'est physiquement; il y est contraint par le déterminisme universel; ses actions sont logiquement, non moralement nécessaires. Lors même qu'il est libre, l'homme suit nécessairement l'ordre de la nature, puisque la liberté « loin d'ôter la nécessité d'agir, la pose », puisque l'homme libre est simplement celui qui suit de bon gré le destin. Ainsi il n'y a pour l'homme d'autre devoir que celui d'obéir aux lois de la nature; et ce devoir est fatalement accompli, puisqu'il n'y a en l'homme aucune force qui soit capable d'y résister. Il n'y a donc pas de devoir transcendant, de devoir à proprement parler « moral », ni par suite de mérite ni de sanction proprement dite; il n'y a qu'un devoir naturel, celui de chercher son utilité. Et chercher son utilité, ce n'est autre chose que suivre l'instinct qui nous pousse à conserver et à développer notre être : notre être, c'est-à-dire plus exactement notre âme, car, l'âme étant la partie sentante de l'être, c'est elle seule qui peut chercher et éprouver le bonheur; ce qui n'enlève rien aux droits du corps, puisque les idées de l'âme se produisant en

parfait parallélisme avec les affections du corps, l'âme
ne peut être heureuse sans que le corps ne soit en état
de parfaite santé physique. Ainsi Spinoza est utilitaire :
son principe moral est l'intérêt individuel. Seulement,
il faut avoir soin de le remarquer dès maintenant,
l'intérêt, tel qu'il l'entend, est un intérêt tout métaphysique. Il ne s'agit pas ici des petits calculs d'une
psychologie mesquine, telle que celle qui sert de base
à « l'arithmétique morale » de Bentham par exemple.
Non, le principe est plus profond chez Spinoza : il
s'appuie sur l'essence même de l'être. Ce n'est pas le
plaisir de l'individu que Spinoza donne comme base à
la morale, c'est son existence, c'est sa conservation,
c'est cette tendance à durer et à se développer impliquée dans le simple fait de vivre. Ainsi l'utilitarisme
de Spinoza est puisé à des sources bien plus profondes
que l'utilitarisme des philosophes anglais plus modernes : il est d'origine, encore une fois, toute métaphysique. De plus, l'utilitarisme de Spinoza, solide par ses
bases, est loin d'être sans dignité dans ses conclusions :
Spinoza reconnaîtra qu'il y a diverses façons de chercher son utilité, qu'on peut s'égarer en suivant l'appétit, et qu'il y a des désirs qu'on fait mieux de ne pas
satisfaire. C'est ce que nous verrons bientôt. Mais toujours ce sera uniquement au point de vue de l'intérêt
de l'être que se placera le philosophe : s'il blâme certaines manières d'agir, ce n'est jamais parce qu'il y
voit la violation d'un ordre moral transcendant, c'est
parce qu'elles sont, à ses yeux, le résultat d'un faux
calcul, une application malheureuse du principe de la

conservation de soi, parce que, au lieu de servir l'individu, elles portent atteinte à l'intégrité de son être.

Aussi le mal n'a-t-il pas, pour Spinoza, un caractère proprement moral, mais plutôt un caractère logique, ou, si l'on veut, métaphysique. Le mal, pour l'esprit pensant et voulant, c'est l'erreur; pour l'être en général, c'est l'imperfection, c'est-à-dire le fait d'être incomplet ou inachevé : définitions dont la première rentre dans la seconde, puisque l'erreur, aux yeux de Spinoza, n'est qu'une vérité incomplète. Tout ce que renferme une idée est vrai; seulement, une idée ne renferme pas toujours tout ce qu'elle pourrait renfermer. Mais « rien de ce qui est vrai, dans une idée fausse, n'est vicié par la présence du vrai [1] », c'est-à-dire par la comparaison avec une vérité plus complète; autrement dit, la part de vérité contenue dans l'idée fausse n'en reste pas moins une idée vraie. Or une volonté mauvaise, c'est une idée fausse; donc c'est une idée partiellement vraie, donc c'est une action partiellement bonne. Ainsi le mal, ce n'est qu'un développement incomplet de la vie, l'état d'un être qui n'est pas tout ce qu'il peut être; mais ce n'est pas la privation de toute existence et de tout bien, ce n'est qu'une existence inférieure, ce n'est qu'un moindre bien. Le mal donc, ce n'est rien de positif, et absolument parlant, ce n'est rien; aucune action, considérée en soi, n'est mauvaise : toute action est bonne par la réalité qu'elle contient, et elle ne peut être dite mauvaise que parce

---

1. *Éthique*, IVe partie, prop. 1.

qu'elle ne contient pas toute la réalité; or, comme toute action renferme un certain degré de réalité, toute action, considérée absolument et non comparée aux autres actions possibles, est bonne [1]. Puis donc que toute action est bonne, l'homme, quoi qu'il fasse, n'est jamais criminel, puisque tout ce qu'il fait est bien fait : « tout ce que l'homme fait en vue de conserver son être (et nous savons que c'est là, aux yeux de Spinoza, le motif de toutes ses actions), il le fait du droit suprême de la nature [2] ». Et c'est dans cette idée métaphysique qu'il faut chercher la vraie solution du problème de la responsabilité : si l'homme n'est jamais « moralement » coupable, ce n'est pas parce qu'il n'est pas libre, c'est parce qu'il ne peut pas mal agir.

Seulement, remarquons bien que tout ceci est une pure abstraction logique, et que, dès qu'on rentre dans la réalité, Spinoza admet la possibilité de l'erreur et du mal. Il ne veut pas qu'un être fasse du mal en agissant; mais il dira que cet être subit le mal en pâtissant. Il n'avouera pas que le mal est quelque chose de positif, mais il lui reconnaîtra néanmoins une sorte de réalité négative. De même il niait que l'erreur fût quelque chose, et cependant une idée complète diffère singulièrement pour lui d'une idée incomplète; une notion adéquate, d'une notion inadéquate; une œuvre de la raison, d'une œuvre de l'imagination. C'est que les dernières, dit-il, sont limitées et les pre-

---

1. *Lettre à Blyenbergh*, édit. Van Vloten, t. II, p. 66.
2. *Traité politique*, chap. II, § 4.

mières infinies. Mais pourquoi cette différence entre elles? Pourquoi l'homme n'a-t-il pas que des idées complètes, adéquates, raisonnables? C'est, répondra Spinoza, qu'il fallait bien qu'il y eût en lui — à côté des idées éternelles qui marquent la grandeur de sa nature, ce par quoi il se rattache à la substance — des idées passagères qui expriment sa faiblesse, ce en quoi il n'est qu'un mode fini et périssable. Mais pourquoi fallait-il qu'il y eût en l'homme cette double nature? Parce que, dans la doctrine de l'*Éthique*, l'absolu a produit le relatif sans sortir de lui-même, simplement en se modifiant à l'infini, et que, dès lors, en toutes choses sensibles il doit y avoir et du relatif et de l'absolu. — Mais pourquoi enfin l'absolu, étant inconscient, a-t-il éprouvé le besoin de s'amoindrir en se modifiant, et de produire le relatif qui serait bien mieux resté en son sein? Nous ne devons pas, dirait Spinoza, prétendre connaître les fins de la conduite divine; Dieu a agi par la nécessité de sa nature, ne cherchons pas plus loin.

CHAPITRE VII

LA VIE SUIVANT LA PASSION

L'homme n'est qu'une partie de l'univers; s'il agit sur les autres êtres, les autres êtres agissent aussi sur lui. Une portion de sa conduite sera donc uniquement déterminée par des motifs qu'il trouve en lui-même; mais une autre portion aura pour cause, et ces motifs intérieurs, et l'influence des choses du dehors [1]. Si donc on nomme « cause adéquate » une cause telle que son effet puisse être clairement et distinctement expliqué par elle seule, l'homme ne sera cause adéquate que d'une portion de sa conduite. En tant qu'il est cause adéquate, Spinoza dit que « il agit »; en tant au contraire qu'il est seulement « cause partielle » du reste de sa conduite, et que celle-ci lui est, pour partie, imposée du dehors, Spinoza dit que « il pâtit » [2]. Par conséquent, parmi les affections du corps et parmi les

---

1. *Éthique*, IV° partie, prop. 2 et 4.
2. *Id.*, III° partie, défin. 1 et 2.

idées de ces affections, celles dont l'homme est la cause adéquate s'appelleront des actions; les autres seront des passions [1]. Mais les affections dont nous sommes la cause adéquate, s'expliquant par notre seule essence, nous sont adéquatement connues, et seules elles sont dans ce cas [2]; donc leurs idées, et leurs idées seules — idées qui sont les actions de l'âme, — sont des idées adéquates; donc « les actions de l'âme ne proviennent que des idées adéquates; ses passions, que des idées inadéquates [3] ». Et, comme le corps et l'âme sont en intime corrélation, si bien que toute idée de l'esprit est la traduction d'un état du corps, la passion, étant une modification de notre être sous l'influence d'un être étranger, peut être définie « une idée confuse par laquelle l'âme affirme que son corps ou quelqu'une de ses parties a une puissance d'exister plus grande ou moins grande que celle qu'il avait auparavant [4] ».

Dans les passions comme dans les actions — mais, dans les passions, mêlé à un élément de détermination externe, — entre un motif d'action intérieur : c'est l'effort de l'être pour persévérer dans l'être, effort qui enveloppe un temps indéfini [5] et dure autant que l'être même. L'âme, en effet, « s'efforce de persévérer indéfiniment dans son être, soit qu'elle ait des idées adé-

---

1. *Éthique*, IIIe partie, défin. 3.
2. La connaissance du mal, au contraire, est une connaissance inadéquate (*Éth.*, IVe partie, prop. 64).
3. *Éthique*, IIIe partie, prop. 1 et 3.
4. *Id.*, appendice, définition générale des passions.
5. *Id.*, prop. 8.

quates, soit qu'elle en ait d'inadéquates, et elle a conscience de cet effort[1] ». Or cet effort, nous l'avons vu, est ce qui conduit l'individu vers son bien ; donc la passion, à son origine, naît de l'élan de l'individu vers le bien. Par son principe donc, sinon par ses résultats, elle a la même valeur morale que l'action, puisqu'elle a le même but. L'étude de la passion rentre, par suite, dans l'étude de la moralité en général.

L'effort de l'être pour persévérer dans son être, quand il se rapporte exclusivement à l'âme, c'est, dit Spinoza, la volonté ; quand il se rapporte à l'âme et au corps tout ensemble, c'est l'appétit. L'appétit, étant identique à cet effort primordial dans toute sa généralité, est l'essence même de l'homme, et c'est de lui que découlent toutes les modifications qui servent à conserver l'individu. Maintenant, l'appétit, quand il a conscience de lui-même, se nomme désir [2]. Le désir n'est donc pas différent, lui non plus, de l'effort constitutif de tout être ; il n'est autre chose que « l'essence de l'homme, en tant qu'elle est conçue comme déterminée à quelque action par une de ses affections quelconques [3] ». C'est donc le premier élément de la vie de l'esprit, la source de toute activité, et, comme nous allons le voir, la cause directe ou indirecte de toute impression.

Que désirons-nous en effet ? conserver et accroître notre être. Mais tantôt ce désir est favorisé, et tantôt

---

1. *Éthique*, IIIe partie, prop. 9.
2. *Id.*, prop. 9, scholie.
3. *Id.*, IVe partie, appendice, défin. 1

il est contrarié par les choses du dehors. Dans le premier cas, quand une chose augmente la puissance d'agir de notre corps, l'idée de cette chose augmente aussi la puissance de penser de notre âme; l'âme acquiert alors plus de réalité et de perfection; et cette passion par laquelle l'âme atteint consciemment à une plus grande perfection, c'est la joie. Inversement, quand une chose diminue la puissance d'agir de notre corps, l'idée de cette chose diminue la puissance d'agir de notre âme; celle-ci passe alors à une moindre perfection, et c'est ce que Spinoza appelle la tristesse [1]. Ainsi la joie et la tristesse proviennent d'une certaine façon du désir, puisqu'elles sont, au fond, un désir satisfait ou contrarié par les objets extérieurs [2]. Mais elles diffèrent du désir en ce que le désir est, absolument parlant, un état actuel de l'âme : car on ne peut concevoir l'âme, à aucun moment de son existence, comme étant sans désir, puisque le désir est l'effort même qui la constitue. La joie et la tristesse, au contraire, sont essentiellement des relations : la relation de l'état actuel de l'âme à un état antérieur, où elle possédait une plus grande ou une moindre perfection. D'un autre côté, le désir est la cause de l'activité de l'âme; la joie et la tristesse n'en sont que les résultats. Le désir est donc, logiquement et réellement à la fois, antérieur à la tristesse et à la joie [3], et il ne se confond

1. *Éthique*, IVe partie, prop. 11, scholie.
2. Voir la démonstration de la proposition 57 de la IIIe partie de l'*Éthique*.
3. Il est vrai qu'on pourrait, en un autre sens, soutenir, avec M. James Martineau (*Types of ethical theories*, vol. I, p. 322

pas avec elles. Il y a donc lieu de reconnaître, en ces trois passions, des passions fondamentales et différentes l'une de l'autre.

Mais, cela posé, il ne faut plus admettre d'autres passions primitives. Toutes les autres passions, en effet, on parvient à les déduire de ces trois premières, en les associant entre elles, et en tenant compte à la fois de la variété des objets extérieurs qui peuvent causer des passions, et de la diversité des états d'esprit où peut se trouver le sujet. Spinoza va donc

et suiv.), que le désir est postérieur à la joie et à la tristesse, et qu'il les présuppose : le désir, en effet, c'est l'instinct de conservation, guidé par les sentiments de la tristesse et de la joie. A l'appui de cette théorie, on rappellerait que Spinoza ne nomme le désir qu'après la joie et la tristesse (*Éthique*, III° partie, prop. 11), et que ailleurs il parle du désir né de la joie et du désir né de la tristesse (*Éthique*, IV° partie, prop. 18). Cette vue aurait même l'avantage d'établir un curieux parallélisme entre la théorie spinozienne du désir, né de la joie et de la tristesse, et la théorie platonicienne de l'amour, né de la richesse et de la pauvreté. Cependant, en allant au fond des choses, il semble bien qu'il faille maintenir au désir son autorité et sa prééminence, puisqu'il n'est autre chose que l'effort de l'être pour se conserver, accompagné de conscience, et que cet effort est l'essence même de l'être. Il y a donc lieu, croyons-nous, d'admettre que le désir, satisfait ou contrarié, donne naissance à la joie et à la tristesse, mais que la joie et la tristesse à leur tour produisent de nouveaux désirs. La primauté absolue reste ainsi au désir; mais, à ne considérer que l'état présent des choses, la joie et la tristesse peuvent souvent apparaître comme les causes du désir. — Ce qui est évident, de toute façon, et quelque solution qu'on adopte sur la question des premières origines, c'est que le désir d'une part, la joie et la tristesse de l'autre, forment deux groupes bien distincts, et dont un seul est vraiment primitif. Ces trois passions ne sont donc pas, comme on dit d'ordinaire, primordiales (l'une, ou plutôt même deux d'entre elles, étant dérivées); elles sont seulement fondamentales.

essayer de déduire les passions dérivées des trois passions fondamentales. Évidemment, en donnant une déduction des passions, il veut continuer et compléter la déduction qu'avait donnée Descartes dans ses *Principes de la Philosophie* des lois du règne inanimé : il veut faire pour le monde de la pensée ce que son maître avait fait pour le monde de l'étendue, il veut démontrer le mécanisme de l'esprit. Avec quelle logique et quelle clarté il l'a fait, réduisant nos impressions les plus complexes à l'élégante simplicité d'une formule, on l'a bien souvent mis en lumière [1]. Et cependant la déduction n'est pas absolument parfaite. Descartes admettait nombre de faits observés par d'autres, et se bornait à les rattacher aux principes généraux de son système; Spinoza, de même, emprunte à l'expérience la définition et les caractères des passions, et ne fait que les ranger dans un ordre rationnel. Ni l'une ni l'autre construction n'est entièrement *a priori* : leurs données au contraire sont tout expérimentales, et la déduction n'y est qu'une méthode d'exposition, non pas un procédé de découverte. En outre, chez Spinoza, tout n'est pas fort rigoureusement déduit : plusieurs passions, le mépris par exemple, ou la paix intérieure, ou l'ambition, y sont définies à deux reprises, comme dérivant de deux situations différentes, et avec des définitions non identiques; ce qui prouve bien que Spinoza n'est point arrivé, quoi qu'on en ait dit, à mettre dans les matières morales la même clarté et la même

---

1. Voir notamment la thèse de M. Ludovic Carrau : *la Passion chez Descartes, Spinoza et Malebranche*.

simplicité que son maître Descartes avait portées dans le domaine de la physique. La faute n'en est point, sans doute, à son propre génie, mais plutôt à l'infinie complexité de la pensée humaine, objet de ses pénétrantes recherches.

Quoi qu'il en soit d'ailleurs, la méthode qu'a suivie Spinoza dans cette déduction offre au moins toutes les apparences de la rigueur. Laissant provisoirement de côté, pour les examiner un peu plus tard, les passions dont la cause est intérieure au sujet, il traite d'abord des passions, plus nombreuses, qui s'adressent à un objet extérieur [1]. Parmi les choses extérieures, les unes augmentent, les autres diminuent la puissance d'agir du corps. Les premières, l'âme s'efforce de les imaginer, parce que, en pensant à elles, elle éprouve de la joie; en un mot, elle les aime : l'amour, c'est donc « la joie, accompagnée de l'idée d'une cause extérieure ». Inversement, les secondes causent à l'âme de la tristesse; l'âme les hait, et s'efforce de les écarter, ou d'en imaginer d'autres qui excluent l'existence des premières : la haine, c'est donc la « tristesse accompagnée de l'idée d'une cause extérieure »; « celui qui

---

[1]. Nous suivrons, dans cette analyse, l'ordre d'exposition qui est donné dans le cours même du IIIe livre de l'*Éthique*, et non celui qu'adopte Spinoza dans l'appendice de ce livre. Dans cet appendice il définit d'abord les passions nées de la joie et de la tristesse (accompagnées, comme cause, 1° de l'idée d'une chose extérieure; 2° de l'idée d'une chose intérieure), puis les passions nées du désir. Mais il est aisé de voir que, dans ces dernières, il fait entrer comme élément la joie et la tristesse. L'autre mode d'exposition, d'ailleurs plus amplement développé par Spinoza, doit donc être préféré.

aime, s'efforce nécessairement de se rendre présente et de conserver la chose qu'il aime; celui qui hait, s'efforce d'écarter et de détruire la chose qu'il hait [1] ». Mais, s'il faut une cause extérieure à l'amour et à la haine, il n'est pas nécessaire que cette cause soit immédiatement présente. Spinoza a fait une profonde analyse du mécanisme de l'association des idées [2], et il a vu qu'il suffisait, pour éveiller l'amour, que quelque idée vînt nous rappeler, même par accident, l'être pour lequel nous avons antérieurement éprouvé ce sentiment [3].

De la joie et de la tristesse naissent d'autres passions plus complexes, car elles enveloppent, quant à l'objet, un temps passé ou à venir, et, quant au sujet, le doute ou la certitude. « L'espérance est une joie mal assurée, née de l'image d'une chose future ou passée dont l'arrivée est pour nous incertaine; la crainte, une tristesse mal assurée, née aussi de l'image d'une chose douteuse. Maintenant, retranchez le doute de ces affections, l'espérance et la crainte deviennent la sécurité et le désespoir, c'est-à-dire la joie et la tristesse nées de l'image d'une chose qui nous a inspiré crainte ou

---

1. *Éthique*, IIIe partie, prop. 13, scholie.
2. Encore une analogie avec David Hume.
3. *Éthique*, IIIe partie, prop. 14-18. Nous ne pouvons insister, malgré l'attrait qu'elle présente, sur cette question de pure psychologie, qui n'importe pas à la morale proprement dite. Rappelons seulement que c'est à l'aide d'associations de ce genre que Spinoza explique la haine ou l'amour que nous portons à toute une famille, à toute une classe, à toute une nation, à toute une religion, par le seul fait que nous avons une fois éprouvé de l'amour ou de la haine pour un homme de cette famille, de cette classe, de cette nation, ou de cette religion.

espérance [1]. » La sécurité est donc une espérance qui n'a plus rien à craindre ; le désespoir est une crainte qui n'a plus rien à espérer. « Quant au contentement, c'est la joie née de l'image d'une chose passée qui avait été pour nous un sujet de doute. Enfin, le remords, c'est la tristesse opposée au contentement [2]. »

Associons maintenant à la joie et à la tristesse, l'amour et la haine qui en sont dérivées ; il en résultera des affections d'une complexité croissante [3]. Mais ces affections nouvelles, étant moins simples et moins schématiquement décrites par Spinoza que les précédentes, nous paraissent par là même plus profondément observées. On a ici, bien davantage, le sentiment de la réalité concrète et vivante ; la déduction se fait image, le théorème parle au cœur ; on sent ici vraiment cette « géométrie enflammée [4] » qui ne se retrouve au même degré que chez Pascal. « Celui qui se représente la destruction de ce qu'il aime sera saisi de tristesse ; celui qui se représente la destruction de ce qu'il hait sera saisi de joie.... Celui qui se représente l'objet aimé comme saisi de joie ou de tristesse éprouvera ces mêmes affections.... Si nous nous représentons une personne comme causant de la joie ou de la tristesse à un être que nous haïssons, nous aurons pour elle, dans le premier cas, de la haine, dans le second cas, de

---

1. *Éthique*, IIIe partie, prop. 18, scholie.
2. *Id.*, prop. 18, scholie.
3. *Id.*, prop. 19-26.
4. Mot de M. Havet à propos de Pascal.

l'amour…. Nous nous efforçons d'affirmer de nous-mêmes et de ceux que nous aimons, ce que nous imaginons leur devoir causer de la joie (de là l'orgueil); de ceux que nous haïssons, ce que nous imaginons leur devoir causer de la tristesse [1]. » Le principe de toutes ces affections, c'est que, concevoir en l'être aimé de la joie, c'est concevoir qu'il passe à une plus grande perfection; c'est donc donner à son idée plus de réalité; c'est donc enrichir notre propre âme et favoriser notre élan vers l'objet aimé. De même, concevoir de la tristesse en l'être haï, c'est lui attribuer une moindre réalité, c'est lui enlever quelque chose de cette force qu'il avait contre nous, c'est ôter un des obstacles au développement de notre âme. Aussi les passions haineuses sont elles aussi naturelles à l'âme que les passions de l'amour; et Spinoza en analyse l'effet avec la même froideur imperturbable. « Celui, dit-il, qui se représente l'objet qu'il hait dans la tristesse en sera réjoui; dans la joie, en sera contristé; et chacune de ces affections sera en lui plus ou moins forte, suivant que l'affection contraire le sera plus ou moins dans l'objet odieux [2]. » Mais aussitôt il ajoute à sa phrase un correctif : non pour condamner les hommes de se réjouir du malheur de leurs ennemis, mais pour reconnaître qu'ils n'en sont pas pleinement capables, qu'il y a en eux un sentiment d'humanité générale qui les force à plaindre l'adversité, même chez un objet odieux. Ce n'est pas en moraliste qui

---

1. *Éthique*, IIIe partie, prop. 19, 20, 21, 22, 25.
2. *Id.*, prop. 23.

réprimande les hommes, c'est en psychologue qui les examine et les dépeint, qu'il ajoute : « cette joie (causée par le malheur d'autrui) ne peut jamais être solide et pure de tout trouble intérieur ; car notre âme, en tant qu'elle se représente un être qui lui est semblable plongé dans la tristesse, en doit être contristée ; et le contraire arrive, si elle se représente cet être dans la joie ».

Qu'est-ce que ce sentiment nouveau de pitié, qu'introduit ici Spinoza? Son origine se trouve dans ce fait que tous les hommes, fussent-ils même en conflit avec nous, sont « nos semblables ». « Par cela seul, dit Spinoza, que nous nous représentons un être qui nous est semblable comme affecté d'une certaine passion, bien que cet objet ne nous en ait jamais fait éprouver aucune autre, nous ressentons une passion semblable à la sienne [1]. » En effet, l'image que nous nous en faisons enveloppe à la fois la nature de cet objet et celle de notre propre corps [2]; donc, si cet objet et notre corps sont semblables, l'idée du premier, comme modifié par une certaine affection, enveloppera une affection semblable de notre propre corps; mais cette idée n'est autre que notre passion; donc nous éprouverons une passion semblable à celle de l'objet extérieur. Cette communication d'affections, relativement à la tristesse, se nomme commisération; mais, relativement au désir, c'est l'émulation, qui est ainsi « le

---

1. *Éthique*, IIIe partie, prop. 27.
2. Cette proposition, si importante dans le système de Spinoza, est la 16e de la IIe partie de l'*Éthique*.

désir d'une chose produit en nous parce que nous nous représentons tous nos semblables comme animés du même désir ». Quant à la commisération, quand elle s'introduit dans notre âme, elle empêche les effets de la haine : « nous ne pouvons haïr un objet qui nous inspire de la commisération, par cela seul que le spectacle de sa misère nous met dans la tristesse [1] ». Elle a même des effets positifs : elle nous fait chercher à délivrer de sa misère l'être que nous plaignons [2]. D'une façon plus générale, la communication des affections fait que « si nous nous représentons une personne, pour qui d'ailleurs nous n'éprouvons aucune passion, comme causant de la joie à un de nos semblables, nous aimerons cette personne; si au contraire nous nous la représentons comme lui causant de la tristesse, nous la haïrons [3] ». Elle fait aussi que nous aimons et haïssons par contre-coup tout ce que nous croyons aimé ou haï par les autres hommes; que, par suite, « nous nous efforçons de faire toutes les choses que nous imaginons que les hommes verront avec joie, et nous avons de l'aversion pour celles qu'ils verront avec aversion [4] ». Ce sentiment de déférence pour l'opinion de nos semblables se nomme, suivant les cas, ambition ou humanité; et c'est lui qui explique l'importance que nous attribuons à la louange ou au blâme. Par suite du même sentiment « celui qui imagine qu'une

---

1. *Éthique*, IIIe partie, prop. 27, coroll. 2.
2. *Id.*, coroll. 3.
3. *Id.*, coroll. 1.
4. *Id.*, prop. 29.

chose qu'il a faite donne aux autres de la joie, ressent aussi de la joie, unie à l'idée de soi-même comme cause de cette joie ; en d'autres termes, il se regarde soi-même avec joie. Si au contraire il imagine que son action donne aux autres de la tristesse, il se regarde soi-même avec tristesse [1]. » Cette joie et cette tristesse, ajoute Spinoza, seront une sorte d'amour et de haine ; on les appellera, suivant les cas, vanité ou honte, paix intérieure ou repentir. Ainsi, c'est dans l'accord ou le désaccord de ses actions avec l'opinion commune de l'humanité que l'homme trouve d'ordinaire la satisfaction ou le regret. On voit poindre ici l'idée qui servira de base au système moral d'Adam Smith, au système de la sympathie. Mais Spinoza ne poursuivra pas dans cette voie, et c'est une tout autre formule qu'il donnera de la moralité. Bien plus, loin de faire reposer, comme Smith, la vertu et le bonheur intérieurs sur l'union de l'être avec ses semblables, il proclamera, au contraire, que cette union est un résultat nécessaire de la vertu et du bonheur intérieurs. Smith cherchera à dériver les satisfactions personnelles, des instincts « altruistes » et de la sympathie ; Spinoza, à l'inverse, fait naître l' « altruisme » et la sympathie, de l'égoïsme. Pour lui, si nous éprouvons les mêmes sentiments que nos semblables, ce n'est pas parce que notre « moi » se laisse pénétrer par le leur, c'est, au contraire, parce que notre idée enveloppe quelque chose de leur essence ; si nous trouvons notre bonheur à assurer le

---

1. *Éthique*, IIIe partie, prop. 30.

leur, ce n'est pas que, en nous oubliant nous-mêmes, nous arrivions à être parfaitement heureux ; c'est au contraire que, en cherchant véritablement à faire notre propre bien, nous faisons, nécessairement, mais par surcroît, celui des autres. La sympathie, en un mot, n'est pas pour Spinoza une passion distincte ; elle est une forme dérivée, et très complexe, de l'appétit égoïste qui inspire toutes nos actions.

On le voit bien, du reste, rien qu'à considérer attentivement les théorèmes où il est question de la sympathie. Partout on y trouve l'homme préoccupé surtout de faire que les autres approuvent son sentiment, et se rangeant à l'opinion commune moins par instinct désintéressé que pour flatter la multitude et obtenir son hommage, en un mot, par pure ambition. Aussi la sympathie générale se maintient-elle peu entre les hommes. On veut moins vivre au gré d'autrui que faire vivre autrui à son gré ; et comme tous les hommes désirent également que les autres suivent leur propre caprice, ils se font également obstacle ; tous voulant ainsi être loués ou aimés de tous, ils se prennent mutuellement en haine [1]. Le désir d'union, né de l'égoïsme, arrive ainsi à produire une plus profonde désunion. En voulant ressembler à autrui, on trouve bientôt mille raisons de le haïr. Il arrive souvent, par exemple, que celui à qui on voudrait ressembler possède seul un certain objet, qui nous paraît désirable ; alors il en résultera fatalement que nous ferons effort pour qu'il

---

1. *Éthique*, IIIe partie, prop. 31, scholie.

ne le possède plus [1]. « La nature humaine est donc ainsi faite qu'elle réunit presque toujours, à la pitié pour ceux qui souffrent, l'envie pour ceux qui sont heureux [2]. » De même, l'amour mène à la jalousie. Quand nous aimons un objet qui nous est semblable, nous faisons effort, autant qu'il est en nous, pour qu'il nous aime à son tour ; et, à mesure que nous imaginons une passion plus grande de l'objet aimé à notre égard, nous nous glorifions davantage. Mais « si nous venons à imaginer que l'objet aimé se joigne à un autre par un lien d'amitié égal à celui qui nous l'enchaînait jusqu'alors sans partage, ou plus fort encore, nous éprouverons de la haine pour l'objet aimé et de l'envie pour notre rival. Cette haine pour l'objet aimé, jointe à l'envie, est la jalousie [3]. » Rien de plus facile à émouvoir que l'amant. Le seul fait de ne plus retrouver dans la possession de l'objet aimé, toutes les circonstances qui l'y avaient charmé une première fois, suffit pour l'attrister et lui causer des regrets amers [4]. Mais si une fois il arrive à concevoir, pour une cause ou pour une autre, de la haine contre l'objet autrefois aimé, c'est alors une véritable furie : « S'il vient à avoir contre l'objet un motif de haine, il ressentira une haine plus

---

1. *Éthique*, III⁰ partie, prop. 32.
2. *Id.*, prop. 32, scholie. — Spinoza observe profondément que nous n'envions le talent ou la vertu d'un autre homme, que s'il est notre égal ; peu nous importent les mérites de ceux qui sont dans une condition fort différente de la nôtre ; ce n'est qu'aux hommes de notre rang que nous voulons refuser toute supériorité sur nous-mêmes.
3. *Éthique*, III⁰ partie, prop. 35.
4. *Id.*, prop. 36, coroll. et scholie.

grande que s'il ne l'eût jamais aimé; plus grand a été l'amour, plus grande sera la haine [1] ». Et, comme cependant il doit rester dans le cœur de l'amant quelque chose de ce sentiment de pitié que nous ne pouvons pas ne pas éprouver pour tous nos semblables, il se trouve, au milieu même de sa haine, retenu et arrêté par quelque chose de plus fort que lui. S'il triomphe de sa pitié, c'est un monstre, qui aime le mal pour le mal, et qui se met en dehors des lois communes de l'humanité : « la cruauté ou férocité est ce désir qui nous porte à faire du mal à celui que nous aimons et qui nous inspire de la pitié [2] ». Que de personnages dans le roman moderne dont le caractère tient tout entier dans cette profonde définition !

A cette cause de haine — l'ingratitude réelle d'un objet aimé — s'en substitue souvent une autre : son ingratitude supposée. L'idée seule que nous sommes haïs par quelqu'un, sans lui avoir donné aucun sujet de haine, suffit pour nous déterminer à le haïr. Celui donc qui se représente l'objet aimé comme ayant pour lui de la haine est partagé entre la haine et l'amour, partage que Spinoza appelle fluctuation [3]. Il est vrai que l'inverse se produira aussi : celui qui imagine qu'il est aimé d'une personne, et ne croit lui avoir donné aucun sujet d'amour, aimera à son tour cette personne. Celui donc qui croit être aimé d'une per-

---

1. *Éthique*, III⁰ partie, prop. 38. — Les plus belles œuvres de Racine ne sont guère que le développement de cette proposition.
2. *Id.*, appendice, défin. 38.
3. *Id.*, prop. 40, coroll. 1.

sonne qu'il déteste sera combattu entre la haine et l'amour [1]. De là ces incessantes variations dans nos amours et dans nos haines, causées par la façon dont ces sentiments sont reçus. « Celui qui fait du bien à autrui sera attristé si son bienfait est reçu avec ingratitude.... La haine s'augmente quand elle est réciproque. Elle peut être détruite par l'amour....La haine qui est complètement vaincue par l'amour devient de l'amour; et cet amour est plus fort que s'il n'eût pas été précédé par la haine [2]. » Cette dernière formule est l'exacte contre-partie de celle que nous avons vue plus haut : « la haine est plus grande quand elle a été précédée par l'amour [3] ».

Ainsi la passion que nous éprouvons pour un objet varie aussi suivant l'écho qu'elle trouve dans l'objet même. Elle varie aussi, suivant la façon dont nous concevons l'état de cet objet. La passion dont on imagine la cause comme présente, est plus forte que si on imaginait cette même cause comme absente. De même, nous sommes plus affectés par l'idée d'une chose future considérée comme prochaine que par l'idée d'une chose future considérée comme lointaine, par un souvenir récent que par un souvenir ancien [4]. Notre passion pour un objet que nous croyons nécessaire est plus forte que notre passion pour un objet que nous croyons possible ou contingent; car, en ima-

---

1. *Éthique*, IIIe partie, prop. 41, coroll. 2.
2. *Id.*, prop. 42, 43, 44.
3. *Id.*, prop. 38.
4. *Id.*, IVe partie, prop. 9 et 10.

ginant un être comme nécessaire, nous l'affirmons plus fortement [1]. Mais, de tous les objets, celui qui nous émeut le plus vivement, est celui que nous nous représentons purement et simplement, c'est-à-dire celui que nous nous représentons comme indépendant ou comme libre [2]; parce que seul un tel objet peut être conçu par soi et sans aucune autre chose, et parce que seul aussi il est cause adéquate de celles de ses actions qui nous émeuvent [3]. D'où il faut conclure, ajoute Spinoza, que tous les hommes, étant persuadés de leur liberté à tous, doivent ressentir les uns pour les autres plus d'amour et de haine que pour tous les autres êtres. De même, notre passion pour un être varie suivant que nous le considérons comme très commun ou comme très rare. « Tout objet que nous avons déjà vu avec d'autres objets, ou en qui nous n'imaginons rien qui ne soit commun à plusieurs, nous ne le contemplons pas aussi longtemps que celui en qui nous imaginons quelque chose de singulier [4]. » La représentation d'une chose singulière se nomme admiration. Bien que cette passion ait pour Spinoza moins d'importance que pour Descartes, qui la mettait au nombre des six passions déclarées par lui fondamentales, elle ne laisse pas de jouer encore un certain rôle dans l'*Éthique* : c'est elle qui, unie à la crainte et à l'amour, donne la consternation, la dévotion; ail-

1. *Éthique*, IVe partie, prop. 11.
2. *Id.*, V^e partie, prop. 5.
3. *Id.*, IIIe partie, prop. 49.
4. *Id.*, prop. 52.

leurs elle produit la vénération, etc. C'est à elle que s'opposent le dédain et le mépris. — Mais, outre que la passion varie avec les qualités de l'objet (façon dont il y répond, présence, liberté, singularité), elle change aussi avec la nature et les dispositions du sujet. Suivant en effet qu'une impression tombe dans tel ou tel esprit, et à tel ou tel moment, elle s'y trouve dans un milieu apte ou non à la propager et à la fortifier. Selon les idées concomitantes qu'elle y rencontre, selon les associations qu'elle y contracte, elle y devient, par accident, une cause d'espérance ou de crainte [1]. Suivant que nous étions préoccupés, en apercevant un homme, d'idées joyeuses ou d'idées tristes, nous l'aimons ou nous le haïssons. Aussi faut-il reconnaître que « différents hommes peuvent être affectés de façon différente par un seul et même objet, et le même homme peut aussi être affecté par un seul et même objet de façon différente dans des temps différents [2] ».

Ce qu'il faut, d'une manière générale, conclure de là, c'est l'infinie variété des formes de la passion. « Autant il y a d'espèces d'objets qui nous affectent, autant il faut reconnaître d'espèces de joie, de tristesse et de désir, et en général de toutes les passions qui sont composées de celles-là [3]. » Et, d'autre part, autant il y a d'individus différents, autant même, pourrait-on dire, il y a, chez un même individu, d'êtres diffé-

---

1. *Éthique*, IIIe partie, prop. 50.
2. *Id.*, prop. 51.
3. *Id.*, prop. 56.

rents, aux divers moments de son existence — autant aussi il y a de passions : car « toute passion d'un individu quelconque diffère de la passion d'un autre individu, autant que l'essence du premier diffère de celle du second [1] ». Et si l'on songe encore « que les passions se peuvent combiner les unes avec les autres de tant de manières et qu'il en résulte des variétés si nombreuses », on verra « qu'il est impossible d'en fixer le nombre.... Il suffit donc à mon but, ajoute Spinoza, d'avoir examiné seulement les principales passions; et, quant à examiner les autres, ce serait un objet de curiosité plutôt que d'utilité [2]. » Le philosophe a indiqué les bases de la théorie et le procédé qui lui a servi à les établir. C'est affaire à ceux qui voudront résoudre les problèmes particuliers de pousser plus loin la recherche : la méthode est donnée, ils n'ont qu'à la suivre.

Nous n'avons jusqu'ici considéré, avec Spinoza, que les passions qui ont leur cause dans un objet extérieur. Mais il en est d'autres (dont Spinoza parle rapidement, à la fin du III⁰ livre de l'*Éthique*) qui sont accompagnées de l'idée de notre propre être comme cause. Par exemple, « quand l'âme se contemple soi-même et avec soi sa puissance d'agir, elle se réjouit; et d'autant plus qu'elle se représente plus distinctement soi-même et sa puissance d'action. Quand au contraire l'âme se représente sa propre impuissance,

---

1. *Éthique*, III⁰ partie, prop. 57.
2. *Id.*, prop. 59, scholie.

elle est par là même attristée[1]. » De là de nombreux sentiments : la paix intérieure, joie provenant de ce que l'homme contemple son être et sa puissance; l'humilité, provenant de ce qu'il contemple son impuissance et sa faiblesse; le repentir, « tristesse accompagnée de l'idée d'une action que nous croyons avoir accomplie par une libre décision de l'âme »; l'orgueil, qui consiste à penser de soi, par amour de soi-même, plus de bien qu'il ne faut; l'abjection, qui consiste à penser de soi moins de bien qu'il ne faut, sous l'impression de la tristesse; la vanité enfin et la honte, sentiments de joie ou de tristesse accompagnés de l'idée d'une action que nous croyons l'objet des louanges ou du blâme d'autrui[2]. Quoique ces diverses affections aient pour cause l'idée de notre propre être, elles n'en sont pas moins des passions. Car leur cause, c'est l'idée de notre être, non en tant qu'il agit, mais en tant qu'il pâtit; notre âme n'en est donc pas la cause adéquate, et elles ne sont pas des actions, mais des passions. Elles sont donc différentes de ces affections actives (joie et désir) qui se rapportent à l'âme en tant qu'elle agit, et qui ne sont pas, au fond, différentes des affections nées de la raison; affections actives que Spinoza mentionne déjà en passant, tout à la fin du troisième livre de son *Éthique*[3], et dont nous aurons encore, par la suite, à nous occuper avec lui. Les affections passives dont nous avons parlé en dernier lieu ont en

1. *Éthique*, IIIe partie, prop. 53 et 55.
2. *Id.*, appendice, défin. 25-31.
3. *Id.*, prop. 58 et 59.

commun avec celles-ci ce caractère que leur cause est l'idée d'une chose intérieure; mais celles-ci sont des idées adéquates, celles-là ne sont que des idées confuses.

Telle est la déduction des passions, telle que l'a conçue Spinoza. Mais ce n'est là qu'une théorie psychologique, l'exposé de ce qu'est la passion, quand elle s'est implantée en souveraine dans une âme. Que la passion tende à dominer notre esprit, cela est évident. Mais est-il bon qu'il en soit ainsi? La vie passionnelle est-elle conforme au véritable idéal de l'humanité? C'est ce qu'il faut maintenant rechercher.

CHAPITRE VIII

LA PASSION ET L'ACTION

Deux idées dominent la théorie morale de la passion. D'une part, toute passion, d'une certaine façon, est morale; d'autre part, aucune passion ne l'est entièrement. D'un côté, en effet, toutes les passions dérivent du désir, de la joie ou de la tristesse; mais la joie et la tristesse elles-mêmes ne sont, on l'a vu, qu'un désir satisfait ou contrarié; donc toute passion dérive, en dernière analyse, du désir. Or le désir n'est autre chose que l'effort conscient de l'être pour persévérer dans l'être, effort qui est le fondement de toute vertu et de tout bien. Donc toute passion, par son origine, est morale. Mais, d'un autre côté, toute passion est, par définition, une idée inadéquate; et il est facile, en effet, de voir que cette définition s'applique bien à toutes les passions énumérées par Spinoza. Nos désirs, nos amours et nos haines, nos tristesses et nos joies, notre humilité et notre orgueil, notre affection et notre jalousie, ne reposent que sur les vaines et fausses idées que nous nous faisons des autres êtres, de leur liberté, de leur valeur, de leurs sentiments à notre égard; toutes ces passions, en un mot, sont excitées en nous par les confuses images des choses; elles sont donc des produits de l'imagination, des idées inadéquates; par suite, l' « effort de l'être pour persévérer dans l'être » que la passion représente, est un effort insuffisamment éclairé, donc un effort qui ne saurait être entièrement heureux; la passion par conséquent ne saurait nous conduire à ce parfait bonheur qui est, pour Spinoza, l'idéal moral.

Approfondissons cette notion. Si la passion est une idée inadéquate, c'est qu'elle est une idée incomplète. Mais une idée qui n'exprimerait que l'essence de notre propre corps ne saurait être incomplète : car, dans un même être, les modes de la pensée et ceux de l'étendue se correspondent parfaitement; pour être incomplète, une idée doit envelopper, avec notre propre nature, celle d'un corps étranger, et n'envelopper celle-ci qu'imparfaitement. D'une telle idée, notre âme ne sera pas cause adéquate, mais seulement cause partielle; et les autres êtres contribueront avec elle à former cette idée. Cette idée ne peut donc se concevoir par notre seule nature considérée abstraitement, mais elle doit s'expliquer par ce fait que notre âme, n'étant qu'une partie de l'univers, subit des changements dont la cause est hors d'elle-même [1]. La passion exprime

---

1. *Éthique*, IVe partie, prop. 4.

donc, non la liberté de l'âme, mais au contraire sa dépendance par rapport aux choses extérieures. Et cette dépendance est nécessaire : car « la force, par laquelle l'homme persévère dans l'existence, est limitée, et la puissance des causes extérieures la surpasse infiniment [1] ». De tout cela il résulte que « la force d'une passion ne se mesure pas par la puissance avec laquelle nous faisons effort pour persévérer dans l'existence, mais par le rapport de la puissance de telle ou telle cause extérieure avec notre puissance propre [2] ». En un mot, quand l'être tend à se conserver et à se développer, il est obligé par sa nature de se mettre en rapport avec les autres êtres, et la réaction de ces autres êtres sur lui fait naître en son esprit des idées qui enveloppent, mais incomplètement, la nature de ceux-ci en même temps que sa propre nature, et des impressions qui font de lui l'esclave de ces autres êtres : ces idées et ces impressions, ce sont les passions. Les passions sont donc le résultat nécessaire de cette loi de la nature qui veut que l'homme soit simplement un mode comme les autres modes, et que, ne pouvant pas se passer pour vivre des autres modes, il tombe sous leur influence et aliène à leur contact sa liberté.

Ce n'est pas tout : non seulement l'homme aliène sa liberté, mais il n'obtient pas, même à ce prix, ce qu'il cherchait. Il voulait s'unir aux autres êtres pour les employer à son profit; or, il ne parvient qu'à les détourner de lui-même. Une chose ne nous est bonne,

1. *Éthique*, IVe partie, prop. 3.
2. *Id.*, prop. 5.

en effet, qu'à condition d'être conforme à notre nature. Mais, en tant que les hommes sont livrés aux passions, on ne peut dire qu'il y ait entre eux conformité de nature : car c'est par la puissance, c'est-à-dire par l'essence et par ce qu'il y a de réel en eux, que les hommes peuvent se ressembler, et non par l'impuissance et par la négation, c'est-à-dire par la passion [1]. Loin de là, en tant qu'ils sont livrés à la passion, les hommes sont portés à être contraires les uns aux autres : car, tous désirant les mêmes objets, ils sont vite amenés à rivaliser et à se haïr [2]. Il n'y a donc pas lieu d'espérer que, en nous livrant à notre passion pour les êtres extérieurs, nous obtenions en échange ce que nous attendons d'eux ; au contraire, nous creusons l'écart qu'il y a entre eux et nous ; nous arrivons nécessairement à entrer en conflit avec des êtres aussi passionnés que nous le sommes nous-mêmes.

Bien plus encore : nous nous mettons en conflit avec nous-mêmes. Car la passion que nous éprouvons à un moment, diffère de celle que nous éprouvons l'instant d'après : notre désir change à chaque instant d'objet, notre conduite de direction. En tant donc que nous suivons la passion, nous sommes différents de nous-mêmes [3] ; nous sommes, comme disait Platon, « autre » ou « plusieurs ». La passion est ainsi la cause du désaccord, et des divers êtres entre eux, et d'un même être avec lui-même.

1. *Éthique*, IVe partie, prop. 32.
2. *Id.*, prop. 34.
3. *Id.*, prop. 33.

Résumons-nous : la passion, née d'un effort pour arriver au bien, ne saurait cependant nous y conduire. La passion n'est en effet qu'une idée inadéquate ; et l'âme doit être complètement éclairée pour atteindre son utilité véritable. La passion est une idée dont l'âme n'est que cause partielle, elle marque notre dépendance à l'égard des choses extérieures, notre impuissance [1] ; et le bonheur vrai ne peut se trouver que dans la liberté, dans cet état où l'âme, indépendante de tout autre être, se dirige suivant ses seules lois dans la voie de son propre intérêt. La passion produit enfin le conflit de l'être avec ses semblables et avec soi-même ; et le bien a pour première condition la paix, c'est-à-dire l'accord avec le reste du monde et l'accord intérieur, la conformité de nos desseins avec ceux des autres hommes et la constance dans nos propres desseins. La passion, en un mot, ne peut nous mener au bonheur auquel nous aspirons.

Cependant, il ne convient pas de porter un jugement aussi sévère sur toutes les passions sans distinction. Il y a divers degrés dans la valeur morale des passions. Celles qui auront pour effet de conserver et d'accroître notre être, seront bonnes ; celles qui auront pour effet de l'amoindrir, seront mauvaises, et il y aura toutes les transitions possibles entre les meilleures et les pires. Le désir d'abord (le désir passionnel bien entendu ; car, pour le désir actif, il est bon nécessairement) est bon par essence, mais peut avoir de fâcheuses suites [2]. « La

---

1. *Éthique*, IVe partie, prop. 37, scholie 1.
2. *Id.*, appendice, chap. III.

joie, considérée directement », c'est-à-dire en elle-même et abstraction faite des conséquences lointaines qu'elle peut avoir, « est bonne ; la tristesse, au contraire, considérée directement, est mauvaise [1] ». En effet, la première favorise, la seconde diminue la puissance d'agir de notre être ; la première nous fait passer à une plus grande perfection, la seconde à une perfection moindre. Par suite, la gaieté, « cette joie qui résulte de ce que toutes les parties du corps ont entre elles les mêmes rapports de mouvement et de repos », la gaieté ne peut avoir d'excès, et elle est toujours bonne ; la mélancolie, au contraire, est toujours mauvaise [2]. Le rire, de même, à la différence de la dérision, est un pur sentiment de joie ; donc il n'est pas sujet à l'excès, et de soi il est bon [3]. Mais le chatouillement, « joie qui résulte de ce qu'une des parties du corps est affectée de préférence aux autres », est susceptible d'excès et peut ainsi devenir mauvais ; et la douleur, à son tour, peut devenir bonne, en tant que le chatouillement ou la joie sont mauvais, c'est-à-dire dans le cas où une douleur locale sert à procurer à l'ensemble de l'être un plus grand bien [4]. Ainsi une joie peut devenir mauvaise, si sa cause est trop particulière. Le désir et l'amour le deviennent aussi, si l'on désire ou si l'on aime avec excès une chose qui ne peut procurer un bien local qu'au prix d'un mal général [5]. Et cependant

1. *Éthique*, IVe partie, prop. 41.
2. *Id.*, prop. 42.
3. *Id.*, prop. 45, scholie.
4. *Id.*, prop. 43.
5. *Id.*, prop. 44.

il faut maintenir que, en soi, l'amour (comme le désir) est bon, puisqu'il provient d'un désir joyeux. Tout au contraire, « la haine ne peut jamais être bonne [1] »; car elle provient de la tristesse. Par suite, l'envie, la dérision, le mépris, la vengeance, toutes les passions qui se rapportent à la haine ou qui en dérivent sont mauvaises : « tout ce que nous désirons par l'effet de la haine est honteux, et, dans l'État, contraire à la justice [2] ». Sans avoir d'aussi funestes effets, les passions de l'espérance et de la crainte ne peuvent jamais être bonnes par elles-mêmes, car elles sont inséparables de la tristesse; et, de plus, elles marquent le défaut de connaissance et l'impuissance de l'âme, puisqu'elles proviennent d'une croyance erronée à la contingence des choses futures [3]. De même, les passions de l'estime et du mépris sont toujours mauvaises [4], car elles se fondent sur notre croyance erronée à la liberté des actions humaines, objets de l'estime ou du mépris; et en outre, « l'estime rend aisément orgueilleux celui qui en est l'objet [5] ». De même encore — idée qu'on rencontrait déjà dans le stoïcisme et qu'on retrouvera encore chez M. Herbert Spencer, — « la pitié est, de soi, mauvaise et inutile dans une âme qui vit selon la raison [6] ». En effet, dit Spinoza, la pitié est une sorte de tristesse; donc, de soi, elle ne peut être que mau-

---

1. *Éthique*, IVe partie, prop. 45.
2. *Id.*, prop. 45, coroll. 1 et 2.
3. *Id.*, prop. 47.
4. *Id.*, prop. 48.
5. *Id.*, prop. 49.
6. *Id.*, prop. 50.

vaise. De plus, ce n'est que par la raison que nous pouvons faire le bien en sachant que nous le faisons; l'acte fait par sentiment n'a aucune valeur morale. Le sage n'éprouvera jamais cette passion ; car « comprenant que toutes choses résultent de la nécessité de la nature divine et se font suivant les règles éternelles de la nature, il ne rencontrera jamais rien qui soit digne de haine, de moquerie ou de mépris, et personne ne lui inspirera jamais de pitié; il s'efforcera toujours, au contraire, autant que l'humaine nature le comporte, de bien agir, et, comme on dit, de se tenir en joie ». Ajoutons encore que le sage doit se conduire de façon à n'avoir jamais regret de sa conduite; or celui qui cède à la pitié, au contraire, a souvent lieu de s'en repentir. Ainsi la pitié n'entrera pas dans une âme raisonnable; elle est donc, au fond, mauvaise. Mais Spinoza reconnaît pourtant que, chez le vulgaire, elle peut, dans une certaine mesure, tenir lieu de raison; et qu'elle vaut mieux, chez une âme commune, que son contraire, l'insensibilité : « Si un homme n'est jamais conduit, ni par la raison, ni par la pitié, à porter secours à autrui, il mérite assurément le nom d'inhumain, puisqu'il ne garde plus avec l'homme aucune ressemblance [1] ». L'impassibilité doit être le privilège du sage. — Comme la pitié, l'humilité, que la morale chrétienne vante aussi, est un sentiment de tristesse, qui naît pour l'homme du spectacle de son impuissance. Donc, loin d'être une vertu, elle n'est,

---

1. *Éthique*, IVe partie, prop. 50, scholie.

elle non plus, qu'une passion mauvaise[1]. Il en faut dire autant du repentir : « Le repentir n'est point une vertu ; il ne provient point de la raison ; au contraire, celui qui se repent est deux fois misérable ou impuissant[2] » : une première fois en ce qu'il a fait le mal, une seconde en ce qu'il souffre de sa conduite. Seulement, il en est du repentir comme de la pitié : l'humilité et le repentir valent mieux pour le vulgaire, qui n'est pas conduit par la raison, que les passions contraires. « Les hommes ne dirigeant que rarement leur vie par la raison,... l'humilité et le repentir sont plus utiles que nuisibles ; et, puisque enfin les hommes doivent pécher, il vaut mieux qu'ils pèchent de cette façon. Car, si les hommes dont l'âme est impuissante venaient tous à s'exalter par l'orgueil, ils ne seraient plus réprimés par aucune honte, par aucune crainte, et on n'aurait aucun moyen de les tenir en bride et de les enchaîner. Le vulgaire devient terrible dès qu'il ne craint plus. Il ne faut donc pas s'étonner que les prophètes, consultant l'utilité commune et non celle d'un petit nombre, aient si fortement recommandé l'humilité, le repentir et la subordination. Car on doit convenir que les hommes dominés par ces passions sont plus aisés à conduire que les autres, et plus disposés à mener une vie raisonnable, c'est-à-dire à devenir libres et à mener la vie des heureux[3]. » — Enfin, Spinoza condamne plus énergiquement encore ces deux passions qui naissent de

---

1. *Éthique*, IVe partie, prop. 53.
2. *Id.*, prop. 54.
3. *Id.*, prop. 34, scholie.

l'estime trop haute ou trop faible que nous faisons de nous-mêmes, l'orgueil et l'abjection. Car l'une comme l'autre marquent le plus haut degré d'impuissance de l'âme [1]. Mais quoique l'abjection ait souvent ce grand tort d'être intéressée, et de permettre à ceux qui la pratiquent de décrier leurs semblables sous le manteau de la dévotion [2], quoique ainsi « il n'y ait rien qui ressemble plus à un orgueilleux qu'un homme abject [3] », Spinoza cependant condamne moins l'abjection que l'orgueil, parce que l'orgueilleux n'aime que les flatteurs et les parasites et hait les gens de cœur [4], parce que l'orgueil rend les hommes insociables et ennemis les uns des autres [5], et surtout parce que « l'abjection peut se corriger plus aisément que l'orgueil [6] ».

D'ailleurs, si l'orgueil et l'abjection sont ainsi condamnables, il est d'autres passions, voisines de celles-là, qui valent infiniment mieux. Par exemple, quoique voisine de l'abjection, « la honte, comme la commisération, bien qu'elle ne soit pas une vertu, est bonne toutefois, en tant qu'elle marque, dans celui qui l'éprouve, un désir réel de vivre dans l'honnêteté. Donc, bien qu'un homme qui a honte de quelque action, soit par là même dans la tristesse, il est dans un état de perfection plus grand que l'impudent qui

---

1. *Éthique*, IVe partie, prop. 55.
2. *Id.*, prop. 57, scholie.
3. *Id.*, appendice, chap. XXII.
4. *Id.*, prop. 57.
5. *Id.*, prop. 58, scholie.
6. *Id.*, prop. 56, scholie.

n'a aucun désir de bien vivre [1] ». De même, bien qu'il y ait là quelque chose qui rappelle l'orgueil, « il n'est pas contraire à la raison de se glorifier d'une chose »; au contraire, « ce sentiment peut provenir de la raison elle-même [2] ». — C'est ainsi que, à côté de plusieurs passions funestes, Spinoza admet l'existence de divers sentiments louables. Ainsi, à côté de la sympathie passive, et à l'opposé de l'indignation, qui est toujours mauvaise, un penchant favorable pour une personne, c'est-à-dire la sympathie qu'on éprouve pour l'être qui fait du bien à autrui, n'est pas contraire à la raison, mais peut s'accorder avec elle et même en provenir [3]. De même, à côté de la vanité, il y a « cette joie qui naît pour l'homme de la contemplation de soi-même et de sa puissance d'agir », cette « paix intérieure » qui peut être inspirée par la raison [4]. — Donc, dans la plupart des cas où une affection est mauvaise — dans tous, pourrait-on dire, sauf la tristesse et ses dérivés, — elle l'est, non par sa matière, mais par sa forme; non par la nature du sentiment même, mais par la cause qui nous le fait éprouver; non par l'essence de l'idée qui la constitue, mais par la raison que cette idée est incomplète et inadéquate; non parce qu'elle est une affection, mais parce qu'elle est subie par l'être, au lieu d'être produite par lui; parce qu'elle est passive, non active.

---

1. *Éthique*, IVe partie, prop. 58, scholie.
2. *Id.*, prop. 58.
3. *Id.*, prop. 51.
4. *Id.*, prop. 52.

Ainsi, entre cette vie affective et une vie plus haute, pas plus qu'entre la nature et la moralité, il n'y aura discontinuité, désaccord; la seconde, au contraire, ne sera que le prolongement et le perfectionnement de la première. La passion tendait au bien sans y atteindre; en partant des mêmes principes, mais en s'écartant moins de la droite voie, la raison y atteint. Dans la vie passionnelle, l'homme se réglait sur des idées incomplètes; dans la véritable vie, il se réglera sur des idées adéquates. Dans la première, il n'était que cause partielle de ses actions, il marquait son impuissance par son attachement passif aux choses du dehors; il sera, dans la seconde, cause totale de ses actes, il s'élèvera à l'indépendance, à la liberté. Tout à l'heure il était en lutte avec ses semblables et avec lui-même; il aura maintenant la paix et au dedans et au dehors de son être; il sera en harmonie avec lui-même et avec tout l'univers. Et pour cela, qu'a-t-il à faire? à réaliser cet effort pour conserver et développer son être qui est la base de toute conduite rationnelle, à le réaliser, non plus passivement, mais activement; c'est-à-dire en comprenant bien que cette réalisation dépend, non des autres êtres, mais de lui-même; en abandonnant par conséquent la poursuite des biens extérieurs, fragiles et trompeurs, pour rentrer en soi, et pour chercher, dans la perfection de sa propre essence, le véritable bien. Mais qu'est-ce que son essence, cette essence de l'âme humaine commune à tous? C'est la raison; car la raison, à la différence de la sensibilité et de l'imagination, est la seule faculté qui soit partout identique

114 LA MORALE DE SPINOZA.

à soi-même. Donner à notre raison la plus haute perfection, c'est-à-dire la plus grande somme de réalité dont elle soit susceptible, tel est donc l'idéal de l'activité humaine. La véritable vie de l'âme, c'est la vie suivant la raison.

CHAPITRE IX

IDÉAL DE LA VIE RATIONNELLE

Nous sommes arrivés à dégager, de l'expérience de la vie affective, l'idée de la vie rationnelle. Il nous faut maintenant approfondir cette idée, examiner en détail ce qu'est l'idéal du sage. Nous devrons ensuite nous demander comment cet idéal peut être pratiquement réalisé. Enfin nous verrons quels résultats doit produire sa réalisation, quelles récompenses sont celles de l'homme vertueux.

La vie rationnelle, avons-nous dit, est en parfaite continuité avec la vie ordinaire; loin de s'opposer à elle, elle la complète. « La raison, en effet, ne demande rien de contraire à la nature. Elle aussi prescrit à chaque homme de s'aimer soi-même, de chercher ce qui lui est utile véritablement, de désirer tout ce qui le conduit réellement à une perfection plus grande, enfin de faire effort pour conserver son être autant qu'il est en lui ¹. » Et pour l'y faire réussir, elle ne lui demande qu'une chose : éclaircir ses idées et les rendre adéquates. Car, nous l'avons vu, l'homme qui se dirige d'après des idées incomplètes n'a pas toute la puissance qu'il pourrait avoir pour conserver son être; il n'est pas vraiment « vertueux ». « Quand l'homme est déterminé à faire quelque chose parce qu'il a des idées inadéquates, on ne peut dire absolument qu'il agisse par vertu; cela ne peut se dire qu'en tant que l'homme est déterminé par des idées claires. Agir absolument par vertu, ce n'est autre chose que suivre la raison dans nos actions, dans notre vie, dans la conservation de notre être — trois choses qui n'en font qu'une, — et cela d'après la règle de l'intérêt propre à chacun ². »

Mais qu'est-ce que suivre la raison? C'est chercher à connaître la vraie nature de notre propre être et de toutes choses, chercher à comprendre : « Nous ne tendons par la raison à rien autre chose qu'à comprendre, et l'âme, en tant qu'elle se sert de la raison, ne juge utile pour elle que ce qui la conduit à comprendre ³ ». Connaître la nature vraie d'une chose, c'est voir en elle, derrière le phénomène variable et fini, l'essence impérissable et absolue : c'est voir comment son existence et son action découlent de la loi éternelle et nécessaire qui régit l'univers; et ainsi « il est de la nature de la raison de concevoir les choses comme nécessaires;... il est de la nature de la raison de percevoir les choses

---

1. *Éthique*, IVᵉ partie, prop. 18, scholie.
2. *Id.*, prop. 23 et 24.
3. *Id.*, prop. 26.

sous la forme de l'éternité ¹ ». S'il en est ainsi, comprendre une chose, c'est voir en elle, non l'individuel, mais l'universel; c'est y saisir, non ce qui fait d'elle un simple mode, mais au contraire ce qui la rattache à la substance; c'est la concevoir comme un produit direct de Dieu; c'est, en elle, apercevoir Dieu même. « L'âme peut faire — écrit Spinoza — que toutes les affections du corps, c'est-à-dire toutes les images des choses, se rapportent à Dieu.... Celui qui comprend ses passions et soi-même clairement et distinctement, aime Dieu, et d'autant plus qu'il connaît mieux soi-même et ses passions ². » Ainsi, quelque chose que nous considérions, si nous nous en faisons une idée claire et distincte, la raison, en partant de cette chose finie et relative, nous mènera à l'absolu, à Dieu. Et la connaissance qu'elle nous donnera de Dieu sera elle-même parfaitement claire et parfaitement distincte : « L'âme humaine a une connaissance adéquate de l'infinie et éternelle essence de Dieu ³ ». Il n'y a rien d'impénétrable ni de mystérieux dans l'essence divine, puisque Dieu n'est que la substance des êtres, et que la raison a justement pour fonction de nous faire atteindre, derrière le phénomène, la substance. Et, comme cette parfaite connaissance de Dieu est le dernier terme où nous mène notre intelligence, elle est aussi le dernier terme où nous mène notre sensibilité.⁴

1. *Éthique*, II⁰ partie, prop. 44.
2. *Id.*, VI⁰ partie, prop. 14 et 15.
3. *Id.*, II⁰ partie, prop. 47.
4. Au fond Spinoza ne distingue pas la sensibilité de l'intelligence, pas plus qu'il ne distingue de l'intelligence, la

Nous n'avons fait intervenir la raison que pour satisfaire, en le guidant, l'instinct qui nous pousse à chercher le bonheur; pour mieux savoir ce que nous devons désirer et aimer; et pour acquérir, en possédant cet objet, plus de réalité et de perfection, c'est-à-dire pour nous réjouir. Ainsi, comprendre une chose, c'est l'aimer; et l'aimer, c'est être joyeux. Posséder la connaissance de Dieu, c'est ressentir pour lui un « amour intellectuel infini »; et, jouir de cette connaissance et de cet amour, c'est atteindre l'idéal de la félicité humaine. Spinoza ne cesse pas d'insister sur cette idée. « Notre souveraine félicité, dit-il, consiste dans la connaissance de Dieu, laquelle ne nous porte à accomplir d'autres actions que celles que nous conseillent l'amour et la piété [1] »; car « en tant que nous possédons l'intelligence, nous ne pouvons désirer que ce qui est conforme à l'ordre nécessaire des choses, et trouver le repos que dans la vérité [2] ». — « Le bien suprême de l'âme, c'est la connaissance de Dieu; et la suprême vertu de l'âme, c'est de connaître Dieu [3]. » — « La béatitude n'est pas autre chose que la connaissance intuitive de Dieu, et la perfection de l'entendement consiste à comprendre Dieu, les attributs de Dieu, et les actions dérivant de la nécessité de la nature divine [4]. » « Cet amour de Dieu doit occuper l'âme

---

volonté. Tous les faits de conscience sont pour lui d'un ordre unique, et la division des facultés lui paraît factice.

1. *Éthique*, II° partie, prop. 49, scholie.
2. *Id.*, IV° partie, appendice, chap. XXXII.
3. *Id.*, prop. 28.
4. *Id.*, appendice, chap. IV.

plus que tout le reste ¹ » ; et il le fait nécessairement : car on éprouve plus d'affection, nous l'avons vu, pour un être libre que pour un autre être; or Dieu est le seul être libre; lors donc que nous connaissons sa vraie nature, nous nous attachons nécessairement à lui plus qu'à toutes les autres choses. — Il y a une telle adéquation entre l'intelligence et l'amour, que nul être, comprenant Dieu, ne peut éprouver à son égard un bas sentiment : « nul ne peut haïr Dieu;... l'amour de Dieu ne peut être souillé par aucun sentiment d'envie ou de jalousie ² ». De plus, cet amour de Dieu est forcément pur de tout désir de réciprocité : ceux qui croient à un Dieu personnel peuvent l'aimer pour qu'il leur rende son amour en échange; mais, le Dieu de Spinoza étant exempt de toute passion et de toute affection, « nul ne peut faire effort pour que Dieu l'aime à son tour ³ ». En aimant Dieu, nous ne pouvons souhaiter, ni qu'il récompense notre amour, ni même qu'il le connaisse et l'approuve. Et cependant il est vrai de dire, mais en un sens plus profond et plus métaphysique, que Dieu aime l'homme, et que cet amour divin est la source de notre félicité : car Dieu s'aime d'un amour infini lui-même et ses modes, c'est-à-dire lui-même et les êtres finis. Si donc à notre tour nous aimons Dieu, notre amour pour l'être parfait, à nous simples parties, simples émanations de la nature

1. *Éthique*, Vᵉ partie, prop. 16.
2. *Id.*, prop. 18 et 20.
3. *Id.*, prop. 19. — Ce Dieu de Spinoza ne ressemble-t-il pas au Dieu d'Aristote, qui ignore le monde, lui aussi, tout en l'attirant à soi par sa perfection ?

divine, sera une partie et comme une émanation de l'amour de Dieu pour lui-même. Mais comment Dieu, dira-t-on, peut-il s'aimer lui-même, dans un système qui lui refuse et la passion et même la conscience? C'est, répondrait Spinoza, que Dieu, comme toute chose, tend à persévérer dans son être; s'il n'a pas de conscience personnelle, il est du moins la somme des consciences humaines : il s'aime donc soi-même dans l'âme de l'homme; et c'est ainsi que l'amour de Dieu pour lui-même et l'amour de l'homme pour Dieu coïncident nécessairement [1]. En sorte que dans ces deux amours réunis en un seul réside la souveraine béatitude.

En disant que notre amour pour Dieu doit être pur de tout espoir de retour, Spinoza n'a pas voulu dire que cet amour doit être désintéressé; il a voulu dire que sa récompense ne lui vient pas du dehors, mais qu'il la trouve en lui-même. La béatitude ainsi n'est pas comme un prix extérieur ajouté à la vertu; « la béatitude, c'est la vertu même [2] ». Ainsi c'est toujours en vue du bonheur que nous agissons; seulement ce bonheur est dans l'action même, et non dans un objet qu'elle nous ferait atteindre. Quand donc Spinoza, parti de considérations purement utilitaires, arrive à fonder sur ces prémisses une morale toute rationnelle, il ne faut pas dire qu'il se contredit. L'amour

1. *Éthique*, V^e partie, prop. 33, 35 et 36.
2. *Id.*, prop. 42. Encore une analogie avec Aristote, pour lequel le plaisir n'est point distinct de l'acte qu'il récompense, mais s'ajoute seulement à lui « comme s'ajoute à la jeunesse sa fleur ».

de Dieu n'est pas une fin nouvelle, substituée à une fin plus intéressée ; ce n'est qu'une formule nouvelle, et plus profonde, de l'intérêt véritable. C'est parce qu'il procure à l'homme le plaisir suprême, la jouissance la plus complète et la plus inaltérable, que l'amour de Dieu est proclamé le vrai bien. Aussi n'est-ce point dans le renoncement absolu à soi-même, dans la perte de notre individualité au sein de la substance divine (comme Goethe et Fichte l'ont à tort compris) que Spinoza fait résider la béatitude : c'est au contraire dans le sentiment le plus intense de notre existence, dans le degré de vie le plus élevé, qu'il place cette souveraine perfection. Pour lui, le bonheur de l'homme n'est pas de rien retrancher de son être, pour se plonger dans le néant; c'est, à l'inverse, d'accroître sans cesse son individualité, de grandir en réalité et en perfection; non de s'élever à Dieu pour se perdre en lui, mais de faire descendre Dieu en soi-même. Aimer Dieu, ce n'est pour l'homme que la façon la plus sûre de conserver son être et d'atteindre son intérêt. Au milieu des considérations rationnelles les plus hautes, Spinoza reste fidèle au principe « utilitaire » de sa morale; il côtoie le mysticisme, et n'y tombe jamais.

S'il ne tombe pas dans le mysticisme, c'est que sa conception de Dieu le lui rend impossible. Son Dieu n'est pas un être personnel qu'on puisse aimer pour lui-même; il n'est que la substance de tous les êtres finis. C'est pour cela précisément que la connaissance d'un être fini quelconque mène à la connaissance de

Dieu. Mais, réciproquement, l'amour de Dieu mène nécessairement à l'amour véritable des êtres finis ; plus exactement même, il contient en soi ce dernier. L'amour pour nos semblables entrera donc comme un élément nécessaire dans la morale de Spinoza. Et cela, toujours en vertu du principe de l'utile. Il est, en effet, impossible, dit Spinoza [1], de faire que nous n'ayions besoin d'aucune chose extérieure pour conserver notre être ; il y a donc hors de nous beaucoup de choses qui nous sont utiles, et par conséquent désirables. Entre ces choses, on n'en peut concevoir de meilleures pour nous que celles dont la nature est semblable à la nôtre ; car, si deux individus de même nature viennent à se joindre, ils composent par leur réunion un individu deux fois plus puissant que chacun d'eux. C'est pourquoi rien n'est plus utile à l'homme que l'homme lui-même. Ainsi les hommes ne peuvent rien souhaiter de mieux, pour la conservation de leur être, que cet amour de tous en toutes choses, qui fait que toutes les âmes et tous les corps ne forment, pour ainsi dire, qu'une seule âme et qu'un seul corps. Tel est l'état idéal. Mais, dans la vie ordinaire, on ne le voit pas réalisé. Car les hommes sont livrés d'habitude aux affections passives, et nous avons vu que, dans cette condition, ils peuvent être, ils sont même forcément contraires les uns aux autres. En réalité, ils ne sont en conformité de nature que lorsqu'ils vivent suivant les conseils de la rai-

---

1. *Éthique*, IVe partie, prop. 18, scholie.

son¹ ; car alors ils accomplissent des actes qui sont bons pour la nature humaine en général, et, partant, bons pour chacun en particulier. « Le bien suprême de ceux qui pratiquent la vertu leur est commun à tous, et tous en peuvent également jouir ² » ; ce bien, en effet, c'est la connaissance et l'amour de Dieu, et ce bien tout intérieur et tout idéal peut, à la différence des biens sensibles, se partager sans s'amoindrir; il gagne même, semble-t-il, à être communiqué aux autres : « car nous l'aimerons mieux, si nous voyons que d'autres l'aiment aussi » ; et par conséquent « nous ferons effort pour que les autres l'aiment aussi. Le bien que désire pour lui-même tout homme qui pratique la vertu, il le désirera donc également pour tous les autres hommes; et cela, avec d'autant plus de force qu'il aura une plus grande connaissance de Dieu ³. » Ainsi, sans poursuivre d'autre but que son propre intérêt, sans chercher autre chose que sa propre béatitude, l'homme sera amené à travailler au bien de ses semblables, en tâchant de conformer et sa propre nature et la leur à l'idéal de la nature humaine. Plus donc chaque homme cherche ce qui lui est utile — c'est encore une idée que M. Spencer reprendra, — et plus les hommes sont réciproquement utiles les uns aux autres ⁴. En faisant son bien, on fait nécessairement celui de ses semblables. En

---

1. *Éthique*, IVᵉ partie, prop. 35.
2. *Id.*, prop. 36.
3. *Id.*, prop. 37.
4. *Id.*, prop. 35, coroll. 2.

s'aimant d'un véritable amour, on aime Dieu, et toutes choses en Dieu [1].

Ces dernières considérations nous amènent à définir plus complètement le sens et la portée métaphysique de la théorie. Si nous ne pouvons atteindre notre bonheur sans assurer en même temps celui des autres, cela tient à ce que notre personnalité n'est pas, radicalement et absolument, séparée des leurs, mais au contraire à ce qu'elle est, comme les leurs, une partie de l'Être qui embrasse tout en lui. La passion, nous l'avons vu, c'est l'enchaînement de l'être fini à l'être fini, le lien du mode au mode, lien qui ne peut être qu'accidentel et fragile, comme les choses mêmes qu'il unit. La raison, au contraire, c'est l'union de l'être fini avec l'être infini, la subordination du mode à la substance, l'accord de l'individu avec le tout; la raison donc ne fait que fortifier un lien naturel, que rétablir une légitime dépendance : aussi ce lien, étant nécessaire, est-il durable et véritablement « éternel », puisqu'il fait participer l'être périssable à la nature de l'éternité. Et comme l'être infini embrasse et contient en soi tous les êtres finis, aucun mode ne peut se rattacher à la substance sans se rattacher aux autres modes, mais cette fois d'une façon utile et solide, puisqu'il se rattache, non à leur accident, mais à leur essence. Par suite, tandis que l'amour passionnel est

---

1. C'est ce qu'exprime Spinoza en disant que, de « *amor Dei intellectualis* » naît « *fortitudo* » (la grandeur d'âme), laquelle se présente sous deux formes : une extérieure, « *generositas* », et une intérieure, « *animositas* » (*Éthique*, IIIe partie, prop. 59, scholie).

incomplet et impur, l'amour rationnel est sans limite et sans mélange : « Les injures, les soupçons, les inimitiés n'ont pas d'autre source que cet amour qui nous enflamme pour des objets que nous ne pouvons réellement posséder avec plénitude... Au contraire, l'amour d'un objet véritable et éternel, que nous possédons véritablement et avec plénitude,... ne peut être souillé de ce triste mélange de vice que l'amour amène ordinairement avec soi ; il peut prendre des accroissements toujours nouveaux, occuper la plus grande partie de l'âme, et s'y déployer avec étendue[1]. » La passion, par l'opposition qu'elle crée entre les différents hommes et entre les désirs d'un même homme, ne tarde pas à se détruire elle-même, prouvant par là son irrémédiable faiblesse. La raison, par la coordination qu'elle met entre tous nos desseins, et par l'union qu'elle établit entre tous les hommes, par la concorde, en un mot, qu'elle crée dans l'individu et dans l'univers, — la raison va en étendant sans cesse son empire, en se soumettant de plus en plus les âmes, et démontre ainsi sa puissance et sa supériorité.

1. *Éthique*, V⁰ partie, prop. 20, scholie.

CHAPITRE X

PRATIQUE DE LA VIE RATIONNELLE

L'intelligence et l'amour de Dieu, tel est, avons-nous dit, l'idéal de la vie bienheureuse. Mais comment l'homme peut-il, pratiquement, atteindre cet idéal? Ne trouve-t-il pas, en soi-même, mille hésitations qui l'arrêtent, mille passions qui lui font obstacle? Comment vaincre ces passions, comment s'élever, de la vie affective, à la vie rationnelle?

La solution de cette difficulté, au premier abord, paraît très simple. La passion n'est autre chose qu'une idée confuse. Il n'y a donc qu'à éclaircir cette idée pour qu'elle devienne une idée distincte, pour que l'affection passive devienne une affection active qui, loin de contrarier la raison, s'accorde avec elle. C'est bien ce que dit Spinoza : « Une affection passive cesse d'être passive aussitôt que nous nous en formons une idée claire et distincte. Or il n'y a pas d'affection du corps dont nous ne puissions nous former quelque idée claire et distincte. Tous les soins de l'homme doivent donc tendre vers ce but, la connaissance la plus claire et la plus distincte possible de chaque passion, chacun pouvant ainsi diminuer dans son âme l'élément de la passivité [1]. » — De là une ligne de conduite toute tracée; de là des moyens, et pour prévenir la passion, et pour la dominer. « Tant que notre âme, nous dit Spinoza, n'est pas livrée au conflit des passions contraires à notre nature, nous avons la puissance d'ordonner et d'enchaîner les affections de notre corps suivant l'ordre de l'entendement [2]. » Nous n'aurons donc qu'à disposer ces affections suivant un plan bien arrêté, en visant toujours à être libre et joyeux, c'est-à-dire à augmenter notre indépendance et notre perfection; nous nous créerons ainsi des habitudes, nous nous formerons un caractère stable, sur lequel les passions auront dans la suite beaucoup moins de prise. — Que si, malgré ces précautions, la passion parvient à naître en notre âme, nous disposons, pour la vaincre, de cinq moyens [3]. D'abord, nous pouvons pénétrer, par la raison, la véritable nature de l'être qui est l'objet de la passion; par là même, l'impression qu'il produit en nous cesse d'être passive. Notamment, si nous arrivons à bien reconnaître que cet être est, comme tous les autres, un être nécessaire, nous cesserons d'éprouver à son endroit ces sentiments passionnels que nous éprou-

---

1. *Éthique,* V° partie, prop. 3, 4, et scholie de la prop. 4.
2. *Id.*, prop. 10.
3. *Id.*, prop. 20, scholie.

vons seulement pour les êtres auxquels nous attribuons follement la liberté[1]. En second lieu, nous pouvons, par la pensée, séparer, de l'idée d'une affection passive, l'idée de la chose extérieure, confusément imaginée, qui la cause en nous[2]; et, comme une passion ne peut subsister que si elle a un objet, par ce seul retranchement, elle disparaîtra. Troisièmement, les objets pour lesquels nous éprouvons des passions sont le plus souvent éloignés de nous; le désir que nous en avons peut donc facilement être vaincu par le désir d'objets présents. Or ce que nous concevons par la raison (c'est-à-dire l'essence universelle des choses) est conçu comme toujours présent, puisque rien ne peut subsister sans lui. Donc le désir rationnel de jouir de ce bien toujours présent triomphera, à la longue, du désir passionnel de jouir des autres biens, que leur lointain fait oublier[3]. Quatrièmement, nos passions ne sont éveillées que par la vue de leur objet même, ou du petit nombre d'êtres qui se rapportent à cet objet; au contraire notre raison est éveillée par la vue de toutes choses, puisque la vue de toutes choses peut nous élever à la considération des propriétés universelles des êtres, et de Dieu; donc les images des objets de nos passions, étant ramenées devant l'esprit par un nombre infiniment moindre de causes, finiront par avoir le dessous[4]. En cinquième

---

1. *Éthique,* V^e partie, prop. 6.
2. *Id.,* prop. 2.
3. *Id.,* prop. 7.
4. *Id.,* prop. 11.

et dernier lieu, l'âme, pouvant éclaircir ses idées, a la faculté de faire qu'elles se rapportent toutes aux propriétés générales des choses, c'est-à-dire à Dieu (puisque Dieu est la substance commune des choses); elle a donc la faculté d'enchaîner ses passions dans un ordre tel qu'elles conduisent elles-mêmes à des considérations rationnelles [1]. De ces cinq moyens, que Spinoza réunit dans le scholie de la vingtième proposition du V⁰ livre de l'*Éthique*, il est aisé de voir que le troisième et le quatrième agissent mécaniquement, en quelque sorte, sans que nous ayions à faire, pour les mettre en œuvre, le moindre effort de volonté. Le premier, le second et le cinquième, au contraire, requièrent l'application et l'attention de l'esprit. Mais tous trois, au fond, sont identiques; le second et le cinquième se ramènent au premier : car qu'est-ce que séparer d'une passion l'idée de sa cause confusément imaginée, et qu'est-ce qu'enchaîner nos passions suivant un ordre rationnel, si ce n'est éclaircir nos passions, et les faire passer, de l'état d'affections passives et d'idées inadéquates, à l'état d'affections actives et d'idées adéquates? Tout ce que l'âme, en un mot, a à faire pour triompher de la passion, ce n'est pas d'en détruire le principe, c'est de l'éclaircir; ce n'est pas d'en supprimer l'idée, c'est de la rendre distincte et complète. Pour qu'elle parvienne à la vie rationnelle,

---

1. *Éthique*, V⁰ partie, prop. 14. Voilà, certes, de fort bons moyens de dominer la passion. Mais il est bien peu vraisemblable que l'homme réellement passionné songe à s'en servir. Ce sont là des remèdes qu'emploient seuls les gens guéris.

il lui suffit d'exercer un pouvoir, non pas répressif, mais au contraire (si l'on peut ainsi dire) extensif sur ses passions.

Mais ce pouvoir, l'âme le possède-t-elle véritablement? Dépend-il d'elle de s'élever ainsi au sommet de la connaissance et de la raison? Non. L'âme, pour Spinoza, n'a pas le libre arbitre; elle ne peut pas plus agir sur ses idées, par une force qui lui soit propre, qu'agir sur le monde extérieur. « Les idées inadéquates et confuses découlent de la pensée avec la même nécessité que les idées adéquates, c'est-à-dire claires et distinctes [1]. » « Il n'est pas au pouvoir de tout homme d'user toujours de la droite raison [2]. » « Il n'est pas plus en notre pouvoir d'avoir une âme saine qu'un corps sain [3]. » De la sorte, puisque nous ne pouvons, par une libre décision de notre âme, nous attacher à la raison et assainir nos idées, il est évident que nous n'avons pas le pouvoir de dominer et de transformer nos passions, de changer notre passivité en activité. « La chose du monde dont l'homme est le moins capable, c'est de dominer ses appétits [4]. »

L'antinomie est flagrante. D'un côté, Spinoza veut que nous puissions rendre adéquates nos idées confuses, actives nos affections passives. De l'autre, il nous refuse tout moyen de le faire, en nous déniant le libre arbitre. La solution du problème pratique de la

---

1. *Éthique*, II⁰ partie, prop. 36.
2. *Traité politique*, chap. ii, § 8.
3. *Id.*, § 6.
4. *Éthique*, III⁰ partie, prop. 2, scholie.

morale, si simple en apparence, devient donc, par le fait du déterminisme que professe Spinoza, d'une étrange difficulté. — Mais l'auteur de l'*Éthique* a une réponse à cette objection nouvelle (réponse dont nous apprécierons la valeur dans une autre partie de ce travail). Puisqu'il n'y a pas, dit-il, en l'âme, une faculté spéciale, un libre arbitre, pour triompher de la passion et faire régner sur elle la raison, et que ce résultat doit pourtant être atteint dans l'âme du sage, c'est donc qu'il se produit naturellement, par le simple conflit de la passion et de la raison, et sans l'intervention d'une puissance étrangère. La passion ne peut être détruite par un effort de volonté; allons plus loin, disons que « une passion ne peut être détruite que par une passion contraire et plus forte [1] ». Toute issue ne nous est pas fermée. Car qu'est-ce que la raison, sinon la connaissance du bien? Mais une chose ne nous est connue comme bonne que parce qu'elle nous cause de la joie; donc « la connaissance du bien », c'est-à-dire la raison elle-même, « n'est rien autre chose que la passion de la joie, en tant que nous en avons conscience [2] ». De là la solution du problème pratique. Si la connaissance du bien, en tant que vraie, ne peut empêcher aucune passion, elle le peut en tant qu'on la considère comme une passion [3]. La raison a, en quelque sorte, deux aspects : elle est essence, et elle est phénomène ; comme essence, elle enveloppe le

1. *Éthique*, IV° partie, prop. 7.
2. *Id.*, prop. 8.
3. *Id.*, prop. 14.

vrai, c'est-à-dire Dieu, et à ce titre elle ne peut agir sur les passions, puisqu'elle est d'un autre ordre qu'elles ; mais, comme phénomène, elle est une affection de l'individu, et, à ce titre, étant de même ordre que les passions, elle pourra agir sur elles. Que faudra-t-il pour qu'elle en triomphe? Il faudra que, comme affection, elle ait plus de force pour émouvoir l'âme que les affections passives. Or, si l'on réfléchit à la constitution de l'esprit humain, on verra que cette condition doit être réalisée. Car l'idée qui doit triompher de l'autre, c'est celle qui a le plus de réalité : puisque une idée, étant un être comme un autre (dans ce système qui réduit toutes choses à des modes isolés de la pensée et de l'étendue), doit avoir d'autant plus de force pour persévérer dans l'être qu'elle a plus de réalité [1] ; mais la raison, idée claire et complète, a plus de réalité que la passion, idée confuse et incomplète; donc c'est la raison qui, en fin de compte, l'emportera. — Autre démonstration : une affection active ne peut être que de la nature de la joie : car l'impression que l'âme éprouve en agissant, lui vient de ce qu'elle se contemple elle-même et sa puissance d'agir; or, ce faisant, elle se réjouit, et elle cherche à persévérer dans son être; donc elle éprouve à la fois de la joie et du désir, mais jamais de la tristesse [2]. Maintenant, ce désir actif est plus fort que les désirs passifs; cette joie active doit triompher des tristesses passives. Car « notre passion pour un objet que nous imaginons comme

---

1. N'est-ce pas déjà « l'idée-force » de M. Fouillée?
2. *Éthique*, IIIe partie, prop. 58 et 59.

nécessaire est plus forte, toutes choses égales d'ailleurs, qu'elle ne le serait pour un objet possible ou contingent, en d'autres termes, non nécessaire [1] »; or une chose que nous désirons d'un désir actif, nous la concevons comme nécessaire, puisque c'est la raison qui nous la fait concevoir; une chose au contraire que nous désirons passivement, nous la concevons comme contingente, puisque c'est l'imagination qui nous en donne l'idée; par suite, l'objet d'un désir actif excitera en nous un désir plus vif que l'objet d'un désir passif. — Toutefois, le désir passif l'emporte parfois, quand il doit produire une satisfaction plus prochaine : « le désir qui provient de la connaissance du bien en tant que cette connaissance regarde l'avenir, peut facilement être étouffé ou empêché par le désir des choses présentes qui ont pour nous de la douceur [2] ». A cela, il y a, à la vérité, un remède : c'est, nous l'avons déjà vu [3], que la raison conçoit toutes choses comme présentes; l'objet des désirs rationnels pourra ainsi lutter d'avantages avec l'objet des désirs passifs. Donc, d'une façon générale, c'est au désir rationnel que restera le succès. — De même, c'est la joie active qui l'emportera sur la tristesse passive : car le désir qui naît de la joie est favorisé par cette joie même, puisque l'âme joyeuse a plus de perfection, donc plus de moyens pour réaliser son désir; celui qui naît de la tristesse, au contraire, est contrarié par la tristesse même, puis-

---

1. *Éthique*, IVe partie, prop. 11.
2. *Id.*, prop. 16.
3. *Id.*, V^e partie, prop. 7; et prop. 20, scholie.

que celle-ci ôte à l'âme toute force et toute vigueur [1]. La joie et le désir actifs auront donc, d'habitude, plus de puissance que la tristesse et le désir passifs; les affections rationnelles l'emporteront, dans une âme normale, sur les affections passionnelles; et cela, remarquons-le bien, nécessairement, sans que la volonté ait aucunement à y intervenir, sans que sa défaillance y puisse nuire, mais aussi, réciproquement, sans que sa libre tension y puisse rien ajouter.

Aussi, quand Spinoza, ayant défini la puissance de la raison par rapport aux passions, nous indique comment il est bon d'user de cette puissance, il ne veut pas dire qu'il nous faille, pour cela, faire intervenir un chimérique libre arbitre, il veut seulement marquer comment l'effort naturel de l'âme vers le bien combat, développe ou ordonne ses diverses affections. Comment elle le fait, c'est ce qui ressort, pour chaque affection, du degré d'utilité véritable qu'elle présente en vue de la conservation de notre être. L'homme sage fuira évidemment toutes les passions du genre de la tristesse, puisqu'elles ne peuvent qu'amoindrir son être. Il ne ressentira pas de haine; au contraire « il s'efforcera d'opposer aux sentiments de haine, de colère, de mépris, etc., qu'on a pour lui, des sentiments contraires d'amour et de générosité [2] »; car, d'abord, ces affections, par elles-mêmes, sont meilleures pour celui qui les éprouve, que les affections contraires; puis, en répondant par l'amour à la haine

---

1. *Éthique*, IVe partie, prop. 18.
2. *Id.*, prop. 46.

de ses adversaires, il a grande chance de désarmer leur colère et de la transformer en affection ; résultat indirect qui ne doit pas être dédaigné. Il évitera de même d'espérer et de craindre quoi que ce soit, d'éprouver pour ses semblables la fausse estime ou le mépris, de ressentir de l'humilité ou du repentir, de se glorifier ou de se plonger dans l'abjection ; toutes passions qui sont fondées sur de faux jugements concernant la contingence des faits extérieurs et la liberté des actions humaines, ou sur une appréciation erronée de notre propre valeur. Il n'éprouvera jamais « une vaine pitié de femme ». Il ne montrera pas de crainte [1], ne flattera pas les ignorants pour recevoir leurs bienfaits [2], n'emploiera jamais de mauvaises ruses dans sa conduite [3] ; car tous ces actes amoindrissent l'être, donc proviennent de la tristesse. — Il cherchera, tout au contraire, les joies véritables : il donnera à son corps les satisfactions nécessaires pour le tenir en bon état [4] ; il ne s'interdira pas d'apprécier favorablement, mais toujours d'accord avec la raison, les actes d'autrui ou les siens [5] ; il voudra surtout procurer à son âme cette paix intérieure née de la raison et qui est la plus haute à laquelle il soit donné à l'homme d'atteindre [6]. Il désirera, d'une part, tout ce qui est propre à accroître, individuellement, chacune de ses facultés, « tout ce qui

---

1. *Éthique*, IVᵉ partie, prop. 63.
2. *Id.*, prop. 70.
3. *Id.*, prop. 72.
4. *Id.*, prop. 45, scholie. Voir plus haut.
5. *Id.*, prop. 51 et 58.
6. *Id.*, prop. 52.

dispose le corps humain de telle façon qu'il puisse être affecté de plusieurs manières, tout ce qui le rend propre à affecter de plusieurs manières les corps extérieurs [1] »; d'autre part, tout ce qui peut conserver la bonne harmonie de ces facultés prises en bloc, c'est-à-dire « le rapport de mouvement et de repos qu'ont entre elles les parties du corps humain [2] »; enfin, tout ce qui conserve une semblable harmonie, non plus entre les facultés d'un même homme, mais entre les divers hommes, « tout ce qui tend à réunir les hommes en société, tout ce qui les fait vivre dans la concorde [3] ». Tous ces désirs, nés de la raison, ont deux caractères qui les élèvent au-dessus des désirs passionnels. D'abord ils sont hiérarchisés entre eux : la passion met souvent l'intérêt immédiat avant l'intérêt éloigné, celui-ci fût-il même beaucoup plus considérable; elle fait souvent ainsi que, entre deux biens, nous choisissons le moindre, et entre deux maux, le pire; la raison au contraire, entre deux biens, nous fait toujours choisir le plus grand, et entre deux maux, le moindre; elle nous fait aussi désirer un moindre mal pour obtenir un plus grand bien, et négliger un moin-

1. *Éthique*, IVe partie, prop. 38.
2. *Id.*, prop. 39.
3. *Id.*, prop. 40. Remarquons que Spinoza, qui prescrit à l'homme tant de ménagements envers ses semblables, ne lui en recommande aucun envers les animaux. Il reconnaît aux bêtes le sentiment, que Malebranche leur déniait (il est vrai que Spinoza y était en quelque sorte forcé par sa théorie de la correspondance de l'âme et du corps); mais en revanche il leur refuse absolument la raison, et partant tout droit à nos égards : nous avons, dit-il expressément, le droit de les tuer, si tel se trouve être notre intérêt. — *Éthique*, IVe partie, prop. 37, scholie 1.

dre bien afin d'éviter un plus grand mal; par suite elle nous fait souvent préférer un plus grand bien à venir à un moindre bien présent, et désirer un moindre bien présent qui est la cause d'un plus grand bien à venir; elle nous fait aussi désirer un moindre mal présent qui est la cause d'un plus grand bien futur, et dédaigner un moindre bien présent qui entraînerait dans la suite un plus grand mal [1]. En second lieu, les désirs nés de la raison ne sont pas sujets à l'excès [2], car la raison, en nous faisant désirer un objet, pose elle-même les limites dans lesquelles il est désirable. Tous les actes auxquels la passion nous eût conduits, nous pourrons donc y être déterminés, en dehors de toute affection passive, par la pure raison [3]; mais ces désirs nés de la raison vaudront infiniment mieux que les désirs passionnels, car loin de nous entraîner, comme ceux-ci, à des choix ridicules et à des excès, ils ne nous guideront jamais que dans la voie de l'intérêt véritable. Ces désirs rationnels, ce seront les vrais agents de notre béatitude.

1. *Éthique*, IVe partie, prop. 65 et 66.
2. *Id.*, prop. 61.
3. *Id.*, prop. 50.

CHAPITRE XI

RÉSULTATS DE LA VIE RATIONNELLE

Nous avons vu quel but l'homme doit poursuivre, et de quels moyens il dispose pour l'atteindre. Quels sont, maintenant, les résultats qu'il obtiendra, si, usant bien de ces moyens, il a atteint le but proposé à son activité [1]?

En premier lieu, il sera arrivé à vivre d'une vie plus intense, plus développée, plus complète que tous ses

---

1. Notons immédiatement que ces résultats, l'homme les obtiendra nécessairement, par le seul jeu des lois naturelles. Spinoza n'a pas à faire intervenir, pour les lui assurer, une puissance transcendante. Le bien étant pour lui le bonheur même, la conduite bonne est par elle-même la félicité, et il n'est pas besoin de voir là l'effet d'une harmonie surnaturelle : « la béatitude n'est pas le prix de la vertu, c'est la vertu même ». Donc l'homme en poursuivant le but moral, la connaissance rationnelle, n'a pas à se dire que, ce faisant, il agréera à un Dieu qui lui donnera en récompense le bonheur ; mais que, ce faisant, il sera l'artisan nécessaire de sa propre félicité. La béatitude sera donc pour lui, non une sanction surnaturelle, mais un *résultat naturel* de sa conduite.

semblables. En poussant la connaissance jusqu'à ses extrêmes limites, il aura donné à sa nature le maximum de « vertu » et de « perfection » dont elle est susceptible, c'est-à-dire le maximum de « puissance » et de « béatitude » qu'elle peut posséder. Il sera tout ce qu'il peut être, et, dans le sentiment de cette plénitude de son être, il trouvera la plus pure et la plus parfaite félicité.

De plus, s'il est ainsi tout ce qu'il peut être, il est arrivé à l'état d'indépendance absolue par rapport à tout le reste du monde. Sans doute il continue à n'exister et à n'agir qu'en vertu des lois du déterminisme universel ; mais il comprend ces lois et il les accepte ; et c'est dans cette intelligence de sa servitude que réside toute sa dignité : c'est en étant l'esclave de Dieu qu'il se fait parfaitement libre [1]. De même il obéit aux lois de sa cité ; mais il y obéit rationnellement, parce qu'il voit de quelle utilité elles sont pour lui : il est donc plus libre dans la cité, où il vit sous les lois, qu'il ne le serait dans une solitude, ne dépendant que de lui seul [2]. En comprenant pourquoi il agit selon les lois de Dieu et de sa cité, il change le déterminisme extérieur en un déterminisme interne, puisque désormais, s'il agit, c'est par accession volontaire à ces lois, c'est par suite de ses seules idées. « Il est donc parfaitement libre, en tant qu'il est conduit par la raison », et sa liberté n'est autre chose que sa raison même, c'est-à-dire « que sa vertu ou perfection [3] ».

---

[1]. *Lettre à Blyenbergh*, édit. Van Vloten, t. II, p. 95-96.
[2]. *Éthique*, IVe partie, prop. 73.
[3]. *Traité politique*, 7 et 11.

Le sage est donc pleinement indépendant de toute contrainte venue du dehors, puisque ses seules idées le déterminent à agir. Mais cette indépendance, loin de rompre son harmonie avec les êtres extérieurs, la consolide au contraire. Nous avons vu [1] comment, en étant raisonnable et libre, il tend à amener ses semblables au même état; comment, en cherchant son bien, il fait nécessairement celui d'autrui. Or il ne peut pas n'en pas être récompensé. Étant « un homme probe et honnête [2] », le sage est placé, par toute législation bien faite, à la tête des affaires publiques. De plus, l'estime de ses semblables l'environne : chacun de ces hommes qu'il a rendus sages à son exemple, s'efforce de lui témoigner sa gratitude, de lui rendre service en retour. Enfin, dans sa propre pensée, dans le seul sentiment du bien qu'il a fait, il trouverait une suffisante récompense de sa conduite; car le bien qu'on a fait est une des choses dont on peut se glorifier d'accord avec la raison, et qui causent une joie durable. Ainsi, la vie du sage ne s'accroît pas seulement en intensité, mais encore, si l'on peut ainsi dire, en étendue, puisque, à son être propre, il joint en quelque sorte, par l'amour qu'il leur porte et par l'amour qu'il en reçoit, une infinité d'autres êtres semblables à lui.

Elle s'accroît encore d'une autre façon. Non seulement la sagesse sert à l'homme à préserver son existence finie [3], mais elle lui assure une existence infinie :

1. P. 122 et suiv.
2. *Éthique*, IVe partie, prop. 18, scholie.
3. Spinoza interdit énergiquement au sage le suicide : ceux

elle donne à son âme l'éternité. Il semblerait que, dans le système de Spinoza, l'éternité ne pût trouver place. L'âme étant en parfait parallélisme avec le corps, elle devrait périr tout entière avec lui. Il n'en est pas cependant ainsi, dit notre philosophe. « Il y a en Dieu une idée qui exprime l'essence de tel ou tel corps humain sous le caractère de l'éternité [1] »; or cette idée n'est autre que l'âme humaine elle-même, en tant qu'elle fait partie de Dieu, c'est-à-dire en tant que, connaissant la vraie nature des choses, elle attribue à l'essence du corps le caractère de l'éternité. En se concevant elle-même et son corps sous le caractère de l'éternité, en sachant qu'elle est en Dieu et conçue par Dieu [2], l'âme sent, l'âme éprouve qu'elle est éternelle [3]. Et elle l'est alors en effet : car, se rattachant ainsi à l'éternelle substance, « elle ne peut pas périr entièrement avec le corps (conçu ici simplement, par Spinoza, comme un fragile assemblage de modes étendus); il reste quelque chose d'elle, quelque chose d'éternel [4] ». Mais cette haute intuition qui assure à l'âme l'éternité, est le privilège du sage : car seul il sait s'élever à cette sublimité de pensée. L'éternité n'est donc point la condition commune du genre humain, elle n'est point obligatoirement imposée à

qui renoncent à la vie, dit-il, sont des impuissants, vaincus par les choses extérieures en désaccord avec leur nature. Le sage au contraire s'efforce de vivre, et il y parvient. (*Éthique*, IVe partie, prop. 18, scholie.)

1. *Éthique*, V^e partie, prop. 22.
2. *Id.*, prop. 30.
3. *Id.*, prop. 39.
4. *Id.*, prop. 23.

tous les hommes : elle est au contraire réservée au petit nombre des esprits qui ont su atteindre à la connaissance de Dieu et de l'essence éternelle des choses; elle est, non pas donnée à l'homme, mais conquise par lui : elle est une acquisition facultative de la raison. — De plus, elle n'est pour l'âme qu'une éternité partielle : une seule partie de notre esprit est éternelle, celle précisément qui nous élève à la connaissance de l'éternité : « la partie éternelle de l'âme, c'est l'entendement, par qui nous agissons; et celle qui périt, c'est l'imagination, principe de toutes nos affections passives [1] ». Donc, suivant que ce sera l'entendement qui sera le plus développé dans une âme ou que ce sera l'imagination, cette âme sera en plus grande ou en moindre partie éternelle. « Celui dont le corps est propre à un plus grand nombre de fonctions — dit Spinoza, — a une âme dont la plus grande partie est éternelle [2] »; car l'homme dont le corps est propre à un grand nombre de fonctions est l'homme instruit, celui qui sait ordonner les affections du corps suivant l'ordre de l'entendement, par conséquent celui qui aime Dieu et qui possède la raison [3]. Mais, même chez celui-là, l'éternité n'est pas donnée à l'âme entière : car il y a toujours, en toute âme, une partie passive, dont l'existence a comme condition l'existence du corps, et qui s'éteint avec celui-ci. Seulement, plus

1. *Éthique*, V^e partie, prop. 40, corollaire.
2. *Id.*, prop. 39.
3. C'est pour cela, dit Spinoza, que l'âme de l'enfant, étant moins près de la sagesse que celle de l'homme, est moins près de l'éternité. (*Id.*, prop. 39, scholie.)

nous aurons été vertueux, plus l'élément actif et éternel l'emportera sur l'élément passif et périssable : « l'âme peut être d'une nature telle que ce qui périt d'elle avec le corps ne soit rien en comparaison de ce qui continue à exister après la mort [1] ». De toute façon d'ailleurs, « la partie de notre âme qui survit au corps, si grande ou si petite qu'elle soit, est toujours plus parfaite que l'autre partie [2] » ; car l'entendement, si faible soit-il, est toujours supérieur à l'imagination. Et l'on peut dire que dans sa vie éternelle l'âme deviendra plus parfaite encore : car alors, débarrassée de toutes les affections passives, « auxquelles elle n'est sujette que pendant la durée du corps [3] », elle sera réduite à la pure raison ; elle ne sera donc plus qu'intelligence et que bonheur. La vie rationnelle et bienheureuse, commencée dans le temps et au contact de la matière, s'achève, pour l'homme réduit à l'état d'esprit pur, dans l'éternité.

Telle est la curieuse théorie que Spinoza professe sur la vie éternelle de l'âme. Son apparente étrangeté [4], et le peu de cohérence qu'elle semble offrir avec le reste du système, ont été souvent relevés. On a dit que Spinoza n'avait gardé dans son livre que le nom de

---

1. *Éthique*, V° partie, prop. 38, scholie.
2. *Id.*, prop. 40, corollaire.
3. *Id.*, prop. 34.
4. Il ne faudrait pas oublier, cependant, quand on parle de cette théorie, que Platon, Aristote et Averroès, en réservant l'immortalité, parmi les parties de l'âme, le premier au νοῦς, les deux autres à l'intellect actif, avaient déjà soutenu cette même théorie de l'immortalité facultative et partielle que peut-être Spinoza puisa dans Averroès.

l'immortalité, de même qu'il n'avait, de Dieu, gardé que le nom ; ce serait un simple trompe-l'œil qu'il emploierait pour détourner les soupçons et éviter la persécution. Mais cette explication ne peut être admise évidemment qu'en désespoir de cause, et si l'on n'en trouve pas d'autre moins injurieuse pour la dignité du grand philosophe. — La majorité des interprètes (et nous sommes sur ce point de leur avis) estiment que Spinoza n'a rien déguisé de sa pensée dans le V⁰ livre de l'*Éthique*; mais ils croient que cette théorie est vraiment en contradiction avec toutes les autres idées de Spinoza (ce qui ne nous semble pas démontré), et qu'il faut y voir une inconséquence de l'illustre écrivain. — Quelques-uns, plus conciliants, font observer que, si c'est là une inconséquence, elle sert du moins à introduire dans le système une grande et haute idée, celle de l'éternité donnée à chacun en proportion de ses mérites. Ils font observer que cette conception est, de toutes celles qu'on peut se faire sur la vie future, peut-être la plus raisonnable, et à coup sûr la plus morale. Et en effet, quand l'homme s'est laissé ici-bas asservir par les choses extérieures, quand il n'a connu d'autres jouissances que celles des sens et de la chair, sa vie nous paraît à bon droit s'éteindre avec la fin de son existence matérielle, et nous ne comprenons pas pourquoi devrait survivre à ses passions et à ses grossiers appétits celui qui n'a vécu que pour les satisfaire. Mais si, détachant son âme des préoccupations du vulgaire, il a quelquefois pris pour objet de ses méditations l'absolue et éternelle essence des choses, s'il a, être fini, réalisé en sa conscience la claire conception de l'être infini et parfait, si, en un mot, il a su, parmi les misères et les bassesses de cette existence, atteindre, ne fût-ce qu'un instant, à cette vie supérieure qui est la connaissance et l'amour intellectuel de Dieu, — alors il peut paraître juste que cet acte si élevé porte ses fruits à jamais, et que, pour avoir touché le seuil de l'éternité, l'homme soit appelé un jour à y faire entrer la meilleure partie de lui-même. Ainsi on pourrait admettre que Spinoza a attribué à l'âme humaine la faculté de persister après la mort du corps, à condition qu'elle l'ait moralement mérité, et cette théorie, pour être en désaccord avec l'ensemble du système, n'aurait rien que de très acceptable et même de très élevé. Mais nous croyons que ce n'est pas précisément là ce que Spinoza a voulu dire, et que sa théorie de l'éternité est encore fort bien conciliable avec le reste de sa doctrine. A notre sens, en effet, toutes les interprétations précédentes de cette théorie sont insuffisantes. Deux seulement nous paraissent possibles, et nous croyons que, quelque opposées qu'elles paraissent, elles peuvent au fond s'accorder. D'après l'une, l'immortalité spinozienne serait bien facultative et partielle, mais elle serait, en outre, impersonnelle. Ce qui resterait de l'homme après sa mort, ce ne serait pas sa conscience, mais seulement les idées qu'il a émises. L'âme humaine en effet, pour Spinoza, n'est pas une substance une et toujours identique à soi-même — pour lui, il n'y a de substance que Dieu; — l'âme humaine est simplement un composé d'idées, la somme d'un certain nombre de modes de la pensée infinie [1]. Unies entre elles pendant la vie de l'individu, ces idées se dissocient à sa mort, et chacune suit sa destinée propre. Celles qui n'ont en soi rien d'élevé ni de durable périssent. Celles qui sont grandes et fécondes persistent, et vont inspirer les générations ultérieures. Ainsi, bien que perdant avec la mort toute conscience et toute individualité, nous sommes immortels par nos œuvres, immortels dans notre race. Si le plus grand nombre de nos idées a été inspiré par la raison, la plus grande partie de notre âme sera immortelle [2], l'âme n'étant qu'une somme d'idées. Mais c'est à une immortalité toute impersonnelle, puisque, la conscience ne survivant pas à la mort, nous ne saurions jouir de ce triomphe de nos idées. — Seulement, à cette théorie de l'*immortalité impersonnelle* se superpose dans l'*Éthique* une théorie de l'*éternité personnelle*. Éternité n'est pas immortalité, Spinoza lui-même a soin de faire la différence : l'immortalité, c'est la prolongation de la vie dans le temps; l'éternité, c'est l'existence hors du temps [3]. Or, si nos idées peuvent durer après nous, être immortelles par conséquent en dehors de notre conscience, notre âme, elle, peut jouir de l'éternité, c'est-à-dire s'élever avec pleine conscience au-

---

1. Voir chap. II, p. 34, note.
2. Si on trouve étrange cette expression, qu'on veuille se rappeler les vers célèbres d'Horace :

> Non *omnis* moriar, *multaque* pars mei
> Vitabit Libitinam....

3. *Cogitata Metaphysica*, pars II, cap. I. — *Éthique*, V^e partie, scholies des propositions 33 et 34.

dessus des déterminations de la durée. Elle n'a pour cela qu'à prendre connaissance de sa véritable essence, qui est éternelle, puisque cette essence, cette substance de l'âme, c'est Dieu même. Ainsi l'âme humaine, éternelle dans son essence, peut arriver par la raison à prendre connaissance de son éternité, et à goûter la joie sublime de se sentir vivre dans un monde supérieur, sans cesser pour cela d'être unie à un corps vivant. L'immortalité de l'idée suppose la mort de l'organisme ; l'éternité, au contraire, l'âme en jouit dans le monde présent.

Cette théorie de l'éternité n'est donc pas en contradiction avec le reste du système de Spinoza ; elle n'est, à l'inverse, peut-on dire, que le résumé même de toute sa morale, au moins de toute la partie de sa morale qui est rationaliste et religieuse. Si l'éternité n'est pas la persistance de l'âme dans le temps, mais l'élévation de l'âme au-dessus du temps même et la conscience de l'éternel et du divin, alors elle se confond avec la « pure moralité », dont elle n'est que la perfection. Et cette théorie ne mérite plus, dès lors, les dédains sous lesquels on l'accable d'ordinaire. — Ce qui ne veut pas dire, bien entendu, qu'elle ne prête à aucune objection. Il restera toujours difficile de comprendre, par exemple, comment Spinoza peut parler d'opérations rationnelles qui s'accomplissent sans le corps, et d'opérations imaginatives (quoique spirituelles) qui ont besoin du corps pour s'accomplir [1] —

---

1. Voir plus haut, p. 143 et suiv.

étant donné qu'il admet, entre le corps et l'âme, une indépendance absolue, mais une corrélation constante et un parallélisme absolu. Mais enfin il nous semble que, ainsi expliquée, la théorie de Spinoza est moins illogique, moins faible et moins insoutenable qu'on ne l'affirme bien souvent à la légère. Peut-être même lui reconnaîtra-t-on quelque élévation et quelque poésie. Ce qu'il faut dire, en tout cas, c'est qu'elle vaut ce que vaut le système même ; qu'elle ne peut être séparée de l'ensemble de la théorie morale de Spinoza, puisqu'elle en représente au contraire l'esprit de la façon la plus complète et la plus pure ; et qu'ainsi elle est supérieure peut-être à tout le reste de l'*Éthique*, mais qu'elle ne saurait, de toute manière, demeurer au-dessous.

A proprement parler, nous l'avons vu, ce que gagne l'âme en méritant l'éternité, c'est moins de durer indéfiniment que de sortir des déterminations de la durée. Mais quel avantage n'est-ce pas là ? Félicité, liberté, union d'esprit et de cœur avec tous les hommes, éternité, ne voilà-t-il pas pour le sage d'assez belles récompenses de sa conduite [1] ? Et ce qu'il y a de

---

1. Les premières seraient mêmes suffisantes, au jugement de Spinoza, pour nous déterminer à la vertu, même sans la promesse de l'éternité. Tandis en effet que le vulgaire n'obéit à la morale que par espérance et par crainte de la vie future, le sage, « alors même qu'il ne saurait pas que son âme est éternelle, ne cesserait pas de considérer comme les premiers objets de la vie humaine la piété et la religion ». (*Éthique*, Ve partie, prop. 41.) — Kant, de même, en faisant de l'immortalité un postulat de la loi morale, aura bien soin d'établir que ce n'est

remarquable, c'est que toutes se rapportent à un même but ; toutes concourent à procurer à l'homme ce que Spinoza avait assigné comme terme à ses efforts : la conservation et le développement de son être — nouvelle preuve de la logique absolue du système. La vie rationnelle répond donc vraiment à tous nos besoins, puisque tels sont ses résultats. — Parti de l'instinct de conservation individuelle qu'il a trouvé au fond de l'être, pour passer de là aux vues rationnelles, Spinoza revient, dans la dernière théorie de son *Éthique*, sur cet instinct, pour démontrer que la vie réglée par la raison le satisfait pleinement. Elle est donc infiniment supérieure à la vie passionnelle, elle est la seule qui soit digne d'être vécue. « L'ignorant, outre qu'il est agité en mille sens divers par les causes extérieures, et ne possède jamais la véritable paix de l'âme, l'ignorant vit dans l'oubli de soi-même, et de Dieu, et de toutes choses ; et pour lui, cesser de pâtir, c'est cesser d'être. Au contraire, l'âme du sage peut à peine être troublée. Possédant par une sorte de nécessité éternelle la conscience de soi-même, et de Dieu, et des choses, jamais il ne cesse d'être ; et la véritable paix de l'âme, il la possède toujours. »

Ce beau portrait du sage, qui termine l'*Éthique*, n'est-ce pas le véridique portrait de Spinoza lui-même ?

---

pas en vue de l'immortalité que nous devons faire notre devoir. — Il est curieux de voir un apologiste de l'intérêt personnel, comme Spinoza, se rencontrer, au terme de son œuvre, avec le grand défenseur du désintéressement moral.

CHAPITRE XII

POLITIQUE DE SPINOZA DANS SES RAPPORTS AVEC SA MORALE

Toute la morale de Spinoza, telle que nous l'avons exposée jusqu'ici, s'adresse à l'homme individuel, et fait abstraction du milieu social dans lequel il vit. Mais il se trouve en réalité que, par suite de l'existence d'une société constituée, nos rapports avec les autres hommes sont définis moins par le droit naturel que par le droit civil. Aux devoirs purement moraux, à la règle de conduite proprement naturelle, viennent donc s'ajouter des devoirs civils, une règle de conduite sociale; et il nous faut dire, au moins brièvement, en quoi consistent ces derniers. — Notre but étant seulement d'esquisser ici les traits généraux de la politique de Spinoza dans ses rapports avec la morale de ce philosophe, et non d'étudier dans tous ses détails ce vaste plan d'organisation sociale, nous n'insisterons nullement sur le tableau que trace Spinoza des différentes formes de gouvernement, et de l'idéal propre à chacune d'elles ; nous nous bornerons à des notions sommaires sur l'origine, les principes constitutifs et la fin des sociétés.

C'est une idée sur laquelle Spinoza ne se lasse pas de revenir [1], que, dans le droit naturel, « chacun a autant de droit qu'il a de puissance pour exister et pour agir » ; cette idée est à la base de la morale de Spinoza ; elle est aussi à la base de sa politique. Par application de ce principe, tout homme a droit de s'approprier naturellement ce qui lui est utile, de se débarrasser de ce qui peut lui nuire. D'une manière générale, dans l'état de nature — et par là Spinoza semble entendre, non un état fictif imaginé par les philosophes pour servir de point de départ à leurs raisonnements, mais véritablement l'état primordial de l'humanité, — la seule règle que l'homme soit tenu d'observer, c'est la règle de sa conservation ; tout ce qui l'aide à conserver et à développer son être, est pour lui bon et juste, tout ce qui l'en empêche est injuste et mauvais ; le juste et le bien sont essentiellement relatifs à l'individu :

.... la justice,
C'est ton utilité [2].

Aussi, aux yeux de Spinoza, l'esclavage est-il, en droit naturel, parfaitement légitime [3] : quoi de plus utile à

---

1. Voir notamment *Éthique*, IV° partie, prop. 37, scholie 2.
2. La Fontaine, *l'Homme et la Couleuvre*.
2. *Traité politique*, chap. II, § 9 et 10.

l'homme, en effet, que de posséder d'autres êtres humains qui travaillent à satisfaire tous ses souhaits? De même, dans l'état de nature, chacun est autorisé à violer les conventions qu'il a faites avec autrui, dès qu'il se sent le plus fort [1] : car pourquoi respecter des pactes qu'il peut être utile de ne plus observer? Le seul péché, dit Spinoza, que l'homme puisse commettre dans l'état de nature, c'est le péché contre lui-même et contre ses intérêts.

Mais ce droit absolu qu'a chacun de ne rechercher que son intérêt personnel a pour les intérêts de tous un bien funeste résultat. Il engendre en effet un état de guerre permanent. Tous les hommes désirant naturellement les mêmes objets, tous y ont des droits : « toutes choses sont à tous [2] ». Mais les droits respectifs, c'est-à-dire les forces respectives, s'annulent. Nul ne peut, dans cette lutte, compter sur une bien longue victoire. Aucune propriété, aucune existence même n'est assurée. Dans ce conflit fatal des passions contraires et des ambitions rivales, le vaincu est mis à mort ou réduit en esclavage; et le vainqueur, affaibli par son triomphe même, devient, après quelques jours de repos et de bonheur, la proie d'un nouvel ennemi.

Cet état de guerre perpétuel, où la recherche exclusive des biens sensibles n'aboutissait qu'à faire le malheur de tous, les hommes en comprirent bien vite les inconvénients et résolurent d'y mettre fin. Ils imaginèrent donc de céder tous quelque chose de

---

1. *Traité politique*, chap. II, § 12.
2. *Éthique*, IV° partie, prop. 37, scholie 2.

leur droit, c'est-à-dire de leur force à une puissance supérieure, qui, ainsi armée, contraindrait chaque individu à garder, dans ses rapports avec ses semblables, une modération relative. Telle fut l'origine du contrat social, sur lequel Spinoza — avant Jean-Jacques Rousseau, mais après Hobbes — a longuement insisté. Par ce contrat, les hommes décidèrent ce qu'il serait permis à chacun de faire, dans la mesure de ses forces, et ce qui au contraire lui serait interdit. Puis ils réglèrent la forme du gouvernement, monarchie, aristocratie ou démocratie. Enfin ils abandonnèrent aux mains du souverain — c'est-à-dire de l'autorité supérieure, de quelque nature qu'elle fût — toute cette portion de leur droit qui était nécessaire au magistrat pour faire respecter l'ordre institué. « La société put donc s'établir, à cette condition qu'elle disposerait du droit primitif de chacun de venger ses injures et de juger de ce qui est bien et de ce qui est mal, et qu'elle aurait aussi le pouvoir de prescrire une manière commune de vivre, et de faire des lois, en leur donnant pour sanction la crainte d'un châtiment [1].

Ainsi, à partir de ce jour, chaque citoyen relève de l'État. L'État seul décide désormais de ce qui est juste et bon : tout à l'heure le bien et la justice variaient avec les individus ; ils sont maintenant fixes, et unifiés dans les limites d'un même État. Désormais aussi « chaque citoyen, ayant d'autant moins de droit que l'État a plus de puissance sur lui, n'a droit qu'à ce qui

---

1. *Éthique*, IV⁰ partie, prop. 37, scholie 2.

lui est garanti par l'État[1] ». Il est tenu d'exécuter tous les ordres de l'État, « lors même qu'il les jugerait iniques[2] »; car, en acceptant le contrat social, il s'est soumis d'avance à tout ce que lui ordonnerait le souverain; et d'ailleurs la raison lui persuade qu'il vaut encore mieux vivre dans un état social mal dirigé que dans l'état de nature[3]. Le péché devient donc, pour un individu, non plus un manquement à son intérêt individuel, mais un manquement aux ordres de l'État. Et toutefois le péché et le mérite individuel restent, dans une certaine mesure, possibles dans l'état social. « Le droit naturel de chacun ne cesse pas absolument dans l'ordre social. L'homme en effet, dans l'ordre social comme dans l'ordre naturel, agit d'après les lois de sa nature et cherche son intérêt. La principale différence, c'est que, dans l'ordre social, tous craignent les mêmes maux, et il y a pour tous un seul et même principe de sécurité, une seule et même manière de vivre, ce qui n'enlève certainement pas à chaque individu la faculté d'en juger : car celui qui se détermine à obéir à tous les ordres de l'État, soit par crainte de sa puissance, soit par amour de la tranquillité, celui-là sans contredit pourvoit comme il l'entend à sa sécurité et à son intérêt[4]. » Ainsi, devant le droit social, l'individu, s'il perd quelque chose de son droit naturel, en garde aussi une partie.

---

1. *Traité politique*, chap. III, § 2.
2. *Id.*, § 5.
3. *Id.*, § 6.
4. *Id.*, § 3.

Cette partie de son droit naturel qu'il abandonne, c'est l'État qui la recueille. Et l'État lui-même n'est tenu à se régler que sur le droit naturel, nullement sur le droit civil. « Le droit de l'État, comme celui de l'individu dans l'état de nature, se mesure sur sa seule puissance [1]. » Il est absurde de dire que le souverain (en prenant ce mot dans son sens le plus général : l'autorité souveraine) est soumis aux lois civiles, puisque c'est lui-même qui les fait, et qu'il peut les changer à sa guise. Il n'est soumis qu'à une seule loi, celle qui lui prescrit de se conserver ; et le seul péché qu'il puisse commettre, c'est de faire ou de souffrir quelque chose qui nuise à sa conservation [2]. Ainsi il dispose sur les sujets d'un pouvoir absolu, mais à condition de ne jamais rien faire qui soit destructif de sa propre autorité. Seulement cette dernière restriction est fort importante. Car elle va permettre à Spinoza d'appliquer à la conduite de l'État les mêmes règles de sagesse qu'il a appliquées à la conduite des individus : pour se conserver en effet, l'État devra suivre la même ligne de conduite que l'individu particulier. De même que l'individu le plus puissant et le plus libre est celui qui est conduit par la raison, de même « l'État le plus puissant et le plus maître de soi, c'est l'État qui est fondé selon la raison et gouverné par elle [3] ». Se diriger suivant les lois de la raison, telle sera donc la première condition à laquelle devra

1. *Traité politique,* chap. III, § 2.
2. *Id.*, chap. IV, § 4 et 5.
3. *Id.*, chap. III, § 7.

satisfaire un gouvernement, s'il veut durer. En second lieu, « si les sujets ne s'appartiennent pas à eux-mêmes, mais appartiennent à l'État, c'est en tant qu'ils craignent sa puissance, c'est-à-dire en tant qu'ils aiment la vie sociale. D'où il suit que tous les actes auxquels personne ne peut être déterminé par des promesses ou des menaces ne tombent point sous le droit de l'État. Personne, par exemple, ne peut être dessaisi de la faculté de juger. Par quelles récompenses, en effet, ou par quelles promesses, amènerez-vous un homme à croire que le tout n'est pas plus grand que sa partie, ou que Dieu n'existe pas, ou que le corps qu'il voit fini est l'Être infini, et généralement à croire le contraire de ce qu'il sent et de ce qu'il pense? Et de même par quelles récompenses ou quelles menaces le déciderez-vous à aimer ce qu'il hait, et à haïr ce qu'il aime [1]? » Ainsi l'État a beau avoir une puissance absolue sur nos actes extérieurs — car ces actes, il peut nous obliger à les accomplir ou à nous en abstenir, — il n'a aucun droit sur nos consciences, car il ne peut nous empêcher de penser comme nous l'entendons. Par conséquent, l'État est dans son rôle en réglant les formes du gouvernement, de la justice et du culte publics; mais il doit laisser à chacun la liberté de penser ce qu'il veut sur les matières de pure spéculation, et même de communiquer son opinion pourvu qu'elle ne trouble en rien l'ordre établi. « Il faut permettre la liberté de penser, qui est une vertu,

---

1. *Traité politique*, chap. III, § 8.

et qu'on ne saurait étouffer. Elle ne donne lieu à aucun inconvénient que les magistrats, avec l'autorité dont ils sont revêtus, ne puissent facilement éviter.... Elle est absolument nécessaire au développement des sciences et des arts, lesquels ne sont cultivés avec succès et bonheur que par les hommes qui jouissent de toute la liberté et de toute la plénitude de leur esprit.... Quoi de plus fatal, ajoute Spinoza, que de traiter en ennemis et d'envoyer à la mort des hommes qui n'ont commis d'autre crime que celui de penser avec indépendance? A coup sûr, on ne saurait apprendre à ce spectacle qu'une chose, à imiter ces nobles martyrs, ou, si l'on craint la mort, à se faire le lâche flatteur du pouvoir. Veut-on obtenir des citoyens, non une obéissance forcée, mais une fidélité sincère, veut-on que le souverain conserve l'autorité d'une main ferme et ne soit pas obligé de fléchir sous les efforts des séditieux, il faut de toute nécessité permettre la liberté de la pensée, et gouverner les hommes de telle façon que, tout en étant divisés de sentiments, ils vivent cependant dans une concorde parfaite[1]. » Par cette belle défense de la liberté de penser, Spinoza veut surtout protester contre le fanatisme religieux, qui prétend imposer à toutes les consciences une croyance identique. « La vraie connaissance et l'amour de Dieu, écrit-il, ne peuvent être sous l'empire de qui que ce soit, pas plus que la charité envers le prochain; et, si nous considérons, en

---

1. *Traité théologico-politique*, chap. xx.

outre, que le véritable ouvrage de la charité, c'est de procurer le maintien de la paix et l'établissement de la concorde, nous ne douterons pas que celui-là n'accomplisse véritablement son devoir qui porte secours à chacun dans la mesure compatible avec les droits de l'État, c'est-à-dire avec la concorde et avec la tranquillité[1]. » En un mot, vouloir imposer aux hommes telle ou telle opinion est une prétention chimérique, et qui outrepasse le droit de l'État, puisqu'elle outrepasse son pouvoir. Elle dépasse encore son droit en ce sens que, essayer de la mettre à exécution, ce serait irriter violemment le peuple et lui faire préférer le renversement de l'ordre social à l'accomplissement de lois si tyranniques. Et telle est précisément la troisième restriction que met Spinoza au droit de l'État, la troisième règle qu'il lui prescrit de suivre pour sa conservation. « Des décrets capables de jeter l'indignation dans le cœur du plus grand nombre des citoyens, ne sont plus dès lors dans le droit de l'État; car la puissance et le droit de l'État diminuent d'autant plus que l'État lui-même fournit à un plus grand nombre de citoyens des raisons de s'associer dans un grief commun[2]. » C'est ainsi que l'État, pour se sauvegarder, « est tenu de conserver les causes de crainte et de respect; autrement, il cesse d'être l'État. Car, que le chef de l'État coure, ivre ou nu, avec des prostituées, à travers les places publiques, qu'il fasse l'histrion, ou qu'il méprise ouvertement les lois que

1. *Traité politique*, chap. III, § 10.
2. *Id.*, § 9.

lui-même a établies[1], il est aussi impossible que, faisant tout cela, il conserve la majesté du pouvoir, qu'il est impossible d'être en même temps et de ne pas être[2]. » De tels actes sont de ceux qui révoltent tous les bons citoyens, et qui, malgré tous les dangers qu'on entrevoit derrière une guerre civile, amènent fatalement le renversement du pouvoir. Quelque haine que Spinoza professe pour les révolutions[3], il voit bien qu'elles sont, dans de semblables cas, nécessaires[4], et il engage les gouvernements à tout faire pour les éviter.

Ainsi Spinoza s'est élevé de l'idée du pouvoir absolu à celle d'un gouvernement libéral, et cela en vertu du seul principe de l'utilité de l'État, de la conservation du souverain. Il va plus loin. De même que, dans sa morale, le principe de l'égoïsme brutal s'était peu à peu effacé devant des considérations plus hautes d'intelligence et d'amour, de même, dans sa politique, il y a un progrès continu de l'arbitraire et de l'anarchie, à l'ordre, à l'union, à l'harmonie de toutes les parties du corps social. En politique comme en morale, l'homme et la société commencent par vivre sous l'empire de la passion, et progressivement atteignent à la vie, à la constitution rationnelle. Nous avons vu

1. En ce sens donc, Spinoza engage le souverain à se conformer aux lois, afin de conserver le respect des sujets. Mais nous avons vu plus haut qu'il lui reconnaît le droit, à parler strictement, d'y déroger. L'obéissance aux lois — à ses yeux — n'est donc pour le souverain qu'un acte de prudence, nullement un devoir absolu.
2. *Traité politique*, chap. IV, § 4.
3. *Traité théologico-politique*, chap. XVIII.
4. *Traité politique*, chap. IV, § 6.

que pour être le plus puissant et le plus libre qu'il soit possible, l'État doit être guidé par la raison. Mais, si le souverain est guidé par la raison, il comprendra qu'il est bon, dans son intérêt à lui-même, que les sujets le soient aussi, afin qu'ils soient unis d'intention avec lui; et il cherchera dès lors à faire régner parmi eux la raison, c'est-à-dire l'amour des vrais biens, l'union et la paix. Ainsi le meilleur état, « c'est celui où les hommes passent leur vie dans la concorde et où leurs droits ne souffrent aucune atteinte[1] »; le meilleur ordre de choses, c'est celui « où tous, gouvernants et gouvernés, feront, bon gré mal gré, ce qui importe au salut commun, c'est-à-dire où tous, soit spontanément, soit de force et de nécessité, seront forcés de vivre selon les prescriptions de la raison[2] », où même « tous les citoyens, quels que soient leur caractère et leur esprit, sacrifieraient leurs intérêts au public[3] ». On le voit, Spinoza admettrait au besoin que le souverain employât son pouvoir coercitif pour obliger les hommes à être vertueux et heureux[4]. Mais cette solution, qui est en désaccord avec les tendances libérales du philosophe, n'est évidemment chez lui que provisoire. Lui-même déclare ailleurs « qu'on ne peut forcer personne à la béatitude[5] »; que « la concorde doit être

---

1. *Traité politique*, chap. v, § 2.
2. *Id.*, chap. vi, § 3.
3. *Traité théoligico-politique*, chap. xvii.
4. C'est ce qui réfute, à notre avis, la thèse de M. Kuno Fischer, selon lequel Spinoza aurait pensé que l'État ne doit aux particuliers que la sécurité, et que le soin du perfectionnement intellectuel et moral ne regarde que l'individu.
5. *Traité théologico-politique*, chap. vii.

obtenue, non par la terreur, mais par le libre consentement de chacun [1] »; que, enfin, « une société où la paix n'a d'autre base que l'inertie des sujets, lesquels se laissent conduire comme un troupeau et ne sont exercés qu'à l'esclavage, ce n'est plus une société, c'est une solitude [2] ». Le gouvernement, en réalité, ne doit donc agir sur les sujets que par persuasion; il ne doit chercher qu'à les éclairer : la raison a par elle-même assez de force pour que, clairement montrée à l'individu, elle le pénètre bientôt tout entier et le dirige dans toute sa conduite. Faire régner la raison sur les hommes, simplement en les instruisant de leur véritable intérêt, telle doit donc être la fin du gouvernement.

Mais évidemment, pour que le gouvernement se propose un semblable but, il faut qu'il ait été, non pas imposé au peuple, à la suite d'une guerre par exemple, mais librement accepté par lui [3]. Il faut aussi que le pouvoir ne soit pas livré à un seul homme, dans l'intelligence et l'honnêteté duquel on peut toujours craindre des défaillances; que « rien de ce qui intéresse le salut commun ne soit exclusivement confié à la bonne foi d'un individu [4] ». Au contraire, il faut que chacun puisse avoir part, selon son mérite, aux fonctions et aux dignités publiques; et il est juste de remettre au peuple tout entier la décision des affaires

---

1. *Traité politique*, chap. v, § 4.
2. *Id.*
3. *Id.*, § 6.
4. *Id.*, chap. vi, § 3.

publiques : car « dans la démocratie les ordres absurdes sont moins à craindre que dans les autres gouvernements; il est en effet presque impossible que la majorité d'une grande assemblée donne ses voix à une absurdité [1] ». Spinoza ne cache donc pas ses préférences pour le gouvernement démocratique, qui était (il faut se le rappeler) celui de la Hollande, sa patrie. Sans doute, il trace le tableau de ce que seraient idéalement une monarchie et une aristocratie, en déclarant ces deux formes d'État parfaitement aptes à se conserver, c'est-à-dire parfaitement conciliables avec la raison. Mais les principes mêmes de sa politique le forçaient d'admettre que, dès que tous les hommes sont également éclairés par la raison, ils ont tous un droit égal à être appelés au pouvoir. Une société où tous seraient sages serait forcément une société démocratique. Spinoza n'a-t-il pas d'ailleurs expressément déclaré que, de toutes les formes de gouvernement, la démocratie était celle « qui lui semblait la plus naturelle, et la plus rapprochée de la liberté que la nature donne à tous les hommes [2] »?

Nous savons maintenant comment Spinoza entend la constitution d'un État. Mais il n'y a pas sur la terre qu'un seul État, et le philosophe a dû nécessairement se préoccuper de définir les rapports des États entre eux. « Deux empires, écrit-il, sont l'un à l'égard de l'autre comme deux individus dans l'état de nature [3]. » N'y

---

1. *Traité théologico-politique*, chap. XVI.
2. *Id.*
3. *Traité politique*, chap. III, § 11.

ayant pas entre eux de droit commun, « ils sont naturellement ennemis [1] », et chacun d'eux a le droit de violer les traités qu'il a conclus, quand il se sent le plus fort [2]. Mais cet état de lutte entre les États, comme entre les individus, cessera nécessairement quand chacun d'eux sera gouverné par la saine raison. Alors tous les gouvernements vivront en paix, comprenant que la grandeur d'un État dépend, non de l'étendue de son territoire, mais de l'union de ses habitants. Rien ne fera plus dès lors obstacle à la réalisation du vrai but de l'État; l'ordre social portera tous ses fruits, puisqu'il sera devenu capable « d'assurer à ses membres les biens que tout homme, conduit par la raison, se serait efforcé de se procurer dans l'état naturel, mais bien vainement [3] ». L'individu, l'État, l'humanité, auront atteint ensemble leur idéal.

Tels sont, à ce qu'il nous a paru, les principes fondamentaux de la politique de Spinoza. Cette politique a souvent été, non sans raison, rapprochée de celle de Hobbes. L'une et l'autre, en effet, sont des politiques « réalistes », en opposition avec les politiques « idéalistes » des élèves de Platon. L'une et l'autre n'admettent d'autre droit social que la force, d'autre titre que la puissance. Toutes deux parlent d'un état naturel de guerre, auquel elles assignent comme fin l'établissement d'un contrat social; puis, de ce contrat social, elles font découler le droit absolu du sou-

1. *Traité politique*, chap. III, § 13.
2. *Id.*
3. *Id.*, § 6.

verain. Mais, s'il y a ainsi entre les deux doctrines de profondes analogies, il n'y a pourtant point entre elles identité. D'abord, en effet, Hobbes, en écrivant son livre, ne songe à appliquer ses idées qu'à sa patrie, l'Angleterre ; Spinoza a un but plus élevé, il songe à tracer des modèles de constitution pour tous les États en général. Puis Hobbes est un partisan de l'autocratie royale; Spinoza, autoritaire lui aussi, préfère voir l'autorité souveraine entre les mains de la démocratie. Enfin et surtout, Hobbes déclare que le droit naturel de l'individu cesse entièrement dans l'état social; tandis que Spinoza, comme nous l'avons montré, admet qu'il en conserve une partie : il lui laisse certains droits sur lesquels l'État, dit-il, n'a pas de prise, par exemple le droit de penser et de parler librement. Et c'est sur cette réserve que Spinoza fonde lui-même son originalité à l'égard de Hobbes [1]. Il a connu l'œuvre de son devancier, cela est certain [2]. Nous pensons même qu'il s'en est, dans une mesure assez restreinte, inspiré. Mais il est incontestable qu'il l'a modifiée sur des points essentiels. Les visées larges, l'esprit démocratique, les tendances libérales de sa politique, sont des éléments qu'il ne trouvait pas dans Hobbes, et qui viennent de son propre esprit. On concevrait même parfaitement que Spinoza, sans avoir lu Hobbes, fût arrivé aux mêmes conclusions que lui :

1. *Lettre à Jarrigh Jelis*, édit. Van Vloten, t. II, p. 184.
2. Nous trouvons dans le catalogue de sa bibliothèque, publié par Servaas van Roijen, un exemplaire des *Elementa philosophica* de Hobbes (n° 9 des volumes in-12).

car les principes de sa morale suffisaient, à eux seuls, à déterminer l'orientation de sa politique dans le sens où elle s'est constituée. L'influence de Hobbes, si elle a été réelle, n'a eu prise sur Spinoza que parce que celui-ci avait déjà été amené, par ses propres pensées, à des idées fort analogues à celles du politique anglais. La véritable origine de la politique de Spinoza doit être cherchée, non dans une influence extérieure, mais dans les bases mêmes de son éthique.

CHAPITRE XIII

APPRÉCIATION DE LA MORALE DE SPINOZA :
SES MÉRITES

Quand on veut juger une doctrine philosophique, on essaye d'abord, d'ordinaire, d'en résumer en une brève formule tous les caractè , d'en définir d'un mot le sens et la portée. Lorsqu'on a dit, par emple, d'un système moral qu'il est un « utilitarisme », ou une « morale de la sympathie », ou une « théorie du devoir », on l'a fait rentrer dans un type général de systèmes, et on croit en avoir par là suffisamment indiqué les mérites et les défauts. Mais une semblable méthode ne saurait, en aucune façon, s'appliquer à l'étude de Spinoza. L'exposé que nous avons fait de sa théorie morale montre suffisamment, croyons-nous, qu'elle ne rentre dans aucun de ces cadres tracés d'avance et où l'on veut parfois faire tenir de force toutes les doctrines. Au contraire, s'il est un caractère qui distingue nettement cette théorie, c'est qu'elle est éminemment composite, que Spinoza y a tendu — peut-être inconsciemment — à y concilier les idées les plus opposées et les systèmes les plus contraires. Ce qui fait l'attrait du panthéisme, et particulièrement du panthéisme de Spinoza, c'est qu'on y retrouve, ordonnés et hiérarchisés d'une certaine façon, les principes fondamentaux de toutes les grandes doctrines philosophiques. Cette proposition n'est pas moins vraie de la morale de Spinoza que de sa métaphysique. Un auteur contemporain [1], après avoir montré que le conflit des doctrines morales peut en tout temps être ramené à l'opposition de l'épicurisme et du stoïcisme, indique que la morale de Spinoza est précisément une synthèse de ces deux théories [2]. Et en effet, si la morale de Spinoza a pour base, comme l'épicurisme, un principe intéressé, l'effort de l'être pour persévérer dans son être, elle s'achève par des considérations toutes stoïciennes. L'idéal stoïcien se présente à nous sous deux formes. Tantôt on nous dit que le sage doit s'enfermer en lui-même, se rendre inaccessible aux coups de la fortune, ne rechercher que les biens qui dépendent de sa volonté, ne cultiver en soi qu'une seule faculté, l'intelligence ou la raison; que la vie intérieure doit être tout pour lui, et l'univers, rien [3]. Tantôt au contraire, remar-

---

1. M. J.-M. Guyau, *la Morale d'Épicure*, chap. SPINOZA.
2. M. Renouvier, dans son *Essai de classification des doctrines philosophiques*, a fait de cette idée une critique qui ne nous paraît pas fondée.
3. Cet idéal orgueilleux et égoïste, si incomplet quoique, par certains côtés, si élevé, semble être redevenu celui de maint

quant la solidarité physique qui lie l'individu au grand tout dont il fait partie et qui est Dieu — car le stoïcisme aussi est un panthéisme, — on assigne comme but aux efforts de l'homme l'union avec la nature universelle, l'amour de ses semblables et l'amour de Dieu. Or ces deux formes du stoïcisme se trouvent chez Spinoza, puisqu'il prêche, lui aussi, et l'indépendance de l'homme par la raison, et l'union avec la substance divine. Ainsi les idées de l'épicurisme et celles des deux formes du stoïcisme se retrouvent chez Spinoza; leurs mérites respectifs doivent donc s'y retrouver aussi. Par l'idée épicurienne de la conservation de l'être, de l'intérêt considéré comme principe de toute action, la morale de Spinoza trouve une base psychologique solide : elle s'appuie sur un sentiment vivace, qui existe en tout homme et qu'on n'en peut enlever, l'amour de soi et l'attachement à

---

penseur moderne. Nous demandons la permission de citer ici quelques beaux vers d'un poète contemporain, qui montrent avec une force singulière ce qu'est le stoïcisme de la génération actuelle. Ils ont paru dans un numéro récent de la *Revue des Deux Mondes*, sous la signature de M. Edmond Haraucourt. Voici les plus caractéristiques :

> Si tu veux être grand, bâtis ta citadelle
> Loin de tous et trop haut, bâtis-la pour toi seul;
> Qu'elle soit imprenable et vierge, et qu'autour d'elle
> Le mont fasse un rempart et la neige un linceul.
> C'est là qu'il faut bâtir l'asile de ton âme,
> Et pour que ton désir y soit l'unique loi,
> Que rien n'accède à toi, de l'éloge ou du blâme,
> Grave sur ton seuil blanc ce mot magique : moi.
> Tu n'as qu'une patrie au monde, c'est toi-même;
> Chante pour elle, et sois ton but, et sois ton vœu;
> Chante, et quand tu mourras, meurs dans l'orgueil suprême
> D'avoir vécu ton âme et fait vivre ton Dieu!
>
> (E. Haraucourt, *la Citadelle*.)

l'existence. Par l'idée stoïcienne de « l'idéal intérieur », du bonheur assuré par l'indépendance, cette morale satisfait les âmes fortement trempées, celles qui pensent que, en tout ce qui regarde la vie sensitive, l'abstention doit être la règle du sage, que l'isolement est la condition du progrès dans la connaissance et dans la vertu. Par l'autre maxime stoïcienne — et chrétienne aussi, en un sens, — par la maxime de l'amour universel, de l'amour de Dieu et de toutes choses en Dieu, elle donne un aliment aux âmes plus douces, à celles qui veulent s'épancher hors de soi, et trouvent dans le bien qu'elles peuvent faire à leurs semblables et dans leur coopération à l'ordre universel et divin du monde, le principe de leur propre bonheur. Trois idées, dont chacune a suffi, en d'autres temps, à faire la richesse et le succès d'une philosophie, se trouvent ainsi rapprochées dans le spinozisme, et chacune, s'adressant à des esprits différents, contribue à rendre le système universellement acceptable. — Mais, dira-t-on, pour que Spinoza ait pu réunir de la sorte des idées qui semblent, logiquement et historiquement, être diamétralement opposées, il faut qu'il n'en ait pas vu la véritable portée, il faut qu'il ait commis, en les associant, quelque faute de raisonnement; sans doute elles tiennent toutes dans le système, mais ce ne peut être qu'au prix de son unité et de sa valeur logiques. — Eh bien, non; ce reproche ne serait pas fondé. Ces trois idées ne sont pas, dans la forme où Spinoza les expose, opposées entre elles. L'épicurisme qui est à la base du système ne contredit point les hautes spéculations qui le couronnent : car, nous l'avons remarqué dans le cours de notre étude, l'intérêt dont parle Spinoza n'est pas l'intérêt brutal et superficiel d'un Hobbes ou d'un La Mettrie, c'est un intérêt tout métaphysique : la conservation de l'être est un principe, non pas de sens commun, mais de profonde philosophie, quand il est rattaché (comme il l'est par Spinoza) à cette idée que tout être est un mode de Dieu, et que ce qui découle de la nature de Dieu, ne pouvant pas ne pas être, tend nécessairement à être et à durer. De même, la seconde forme du stoïcisme s'allie parfaitement, chez Spinoza, à la première : car, nous l'avons vu, nous unir aux autres hommes et à Dieu, ce n'est pas, pour lui, perdre notre individualité dans le leur, nous oublier nous-mêmes pour ne songer qu'à eux, mais au contraire accroître notre propre être, le développer et l'enrichir en rendant nos idées plus adéquates et plus complètes, puisqu'elles embrassent désormais l'univers et Dieu lui-même. Bien plus, non seulement ces trois idées maîtresses ne se contredisent pas, mais elles s'enchaînent rigoureusement et se déduisent l'une de l'autre. C'est au nom même du principe de l'intérêt que Spinoza nous engage à cultiver notre raison, à nous attacher au développement exclusif de notre intelligence — lien de l'épicurisme et de la première forme du stoïcisme; — de même, c'est de cette perfection de la raison qu'il fait découler l'amour de Dieu et de nos semblables — lien de la première et de la seconde forme du stoïcisme; —

et par là, c'est de notre utilité personnelle, en fin de compte, qu'il fait naître l'amour universel — lien de l'épicurisme et de la seconde forme du stoïcisme. Ainsi, c'est la raison qui est, dans ce système, l'intermédiaire entre l'intérêt et l'amour ; c'est elle qui assure, entre ces idées en apparence si opposées, la continuité absolue du système. La morale de Spinoza est donc, d'un bout à l'autre, une déduction géométrique ; c'est une conciliation logique, grâce à l'idée de la raison, de ce qu'il y a de plus solide dans l'épicurisme, et de ce qu'il y a dans le stoïcisme de plus élevé.

Mais la question, présentée ainsi, peut paraître manquer de généralité. La morale de Spinoza concilie, accordera-t-on, l'épicurisme et le stoïcisme ; mais l'épicurisme et le stoïcisme ne sont pas toute la morale ; il est, en dehors de ces deux systèmes, d'autres idées, d'autres doctrines — les idées et les doctrines chrétiennes, par exemple, — dont Spinoza ne tient pas suffisamment compte. Changeons donc la question de termes, élargissons-la, et voyons si l'éthique de Spinoza satisfait à toutes les conditions imposées à une doctrine morale.

On divise d'ordinaire l'ensemble des inclinations humaines en trois groupes : personnelles, interpersonnelles, et impersonnelles. Tous les désirs de l'homme se rapportent à trois fins : amour de soi-même, amour de ses semblables, amour de l'infini ou de Dieu. La tâche de toute doctrine morale est de concilier ces trois catégories d'inclinations, en les hiérarchisant dans un ordre convenable. Les systèmes égoïstes font prédominer l'amour de soi-même ; les systèmes altruistes, l'amour de nos semblables; les systèmes religieux, l'amour de l'infini. Eh bien, il nous semble que la solution donnée par Spinoza a, sur toutes les autres peut-être, cet avantage de tenir également compte de ces trois tendances, sans sacrifier aucune d'elles. L'égoïste s'enferme en lui-même; l'altruiste s'égare dans son affection pour des êtres finis; le moraliste religieux souvent rabaisse la nature humaine; parce que chacun d'eux, partant d'un principe étroit, ne saisit point le vrai point de vue d'où toutes choses s'accordent et s'harmonisent. Seul, Spinoza atteint ce point de vue, parce que sa métaphysique lui en donne le moyen. Sa métaphysique, en effet, proclame l'unité de tous les êtres finis au sein de la substance infinie. Dès lors, il n'y a plus un abîme entre nos diverses tendances. S'aimer véritablement soi-même, c'est s'aimer, non dans ses déterminations passagères, mais dans son essence impérissable; c'est s'aimer comme étant une idée de Dieu, c'est donc aimer Dieu. Et aimer Dieu, c'est aimer tout ce qui le constitue, suivant l'infinité de ses attributs; c'est donc aimer en Dieu toutes choses. Ainsi, du seul amour de notre être propre, découlent naturellement, dans ce système, l'amour de Dieu et l'amour de nos semblables. Mais, dira-t-on, il peut en être de même dans un système purement égoïste, où l'on montrerait à l'homme, pour des raisons exclusivement psychologiques, que son plus grand intérêt est d'aimer autrui. Non, répondrons-nous, car on n'arrivera pas à faire cette démonstration par des raisons purement psychologiques; il faut, pour donner cette preuve, s'appuyer sur des considérations d'un ordre plus élevé, de l'ordre métaphysique. Si notre essence ne nous est pas démontrée dépendre d'une essence divine, qui enveloppe en même temps l'essence de nos semblables, nous ne verrons jamais la *nécessité* qu'il y a pour nous d'aimer Dieu et les autres hommes pour nous aimer véritablement nous-mêmes. L'unité des sentiments suppose l'unité des personnes. — Ainsi c'est grâce à sa métaphysique que Spinoza peut fonder une morale solide. Et l'idée profonde, ici, c'est d'avoir vu que, entre ces trois termes, nous-mêmes, nos semblables, et Dieu, le terme qui peut servir à unir les deux autres, c'est Dieu, parce que en Dieu se trouvent à la fois nos semblables et nous. Descartes, pour prouver l'existence des choses extérieures, passait du moi à Dieu, et redescendait de Dieu aux choses. Spinoza, de même, pour déduire la nécessité des affections altruistes, passe de l'amour de soi à l'amour de Dieu, et de celui-ci conclut à l'amour des autres êtres, modes, comme nous-mêmes, de la substance divine[1]. La cause qui fait que Spinoza peut ainsi concilier toutes nos affections est la même que celle qui lui permettait, comme nous l'avons vu tout à l'heure, de concilier l'épicurisme et le stoïcisme. C'était la raison, disions-nous plus haut, qui unissait l'intérêt

1. Ici donc, une fois de plus, Spinoza applique la méthode introduite par Descartes en métaphysique (voir notre Introduction).

personnel à l'expansion de l'être. C'est Dieu, disons-nous maintenant, qui fait la transition entre le moi et les choses. Mais n'est-ce pas au fond une seule et même solution, puisque la raison et Dieu — dans un système panthéiste surtout — ne font qu'un? Dieu fait l'unité de la nature; la raison fait l'unité de la vie, et l'unité de la morale.

Il nous semble donc que, par la logique avec laquelle il a su concilier et enchaîner l'un à l'autre des principes en apparence opposés et pourtant tous également nécessaires à la morale, Spinoza a fait une œuvre qui mérite de prendre rang au nombre, sinon en tête, des plus hardies et des plus brillantes constructions de la philosophie. Deux choses font le mérite d'un système : la profondeur de ses vues, considérées chacune isolément, et la largeur de l'ensemble, c'est-à-dire le nombre de faits et d'idées qu'il explique et qu'il coordonne. La profondeur dans le détail, nul ne la conteste à Spinoza : on reconnaît volontiers que personne ne sait mieux que lui tirer d'une idée tout ce qu'elle renferme, l'enrichir de toutes les pensées accessoires qu'elle entraîne logiquement à sa suite, l'exprimer enfin sous une forme véritablement définitive. Quant à la largeur, puisqu'elle est identique à la compréhension, aucune œuvre, sauf peut-être celle de Leibniz, n'en a autant que l'*Éthique* de Spinoza : car nous venons précisément de montrer que sa doctrine est éminemment compréhensive, renfermant en soi pour ainsi dire les principes de tous les autres systèmes. La réalité, la vérité, la moralité, ont des faces multiples, des aspects en nombre infini : avoir parcouru toute une face, c'est être un esprit profond; les apercevoir toutes à la fois, c'est être une large intelligence; mais les avoir toutes explorées jusqu'aux derniers confins, c'est le rare privilège de l'esprit à la fois large et profond, privilège que nul n'a eu plus que Spinoza. S'il faut donc penser que la vérité est, dans son essence, accessible à l'homme, et qu'elle l'est par le moyen de la seule raison, le philosophe qui, par sa raison, aura pénétré le plus loin, en étendue et en profondeur, dans la connaissance des multiples aspects de cette vérité, celui-là sans doute aura atteint l'idéal d'un esprit humain. Et si de plus cette haute science a le privilège de rendre vertueux celui qui la possède, si la connaissance droite peut, par elle seule, déterminer l'action droite, alors ce penseur ne sera plus seulement le premier des hommes de science, mais aussi le premier des hommes de vertu, et, absolument parlant, le plus grand parmi les hommes. Or ni cette haute science, ni cette haute vertu, ne peuvent être sincèrement contestées à Spinoza. Spinoza donc — ou, si l'on veut, le sage formé suivant les préceptes de l'*Éthique*, le sage qui pratique la morale de Spinoza — possède vraiment la plénitude de la grandeur humaine, s'il est vrai, encore une fois, que la raison soit le tout de l'homme, et que par elle seule elle donne la parfaite sagesse et la parfaite béatitude.

Mais, à elle seule, la raison peut-elle réellement donner à l'homme tout cela?

CHAPITRE XIV

APPRÉCIATION DE LA MORALE DE SPINOZA (SUITE) : SES DÉFAUTS

La morale de Spinoza forme un tout admirablement lié. Les quelques difficultés de détail qui s'y rencontrent, et que nous avons fait remarquer en leur lieu — celles, par exemple, qui sont relatives à l'immortalité de l'âme, — n'empêchent pas que, comme construction rationnelle, ce système ne possède une incomparable valeur. Mais si Spinoza a su y réunir les idées de la raison les plus difficiles à concilier, il n'a point su voir dans l'homme autre chose que la raison même. Sa doctrine, en tant que doctrine rationnelle, est très large; mais en tant que doctrine humaine, en tant que science de l'activité de l'homme entier, elle ne l'est point encore assez, car elle néglige deux facteurs essentiels de la vie morale, le sentiment et la liberté.

Elle oublie, d'abord, le sentiment. Aux yeux de Spinoza, sensibilité et intelligence ne font qu'un. De l'idée inadéquate et confuse sort le sentiment passionnel, joie, tristesse ou désir passifs, amour des sens, haine, pitié. De l'idée claire et adéquate sort le sentiment actif, l'amour vrai, « l'amour intellectuel infini ». Ou même, plus exactement, le sentiment passionnel n'est pas autre chose que l'idée inadéquate et confuse; le sentiment actif n'est en rien différent de l'idée claire et adéquate. S'il en est ainsi, cette faculté où Pascal voit quelque chose de supérieur à la raison, « le cœur », n'est rien de plus que la raison même. Il n'y a en nous d'autre intuition que l'intuition intellectuelle, d'autre amour que l'amour rationnel. Spinoza sans doute a soin de nous dire que cette intuition intellectuelle, dont l'amour vrai ne se sépare pas, est quelque chose de très supérieur à la connaissance discursive, puisqu'elle est l'appréhension immédiate du vrai. Il n'en reste pas moins qu'elle garde la trace de son origine purement rationnelle, qu'elle n'est pas cet élan spontané de l'âme vers le divin — élan irréfléchi, mais d'autant plus humain, — qu'on admire tant dans les *Pensées* de Pascal par exemple. Cette connaissance et cet amour de Dieu, dont nous parle Spinoza, ne sont jamais qu'un calcul égoïste, qu'une production artificielle de l'esprit, qui cherche les meilleurs moyens de s'assurer un calme et durable bonheur. La morale de Spinoza calcule sans cesse; ou si parfois Spinoza s'oublie à parler de l'amour divin du ton d'un moraliste désintéressé, c'est qu'il néglige son principe et qu'il est infidèle à la logique de son système. Cette morale, en un mot, est purement quantitative : elle ne veut que nous donner la plus grande somme de bonheur possible. Elle n'est à aucun degré qualitative : elle parle bien de plaisirs plus élevés que d'autres, mais pour elle cela signifie seulement des plaisirs plus intenses et plus durables. La qualité du bien n'est, pour Spinoza, que l'expression de la quantité du bien. Or, pour les purs moralistes, c'est l'idée de la qualité du bien, au contraire, qui doit prédominer. L'idéal est notre fin, non parce qu'il nous assure *beaucoup* de plaisir, mais parce qu'il remplit l'âme d'un sentiment d'ordre supérieur. Mais Spinoza, niant l'existence d'un bien en soi, ne peut concevoir l'idéal que comme ce qui procure à l'âme le plus pur et le plus durable plaisir. Spinoza ignore donc totalement ce qu'on a nommé « l'ordre moral ». Il n'y a pas pour lui de biens proprement moraux, il n'y a que des biens psychologiques. La perfection d'une chose n'est rien, si ce n'est l'aptitude à contenter nos besoins et à nous plaire. La moralité d'un homme n'est rien, si ce n'est son aptitude à se développer suivant sa loi, et à atteindre son plus grand bonheur. C'est là une analyse des sentiments moraux qui est « scientifique » sans doute, mais qui, pour trop analyser, risque bien de détruire la moralité elle-même. Peut-être est-ce une chimère, chez l'homme de bien, que de croire à la vertu, au devoir, à l'idéal, à la morale pour elle-même, sans intérêt et sans fruit immédiat. Mais c'est une généreuse chimère, à coup sûr, et qu'on ne peut détruire, en somme, qu'en nuisant à l'humanité tout entière.

Si la morale de Spinoza oublie le sentiment, elle nie

— chose plus grave — la liberté. La science, il est vrai, ignore le libre arbitre ; mais la morale doit nécessairement l'admettre : car comment l'homme se déterminera-t-il à l'action que les moralistes lui présentent comme la meilleure, s'il n'est pas libre? Mais Spinoza, qui en toute occasion veut réduire la morale aux conditions d'une science ordinaire, déclare ne voir dans toute idée de l'esprit que la suite naturelle et nécessaire d'une idée antécédente, comme il ne voit dans tout mouvement du corps que la suite naturelle et nécessaire d'un mouvement antérieur. Sans doute, il conserve le nom de « liberté »; mais sa liberté, nous l'avons vu, ce n'est nullement le libre arbitre, c'est « la vertu ou perfection »; c'est la situation d'un esprit en possession de l'absolue indépendance, de l'esprit qui se gouverne par ses seules lois, et se détermine de lui seul à agir. C'est un état de l'âme — l'état de perfection, — ce n'est pas le moyen d'arriver à cet état, comme le serait le libre arbitre. Ne semble-t-il donc pas que ce que Spinoza nous laisse, sous le nom de liberté, soit manifestement insuffisant pour les besoins de la morale, puisque, pour atteindre à cette « liberté », il faudrait déjà posséder le libre arbitre? — La morale de Spinoza paraît donc condamnée à rester toujours un sermon prêché dans le désert, puisque Spinoza, en prescrivant à l'homme certaines règles de conduite, lui a enlevé, en lui déniant le libre arbitre, les moyens de s'y conformer.

Mais, pourrait répondre Spinoza, c'est là une critique imméritée. En supprimant le libre arbitre, l'*Éthi-*

que met quelque chose à sa place, et quelque chose qui vaut mieux, le désir actif et rationnel. Ce que je nie, dirait Spinoza, c'est simplement la « liberté d'indifférence » si célébrée dans l'École; je nie qu'un homme puisse jamais se déterminer à quelque action sans aucun motif; je soutiens qu'un acte a toujours sa cause, que, si nous faisons une chose, c'est nécessairement parce que nos idées nous y amènent. Et entre les idées contraires qui peuvent à un certain moment se disputer notre esprit, je nie qu'il y ait un arbitre extérieur; je conteste l'existence d'une volonté indépendante qui vienne tout à coup jeter le poids de son autorité dans la balance, pour la faire pencher d'un côté ou de l'autre; je soutiens que le conflit, au contraire, se termine toujours et nécessairement par la victoire de celle des idées contraires qui avait, en tant qu'idée, le plus de vivacité et de force, c'est-à-dire de celle qui nous apparaissait comme la plus claire, comme nous menant le plus sûrement à notre bien, autrement dit à notre intérêt [1]. Donc ce qui, en définitive, nous détermine toujours, c'est notre intelligence, d'une part, et, d'autre part, le désir que nous avons de conserver et d'accroître notre être; ou, plus exactement, c'est notre intelligence mise au service de ce désir. Mais précisément, en voulant nous conserver, nous sommes amenés à éclaircir nos idées, car nous sentons que notre plus grand bien est dans la posses-

---

[1]. L'analogie de cette doctrine avec celle de Socrate et de Platon reprise par Descartes, sur la nécessité d'agir suivant les inspirations de l'intelligence, nous paraît évidente.

sion de la vérité. Par conséquent nous pouvons, grâce à ce seul désir, atteindre à la science et à la moralité, puisque désirer (d'après Spinoza), c'est vouloir, et que vouloir, pour l'âme, c'est agir. Ainsi le principe de notre détermination est déjà en nous, quand nous tendons vers le bien, puisque ce principe, c'est le désir même qui constitue le fond de notre être. Or un principe de détermination interne, c'est tout ce qu'il faut pour sauvegarder la moralité. La perfection n'est plus impossible à réaliser, puisque toutes nos tendances nous portent vers elle : la « liberté » n'est que ce désir même de « l'indépendance par la science », plus énergique et par là même plus efficace; tout homme tend nécessairement vers elle, toute âme un peu grande la possède.

Je laisse donc à l'homme, conclurait Spinoza, le moyen de se déterminer par lui-même, c'est-à-dire d'être libre, parce que je lui en laisse le désir, et parce que je fais de ce désir l'essence même de son être. Je ne lui refuse que la faculté — absurde et incompréhensible, à mon sens — de se déterminer sans motif. Mais, pourvu que vous appeliez liberté (comme vous le devez) la faculté d'agir par raison et en connaissance de cause, non seulement je la reconnais à l'homme, mais je proclame qu'elle lui est nécessaire, que tous ses efforts visent à l'acquérir, et qu'il doit parvenir à la posséder.

Nous ne nierons pas qu'il n'y ait, dans cette critique de la liberté d'indifférence par Spinoza, quelque chose de solide. Mais ce qu'il lui substitue vaut-il beaucoup mieux? Eh quoi! parce que nous désirons le bien — c'est-à-dire notre bien, — nous le faisons! Quoi, nous arriverions nécessairement à la liberté, simplement parce que l'essence de notre être la comporte et en a besoin pour être achevée! Mais c'est oublier que nos efforts personnels sont à chaque instant entravés par des résistances venues du dehors; que, si nous tendons à être libres, les êtres extérieurs tendent à nous soumettre à eux. Et leur puissance, a dit Spinoza lui-même, surpasse infiniment la nôtre [1]. Donc en admettant — et nous l'admettrons volontiers — que l'essence de l'être humain soit l'effort vers la perfection, cet être rencontre de la part des autres êtres finis mille obstacles qui doivent forcément l'arrêter, et dont son simple désir ne saurait triompher : pour qu'il puisse les surmonter, il faudrait qu'il eût un moyen plus solide, il faudrait qu'il y eût en lui (ce que repousse Spinoza) un « arbitre » du combat, qui, sans se laisser décider par la multitude des raisons adverses, donnât la préférence au seul désir du bien. Mais il est absurde, dirait Spinoza, de mettre en l'être plus que l'être lui-même, de lui donner, outre son essence (le désir), une faculté de juger entre cette essence et les essences opposées; lesquelles même ne sont pas en réalité opposées, puisqu'elles aussi veulent nécessairement leur bien, et que le bien véritable, la connaissance, est identique pour tous les êtres. Eh bien, passons sur cette difficulté. Il en subsiste une plus consi-

---

1. *Éthique*, IVe partie, prop. 3.

dérable. Tout fait, nous l'avons vu, a, dans le système de Spinoza, une double cause, la première finie, la seconde infinie : toute chose est déterminée à exister et à agir, d'abord par une chose semblable à elle-même et antérieure, et, en second lieu, par Dieu. Supposons que le désir et la raison, principes de détermination interne, puissent nous affranchir de la dépendance des choses extérieures; du moins ne peuvent-ils nous affranchir de notre dépendance à l'égard de Dieu. Il ne peut pas se faire que notre existence et notre action ne soient pas le produit nécessaire et fatal des lois de la nature divine, puisque nous ne sommes qu'un mode de Dieu, un résultat de son développement. Donc il ne se peut pas que le véritable principe de notre activité réside en nous-mêmes : nous ne sommes pas bons ou mauvais par le simple jeu de nos tendances personnelles, mais bien par une sorte de prédestination qui a fait de nous, au sein de l'attribut divin dont nous émanons, un mode complet ou incomplet, un groupe d'idées confuses ou d'idées adéquates. Prédestination qui n'est même pas compensée, comme elle l'est dans les systèmes religieux, par l'idée qu'elle est le produit de la volonté d'un Dieu sage et bon. Que l'homme est donc un être misérable, dans le système de Spinoza, puisque son impuissance ou sa vertu, son infortune ou son bonheur, loin de dépendre de lui-même, ne sont que le produit d'une aveugle fatalité! Quelle base ruineuse pour une morale qui prétendait s'élever si haut, et qui, voulant porter l'homme au-dessus de l'humanité même, le réduit, pour commencer, à la condition de la plante ou du minéral!

Que s'il faut voir, au contraire, dans l'effort de l'être fini pour se conserver, quelque chose qui l'élève au-dessus de la simple individualité matérielle — une propriété dynamique, en un mot, telle que Leibniz la donnera, sous le nom d'appétition, à sa monade, — alors Spinoza n'est plus d'accord avec lui-même, et son mécanisme métaphysique est renversé. En un mot, ou le mécanisme panthéiste est le vrai, mais alors les êtres individuels sont dépourvus d'action propre et « d'efficace »; ou bien ils ont en eux une véritable faculté de détermination personnelle, mais alors la métaphysique du panthéisme s'écroule. Il faut renoncer, ou à la causalité divine, ou à la causalité humaine. Il faut abandonner la conception de la substance universelle, ou bien nier résolument la possibilité d'une morale pratique. Spinoza n'a pas aperçu l'incompatibilité de ces deux idées, et c'est là que réside le vice de son système. La théorie métaphysique sur laquelle s'appuie cette morale en fait à la fois la grandeur et la faiblesse.

DEUXIÈME PARTIE

INFLUENCE EXERCÉE

PAR

LA MORALE DE SPINOZA

CHAPITRE XV

CARACTÈRES GÉNÉRAUX DE L'INFLUENCE QU'EXERÇA LA MORALE DE SPINOZA

La morale de Spinoza ne pouvait prétendre à devenir jamais une morale populaire. Elle ne fait appel, nous l'avons vu, qu'à la raison seule; elle néglige totalement la sensibilité; mais le vulgaire ne se conduit pas ordinairement par raison, il est moins convaincu par des motifs d'ordre intellectuel que par des mobiles d'ordre sensible; donc l'éthique de Spinoza ne pouvait être goûtée que par les rares esprits qui savaient mettre la réflexion au-dessus de la passion, la raison au-dessus du sentiment. De plus, Spinoza (nous l'avons dit également) conciliait, ou du moins prétendait concilier dans son système tous les motifs d'action rationnels : sa morale n'est ni la morale du devoir, ni la morale de l'égoïsme brutal et irraisonné, mais un compromis entre les deux; ni une morale purement utilitaire, ni une morale purement religieuse, mais une synthèse du principe de l'intérêt et du principe de l'amour de Dieu. Mais le vulgaire n'a pas l'esprit assez large pour comprendre ces savantes constructions : il lui faut une règle d'action simple, aisée à saisir et à suivre; ou bien il n'aura d'autre principe que de chercher son intérêt immédiat, ou bien il adoptera sans l'approfondir la morale du devoir ou la morale de l'obéissance à Dieu. Ainsi la profonde synthèse de Spinoza devait rester lettre morte pour lui, étant trop complexe et trop raffinée pour qu'il en saisît la portée. La seule fois où le spinozisme eut une action populaire — en Hollande, à la fin du XVIIe siècle, — ce fut en s'altérant au contact du christianisme, en se réduisant, pour ainsi dire, à ce qu'il y avait en lui de religieux et de mystique; mais jamais, dans son intégralité, il ne fut compris et suivi par les masses. Spinoza semble d'ailleurs avoir senti lui-même ce caractère de son œuvre, et s'en être plutôt réjoui. Il lui importe peu que ses doctrines deviennent populaires, pourvu qu'elles aient le suffrage des esprits cultivés : « Je sais — écrit-il à la fin de la préface de son *Traité théologico-politique*, — je sais que je m'entends au fond, pour le principal, avec les philosophes. Quant aux autres, je ne ferai pas grand effort pour leur recommander mon Traité; je n'ai aucun espoir de leur plaire; je sais combien sont enracinés dans leur âme les préjugés qu'on y a semés à l'aide de la religion; je sais qu'il est également impossible de délivrer le vulgaire de la superstition et de la peur; je sais enfin que la constance du vulgaire, c'est l'entêtement, et que ce n'est point la raison qui règle ses louanges et ses mépris, mais l'emportement et la passion. Je n'invite donc pas le vulgaire, ni ceux qui partagent ses passions, à lire ce Traité; je désire même qu'ils le négligent tout à fait plutôt que de l'interpréter avec leur perversité ordinaire, et, ne pouvant y trouver aucun profit pour eux-mêmes, d'y chercher l'occasion de nuire à autrui et de tourmenter les amis de la libre philosophie. »

Ainsi Spinoza dédaigne ou même repousse les suffrages du public, et ne cherche que ceux des philosophes. Mais ceux-ci du moins lui ont-ils été acquis? Il faut bien reconnaître que Spinoza s'est fait, à ce sujet, des illusions. L'influence de sa doctrine a été moindre qu'il ne l'espérait — nous ne parlons ici que de sa doctrine morale. En dehors des raisons tout extérieures, qui ont éloigné nombre d'esprits d'un penseur réputé athée et criminel, il faut noter ici chez les philosophes les mêmes raisons d'abstention que chez le vulgaire. Tous les penseurs qui fondent la morale sur le sentiment ou sur la liberté n'ont pu (j'excepte Fichte) s'inspirer d'une doctrine qui nie le libre arbitre et condamne le sentiment. La largeur même du rationalisme de Spinoza ne le sauva pas. Si, grâce à sa compréhension, il put exercer quelque action sur les penseurs les plus divers, sur des esprits religieux comme sur des incrédules, sur les rationalistes cartésiens comme sur les sensualistes, sur des philosophes de l'à priori comme sur des esprits plus positifs, il ne put pas, par là même, imprimer sur eux son estampille exclusive. Chacun de ces penseurs vit dans l'œuvre de Spinoza ce que lui-même avait déjà des tendances à admettre, chacun y prit ce qui se rapportait à ses propres idées, mais aucun n'adopta entièrement pour son compte toutes les théories du maître. C'est là l'écueil des systèmes larges : ils inspirent beaucoup d'esprits, et de fort différents ; mais ils n'ont l'adhésion complète d'aucun d'eux. Spinoza compta, parmi les philosophes, beaucoup d'admirateurs, ou, si l'on veut, de disciples partiels ; mais il n'eut pas, à proprement parler, d'école, et il n'y a eu jusqu'ici aucun philosophe éminent dont on puisse dire qu'il est franchement et exclusivement spinoziste.

De là vient même la difficulté toute particulière de notre tâche. Comme la théorie de Spinoza est extrêmement compréhensive, elle renferme en elle beaucoup de principes qui se retrouvent chez d'autres penseurs : mais bien souvent il n'y a là qu'une coïncidence, et nullement une influence de Spinoza sur ces penseurs ; ce peut être une simple analogie, et non pas une filiation. L'idée essentielle de la morale de Spinoza, c'est une certaine façon de coordonner et de concilier l'amour de soi, l'amour des hommes, et l'amour de l'infini. Mais il n'est personne qui n'éprouve ces trois sentiments : il n'est aucun homme qui n'essaie de leur faire à tous trois une place dans sa vie, aucun philosophe qui n'essaie de leur faire une place dans son système ; donc on peut dire, en un certain sens, qu'il n'est personne qui ne soit spinoziste. Mais, d'autre part, la façon particulière dont Spinoza ordonne ces trois motifs d'action, n'est guère, ni comprise par le vulgaire, ni suivie par les philosophes; donc il n'est personne qui soit entièrement spinoziste. Tout consiste donc ici dans des nuances, et il sera fort difficile, dans divers cas particuliers, de dire si tel ou tel esprit est ou non spinoziste. Il n'est pas en effet nécessaire d'avoir lu Spinoza pour être son disciple : car les idées, surtout les idées morales, flottent dans l'air, et arrivent souvent par des moyens bien détournés à faire leur chemin, passant de main en main par des milliers d'intermédiaires, au point qu'on ne sait plus d'ordinaire de qui elles viennent tout d'abord ; — et de même il est des gens qui ont lu Spinoza, qui l'ont compris, qui l'ont reproduit même, et qui pourtant ne sont pas des spinozistes, parce que les idées de Spinoza conservées par eux étaient dans leur esprit le résultat de tout autres principes, et que leur rencontre avec Spinoza est purement fortuite et accidentelle.

De là l'extrême difficulté qu'il y a à marquer, d'une façon exacte et précise, la limite dans laquelle a pu s'exercer, aux différentes époques, l'influence de la morale de Spinoza.

CHAPITRE XVI

LE SPINOZISME CHRÉTIEN EN HOLLANDE

En disant que la philosophie de Spinoza n'avait jamais pu devenir pleinement populaire, nous avons eu soin de faire une réserve, et de mentionner un essai qui fut fait peu de temps après la mort de Spinoza, pour répandre dans sa patrie même ses principales idées, en les combinant avec les dogmes fondamentaux du christianisme [1]. C'est une chose digne de remarque que, tandis que le système de Spinoza, et surtout la partie critique et exégétique qu'on en connaissait par le *Traité théologico-politique*, soulevait les clameurs des Églises, des esprits sincèrement religieux ne voyaient pas d'incompatibilité entre les principes de Spinoza et ceux de la religion du Christ. Un des pre-

---

1. Il n'est pas indifférent de remarquer que le *Traité théologico-politique* fut traduit en hollandais dès 1673, et le volume des *Œuvres posthumes* dès 1677 (aussitôt qu'il eut paru en latin).

miers et des plus fidèles disciples de Spinoza, Henri Oldenburg, était un chrétien fervent. L'auteur de la traduction hollandaise du *De Deo et Homine* de Spinoza, est évidemment un chrétien mystique, en même temps qu'un spinoziste : on le voit bien par la peine qu'il prend à chaque instant, dans les notes de sa traduction, pour rapprocher du langage de Spinoza les termes de la théologie orthodoxe, et aussi par ces deux faits caractéristiques, qu'il place son livre sous l'invocation de Dieu, et que, dans le courant de l'ouvrage, il appelle Dieu « notre Seigneur ». En 1681, bien peu d'années par conséquent après la mort de Spinoza, François Langenes cherchait déjà à répandre à la Haye le spinozisme, en le couvrant du voile de l'orthodoxie; mais le consistoire l'en empêcha, en lançant contre lui le pamphlétaire Rodenport, et en l'accusant « de tirer du spinozisme des principes de conduite infâmes ». Peu après, en 1684, Wilhem Deurhof reproduisait, dans son livre sur *les Principes de la vertu*, les principales théories métaphysiques et morales de Spinoza, mais en parlant avec respect de la théologie révélée. Adrian Koerbagh [1], Abraham Johannes Cuffeler [2], Hendrick Weyermars [3], Gosuïnus Buitendjik [4], Balthasar Bekker, Jacobus Wittichius [5] continuèrent cette tradition de spinozisme christianisé.

1. *Light schynende in Duystere.*
2. *Pantosofia.*
3. *Den ingebeelde chaos.*
4. *Apologie.*
5. *De natura Dei.*

Mais les deux principaux philosophes de cette école furent sans contredit Van Hattem et Leenhof.

Pontian Van Hattem prêcha l'unité, non seulement morale, mais métaphysique, de l'homme et du Christ. Dieu conçu dans sa perfection, c'est le Christ. L'être de Dieu n'est pas séparé de celui de l'homme, ni opposé à lui : l'homme est une partie de Dieu, c'est-à-dire du Christ, et son bonheur consiste à en participer davantage encore, à s'unir plus intimement à ce Christ dont il était déjà une émanation. Van Hattem s'accorde donc avec Spinoza sur les principes de la métaphysique (sauf qu'il remplace le mot « Dieu » par le mot « Christ », mais sans beaucoup changer le fond des choses) et sur la conception du bien. Il s'accorde aussi avec lui sur la question de la liberté : il affirme, comme Spinoza, le déterminisme et la prédestination. Lui-même reconnaissait volontiers ces points de contact de sa doctrine avec celle de Spinoza; il regrettait seulement que son illustre devancier eût cru devoir tirer de la raison les principes de son système, tandis que lui, Van Hattem, prétendait ne s'inspirer que de l'Écriture. Ce spinozisme fut fort attaqué par les orthodoxes, et le témoignage en reste dans un curieux ouvrage hollandais : *De bedeckte spinozist outdeckt, in de persoon van Pontian van Hattem, by Leendert Backer* (1700). L'influence de Van Hattem paraît toutefois avoir été grande, et c'est à cet auteur qu'il faut rattacher des écrivains mystiques qui, comme Dinah Jans, Marinus Adrianz Booms, et Jacob Bril, affirmèrent la parenté de l'homme et de Dieu, et prêchèrent l'union de l'individu avec la substance divine, au même sens et parfois presque dans les mêmes termes que l'avait fait Spinoza.

Un autre spinoziste, plus connu encore que Van Hattem, fut Frederick Van Leenhof. Dans son ouvrage *Hemel op Aarden*[1], il adopte un grand nombre des théories morales de l'*Éthique*. Il est déterministe, au sens de Spinoza. Il définit comme lui le plaisir, et, comme lui, exalte ce sentiment. Il condamne la tristesse et les affections qui l'enveloppent. Le repentir est chose mauvaise : l'Écriture nous dit bien que divers saints se sont repentis; mais « ils auraient mieux fait de marcher dans les voies de leur père, et de réparer leurs fautes avec satisfaction et avec joie ». Les affections tristes cessent de l'être quand on s'en forme des idées adéquates, et quand on les considère comme une partie nécessaire de l'ordre éternel du monde. Le bonheur de l'homme est dans la joie, et celle-ci ne peut provenir que de la connaissance vraie.

Ces propositions furent attaquées par les orthodoxes. En 1708, le synode d'Alcmaer condamna Leenhof et l'obligea à se rétracter. Mais, déjà auparavant, on avait bien vu le lien de ces doctrines avec celles de Spinoza. François Burmann, en 1703, avait traité « du souverain bien des spinozistes comparé au ciel sur la terre de Leenhof », puis, en 1705, il avait publié une « amicale invitation à Leenhof pour qu'il se purifie de son spinozisme[2] ». Ainsi les Églises ne s'y trompaient

---

[1]. Amsterdam, 1704.
[2]. Voir *Historia Spinozismi Leenhofiani*, de Jenichen.

pas : sous les formes extérieures du christianisme, elles avaient reconnu l'ennemi. Et il n'est pas contestable que dénoncer cette intrusion du spinozisme dans le christianisme fût à la fois dans leur droit et dans leur devoir. Car, malgré l'analogie de certaines propositions de Spinoza avec des théories chrétiennes (avec quelle doctrine Spinoza ne présenterait-il pas quelque analogie?), malgré l'habileté déployée par ses successeurs dans leur façon de concilier le panthéisme et le christianisme, ou même malgré la sincérité de leur foi religieuse, il est visible que cette introduction des idées spinozistes ne pouvait que détourner le christianisme de sa voie normale et séculaire. En métaphysique, cette doctrine mixte diminuait, ou comblait même la distance qui sépare l'homme de Dieu. En morale, elle renversait la liberté et la responsabilité humaines [1], niait le bien en soi, ramenait le devoir à l'utilité individuelle; elle ne prêchait à l'homme d'autre règle que celle-ci : « se tenir en joie »; elle ne voyait dans l'amour de Dieu que la satisfaction de nos instincts égoïstes, de notre soif de bonheur. Comme principe moral, elle repoussait la volonté divine et exaltait la nature. Cette doctrine était donc bien éloignée du véritable christianisme : elle était à la fois plus étroitement utilitaire, et plus matériellement mystique. Les Églises eurent raison de la rejeter, car elle n'était point un pur produit du christianisme.

1. Il est vrai que, pour la liberté tout au moins, les jansénistes français et les gomaristes des Pays-Bas la niaient en même temps que Spinoza.

Aussi ce système mixte, trop hétérodoxe pour être toléré par l'Église, trop peu philosophique pour trouver appui chez les penseurs, disparut-il obscurément du pays même qui l'avait vu naître, ne laissant dans l'histoire de la philosophie comme de la religion qu'une trace à peine perceptible [1].

---

1. Son histoire a été bien faite par M. Antonius Van der Linde, dans sa thèse : *Spinoza, seine Lehre und deren erste Nachwirkung in Holland.* (Göttingue, 1862.) On trouvera des analyses de ce travail dans l'*Histoire du cartésianisme* de M. Bouillier et dans le *Spinoza* de M. Pollock.

CHAPITRE XVII

LE SPINOZISME EN FRANCE AU XVIIᵉ SIÈCLE
MALEBRANCHE

Si le spinozisme se répandit rapidement en Hollande, ce fut longtemps une opinion accréditée qu'il avait eu en France le même succès. Mais en Hollande il s'était allié avec des doctrines religieuses; en France c'était, disait-on, avec l'athéisme qu'il combattait. Les nombreux écrivains qui, au XVIIᵉ siècle, réfutèrent, du point de vue chrétien, le spinozisme — plutôt pour sa métaphysique que pour sa morale, — Huet [1], Malebranche [2], Massillon [3], le père François Lamy [4], Fénelon [5], semblent tous croire qu'il y avait de leur temps de nombreux spinozistes, que tous les athées

---

1. *Demonstratio evangelica*, 1679. *De concordia rationis et fidei*, 1692.
2. *Méditations chrétiennes*, 1683. *Entretiens métaphysiques*, 1688.
3. *Sermon pour la 4ᵉ semaine du carême.*
4. *Nouvel athéisme renversé*, 1696.
5. *Traité de l'existence de Dieu*, 2ᵉ partie, 1718.

étaient des disciples de Spinoza. En réalité, si quelques incrédules se réclamaient de ce nom illustre pour donner à leurs négations une apparence philosophique, il en était certainement bien peu qui connussent de lui autre chose que sa réputation. Il est vrai que l'épicurien chevalier d'Hénault alla jusqu'en Hollande pour le voir, et que Mme Deshoulières, la tendre poétesse des « brebis », qui n'en était pas moins une célèbre incrédule, passe pour l'avoir fort goûté. Mais dans nulle œuvre un peu sérieuse, à notre connaissance, Spinoza ne fut, au XVIIe siècle, invoqué comme un maître. S'il fallait chercher quelque part le véritable successeur ou continuateur de Spinoza, ce ne serait pas parmi la foule de ces épicuriens qui se proclament ou qu'on proclame ses disciples : ce serait au contraire, chose étrange et pourtant incontestable, dans les rangs de ceux-là mêmes qui insultent le plus l'auteur de l'*Éthique*. Si Fénelon n'est pas spinoziste en morale, bien qu'il soit si près de l'être en métaphysique [1], il est un plus grand que lui auquel le nom de l'auteur de l'*Éthique* fait immédiatement songer, « le frère chrétien de Spinoza », Malebranche.

Malebranche a en quelque sorte deux morales, bien différentes l'une de l'autre : la morale presque spinoziste de son *Traité de l'Amour de Dieu*, et la morale

---

1. En métaphysique, il penche souvent vers l'unité de substance de l'homme et de Dieu. Mais, en morale, il est, comme quiétiste, partisan de l'amour divin désintéressé.
Il est vrai qu'on ne peut, d'aucune façon, en faire un « disciple » de Spinoza, car la réfutation qu'il en donne prouve qu'il ne l'avait jamais lu.

presque kantienne de son *Traité de Morale*. Le *Traité de l'Amour de Dieu* fut écrit dans le but de défendre la doctrine orthodoxe contre l'invasion du quiétisme : Malebranche s'efforce d'y prouver que c'est en vue de notre propre félicité que nous devons aimer notre créateur. Ce petit traité rappelle bien souvent les idées et les expressions mêmes de Spinoza. Nous retrouvons ici, en effet, le plaisir et l'utile donnés comme bases à la morale; puis, le plaisir s'épurant peu à peu, et l'utilité, si l'on peut ainsi parler, se « rationalisant », nous voyons sortir de la doctrine de l'intérêt un magnifique éloge de l'amour de Dieu et de l'amour du prochain, mais de tous deux en tant seulement qu'ils contribuent à notre propre félicité. Laissons parler Malebranche lui-même : « On ne peut aimer que ce qui plaît, ni haïr que ce qui déplaît.... Mais il y a plaisir et plaisir : plaisir éclairé, raisonnable, qui porte à aimer la vraie cause qui le produit, à aimer le vrai bien, le bien de l'esprit; plaisir confus qui excite de l'amour pour des créatures impuissantes, pour de faux biens, pour les biens du corps. » N'est-ce point là la distinction même qu'avait établie Spinoza : la passion, idée inadéquate et confuse, idée d'une chose extérieure, qui ne procure qu'un bonheur fragile, incomplet; l'affection active, déterminée par la raison, idée claire, distincte, adéquate, bien intérieur de l'âme, bien impérissable et infini. Ainsi c'est de la considération de notre bonheur que Malebranche, comme Spinoza, fait sortir la morale de l'amour divin. « Le désir de la béatitude formelle ou du plaisir en général est le fond ou l'essence de la volonté, en tant qu'elle est capable d'aimer le bien.... Ainsi, ôtez l'amour de la béatitude formelle, vous ôtez nécessairement l'amour de la béatitude objective ou amour de Dieu. » Tous les hommes ont une tendance instinctive à rechercher le bonheur, et il n'y a là ni mérite ni démérite; mais reconnaître que notre bonheur ne peut se trouver que dans la possession du divin, sacrifier à cette fin supérieure tous nos plaisirs charnels, tous nos désirs mondains, s'élever, en un mot, de l'utilité immédiate, de la concupiscence brutale, à l'utilité suprême, à la recherche de la béatitude éternelle, voilà le bien, voilà la vertu. « Ne me demandez pas pourquoi je veux être heureux, demandez-le à celui qui m'a fait.... Mais l'amour de la béatitude objective, l'amour de Dieu est de mon choix; et tous ceux qui aiment Dieu peuvent bien dire pourquoi. C'est que, voulant être solidement heureux, heureux et parfaits, ils croient qu'il n'y a que Dieu qui les puisse rendre tels : c'est en cela que leur amour est méritoire. C'est qu'ils sont convaincus que la béatitude formelle est inséparable de l'objective. » Ainsi l'amour de Dieu est nécessairement lié à notre propre perfection : en travaillant pour nous, nous ne saurions faire autrement que nous élever à Dieu, nous faisons notre félicité dans ce monde et dans l'éternité : « Comme notre perfection consiste à aimer Dieu, et toutes choses selon le rapport qu'elles ont avec Dieu, c'est assurément aimer Dieu que d'aimer sa perfection, ou du moins c'est s'aimer pour Dieu et selon Dieu. » — Mais l'homme qui vit selon la raison, comprend que la raison n'est pas, comme les biens du monde, l'apanage exclusif d'un seul être, que, au contraire, elle peut être commune à tous, et cela au grand avantage de chacun; aussi s'efforcera-t-il de rendre ses semblables aussi justes, aussi semblables à Dieu qu'il l'est lui-même. « A l'égard du prochain, il faut l'aimer comme soi-même; car Dieu est un bien commun à tous les esprits; tous peuvent jouir de lui sans rien diminuer à notre égard de son abondance. » Toutes ces maximes n'offrent-elles pas — avec un accent plus chrétien, avec des mouvements de charité inconnus au philosophe de la Haye — de frappantes analogies avec telle ou telle des plus célèbres propositions de l'*Éthique*? Nous l'avons dit, le trait d'union entre les deux philosophes, c'est que tous deux mettent à la base de la morale la recherche de l'intérêt individuel, et du désir de la béatitude font dériver l'amour de Dieu. Mais n'oublions pas non plus ce qui les sépare. Spinoza parle en philosophe indépendant; Malebranche croit défendre une doctrine orthodoxe. Spinoza pense qu'on ne peut concevoir aucune vertu antérieure à l'effort de l'être pour persévérer dans l'être; Malebranche, avant d'avoir recours au principe de l'intérêt, fait cette belle déclaration : « la perfection de notre nature consiste à consulter notre raison et à la suivre; j'entends cette souveraine raison qui éclaire tous les hommes, cette lumière intérieure qui nous fait distinguer le vrai du faux, le juste de l'injuste ». Et n'oublions pas surtout que si, dans ce *Traité de l'Amour de Dieu*, Malebranche fait dépendre cet amour de notre désir d'être heureux, il nous y renvoie, pour approfondir l'éthique, à son *Traité de Morale*, où se trouve exposée une doctrine toute différente, celle qui fait de la connaissance de Dieu le but essentiel de la vie, et rejette au second plan le souci du bonheur et la recherche de la béatitude personnelle.

Le *Traité de Morale*, à l'inverse du *Traité de l'Amour de Dieu*, est presque entièrement contraire aux doctrines de Spinoza. Dès le début, cette opposition se marque : pour Spinoza, il n'y avait que des utilités individuelles, des bonheurs relatifs; pour Malebranche, il existe un bien absolu, un bien en soi : « il y a, dit-il, du vrai et du faux, du juste et de l'injuste, et cela à l'égard de toutes les intelligences [1] ». Pour Spinoza, l'homme n'est pas libre de choisir, entre deux partis, celui qu'il préfère, mais ses actions sont nécessairement déterminées par les conceptions de son intelligence; pour Malebranche, au contraire, « l'homme est libre, supposés les secours nécessaires (la grâce); il peut, à l'égard de la vérité, la rechercher, malgré la peine qu'il trouve à méditer; à l'égard de l'ordre, il peut le suivre, malgré les efforts de la concupiscence. Il peut sacrifier son repos à la vérité, et ses plaisirs à l'ordre; il peut aussi préférer son bonheur actuel à *ses devoirs*, et tomber dans l'erreur et dans le dérèglement. Il peut en un mot mériter et démériter [2]. » Et ce mérite ou ce démérite valent à l'homme une récompense ou un châtiment, car ils produisent le bonheur

---

1. *Traité de Morale*, liv. I, chap. I, 7.
2. *Traité de Morale*, liv. I, chap. I, 15.

ou le malheur, non plus directement, comme le voulait Spinoza, mais indirectement, par suite de la volonté d'un Dieu sage et bon. Car « Dieu est juste; il aime ses créatures à proportion qu'elles sont aimables, à proportion qu'elles lui ressemblent; il veut donc que tout mérite soit récompensé, et tout démérite puni; que celui qui a fait un bon usage de sa liberté, et s'est par là rendu en partie parfait et semblable à Dieu, soit en partie heureux comme Dieu [1] ». Ce remarquable passage montre nettement, croyons-nous, combien la conception de Malebranche, dans le *Traité de Morale*, diffère de celle de Spinoza : la loi morale comme règle de notre activité; le libre arbitre donné à l'homme pour s'y conformer; le mérite et le démérite qui accompagnent chaque action; comme fin de notre conduite, la conformité à l'ordre, l'obéissance à Dieu; et, par surcroît, comme récompense, l'amour de Dieu pour sa créature, et le bonheur actuel et éternel de l'homme de bien; voilà les principes de cette morale, voilà ce qui la distingue profondément de celle de Spinoza. Pour celui-ci, l'idéal de l'homme était la soumission à une nécessité fatale; pour Malebranche, « c'est l'obéissance que l'on rend à l'ordre, c'est la soumission à la loi divine, qui est vertu en tout sens; la soumission à la nature est plutôt nécessité que vertu ». Le sage de Spinoza, comme celui des stoïciens, se laisse guider par la nature : *volentem fata ducunt*; celui de Malebranche fait mieux, il bénit la

1. *Traité de Morale*, liv. I, chap. I, 15.

Providence qui le conduit. Avec Spinoza, nous ne sommes portés à aimer Dieu que parce que dans cet amour nous trouvons notre souveraine félicité; avec Malebranche, notre béatitude accompagne sans doute l'amour de Dieu, mais, loin d'être le principe, elle en est simplement la conséquence : « Appliquons-nous, dit-il, à connaître, à aimer, à suivre l'ordre; travaillons à notre perfection. A l'égard de notre bonheur, laissons-le entre les mains de Dieu, dont il dépend uniquement. Dieu est juste, il récompense nécessairement la vertu [1]. » Bien plus, Spinoza, en faisant de la vertu notre suprême utilité, n'avait pas prouvé démonstrativement qu'on lui dût tout sacrifier; Malebranche au contraire peut la mettre aisément hors pair, puisqu'elle est, à ses yeux, d'une autre essence que l'intérêt : il montre admirablement que ce qui fait le prix de la vertu, c'est précisément la peine qu'elle nous coûte : « La vertu doit présentement être pénible, afin qu'elle soit généreuse et méritoire. L'homme doit se sacrifier lui-même pour posséder Dieu : le plaisir est la récompense du mérite, il n'en peut être le principe [2]. » « Dans l'état où nous sommes maintenant, il arrive souvent que notre bonheur et notre perfection se combattent et qu'il est nécessaire de prendre parti : ou de sacrifier sa perfection à son bonheur, ou son bonheur à sa perfection; ou l'amour de l'ordre à son plaisir, ou son plaisir à l'amour de l'ordre. Or, quand on sacrifie son bonheur à sa perfection,

---

1. *Traité de Morale*, liv. I, chap. I, 19.
2. *Id.*, 23.

son plaisir à l'amour de l'ordre, on mérite; car on obéit à la loi divine, à ses propres dépens.... Mais Dieu est certainement juste et fidèle, il nous donnera tout le bonheur que nous aurons mérité; notre patience ne sera point infructueuse.... L'ordre veut que nous méritions par des peines volontaires dont le corps est l'occasion, le bonheur dont Dieu seul est la cause véritable[1]. » Le philosophe hollandais affirmait, lui aussi, l'éminente dignité de la raison et la nécessité de comprendre et d'aimer Dieu pour être véritablement heureux; il condamnait, lui aussi, la vie des sens, de l'imagination, de la passion; mais Malebranche le fait au nom d'un tout autre principe. Si nous mettons à part quelques rares passages[2], où le souci de l'intérêt personnel apparaît comme un des facteurs du bien moral, nous pouvons dire que la morale de Malebranche, ou tout au moins celle qui est exposée dans le *Traité de Morale*, ne saurait être rangée, avec celle de Spinoza, parmi les systèmes auxquels leurs préoccupations utilitaires ont fait donner le nom d'endémonisme. Tout au contraire, elle est fondée sur l'idée de la perfection, presque sur l'idée de devoir. Sans avoir le rigorisme abstrait de la morale de Kant, elle est plus loin encore du « positivisme » de l'éthique de Spinoza. Elle est la pure morale chrétienne, et, pourrait-on dire aussi, la plus complète et la plus haute expression de ce que fut d'ordinaire la doctrine des moralistes français.

1. *Traité de Morale*, liv. II, chap. IV, 11.
2. *Id.*, chap. XIV.

Seulement la question reste de savoir si c'est bien le *Traité de Morale* qui est l'expression définitive de la pensée de Malebranche, ou si ce n'est pas plutôt le *Traité de l'Amour de Dieu*. Or, au premier abord, il semble que c'est ce dernier qui doit l'emporter : car il a été écrit postérieurement au *Traité de Morale*; donc la pensée de Malebranche, très différente d'abord de celle de Spinoza, peut paraître s'en être ultérieurement rapprochée. Si cependant on veut observer, d'abord, que Malebranche a donné, après la publication du *Traité de l'Amour de Dieu*, une nouvelle édition du *Traité de Morale* où rien des idées exposées dans la première édition n'était fondamentalement modifié, et, en second lieu, que le *Traité de l'Amour de Dieu* renvoie au *Traité de Morale* avec lequel, par suite, Malebranche devait le croire en parfait accord, on devra conclure que l'auteur des deux traités n'a jamais nettement aperçu l'écart qui les séparait, e qu'il a toujours pensé être resté fidèle à ses théories du *Traité de Morale*. Donc, en réalité, son spinozisme du *Traité de l'Amour de Dieu* n'est qu'un accident dans sa doctrine morale, accident qu'il n'a point lui-même remarqué. Car, s'il l'avait remarqué, nul doute qu'il ne l'aurait fait disparaître. Lui qui traite Spinoza de « monstre », eût-il pu supporter un instant l'idée que sa théorie propre pouvait être inspirée par celle de l'auteur de l'*Éthique*? Et cependant n'en est-elle pas, d'une certaine façon, inspirée? Malebranche a lu Spinoza, et, sans le vouloir, malgré lui, il en aura retenu quelque chose, qu'il n'a pas aperçu, mais qui nous frappe quand nous lisons son *Traité de l'Amour de Dieu*. Peut-être dira-t-on que c'est faire injure à Malebranche de penser que quelque chose lui est venu de Spinoza; sa doctrine, dira-t-on, n'est qu'un christianisme un peu mitigé d'idées cartésiennes. Mais ne voit-on que, parler ainsi, c'est accorder à Spinoza plus que nous ne demandons pour lui; c'est supposer qu'un christianisme cartésien menait tout droit au spinozisme. Une simple analogie des deux doctrines prouverait plus en faveur de Spinoza que ne le ferait une influence réelle, exercée par lui sur Malebranche.

CHAPITRE XVIII

LEIBNIZ

Si nous suivions un ordre chronologique rigoureux, nous devrions, avant Leibniz, parler de Bayle et de Locke, qui tous deux lui sont antérieurs, et contre lesquels il a dirigé ses deux plus grands ouvrages, la *Théodicée* et les *Nouveaux Essais*. Mais Leibniz est encore un cartésien, et à ce titre doit fermer l'étude de la philosophie du xviie siècle; Locke et Bayle, au contraire, sont, par rapport au cartésianisme, des dissidents, et méritent plutôt d'être considérés comme les précurseurs du xviiie siècle. C'est donc d'abord chez Leibniz que nous devons rechercher les traces de l'influence de Spinoza [1].

---

[1]. Parmi les innombrables ouvrages ou opuscules où sont disséminées les idées morales de Leibniz, nous citerons (outre la *Monadologie*, les *Nouveaux Essais* et la *Théodicée*) : le *De Vita beata*, les *Notions de droit et de justice*, la *Lettre à M. Coste sur la liberté et la contingence*, les *Réflexions sur Hobbes*, le *De Libertate*, les *Definitiones Ethicæ*, le traité *Von der Glückseligkeit*,

Spinoza semble avoir eu, en morale, une double influence sur la pensée cartésienne : d'une part, il appela son attention, des questions scientifiques, presque seules agitées par Descartes, sur les questions éthiques, et en cela il fut aidé par la pensée chrétienne qui, presque immédiatement, avec Port-Royal, Pascal, Malebranche, Bossuet, Fénelon, s'empara du cartésianisme en l'adoptant; d'autre part, il provoqua, de la part de ces mêmes philosophes chrétiens, d'ardentes contradictions sur les problèmes fondamentaux de la morale : on lui reprochait d'avoir nié le bien en soi, en lui reprochant d'avoir nié Dieu. Le rôle de Leibniz, dernier venu de l'école cartésienne, fut de tenir un compte égal des opinions opposées, et d'essayer d'en faire la synthèse. Leibniz connut personnellement Spinoza : il correspondit et conversa avec lui au sujet de problèmes d'optique; il témoigna un vif désir de voir les manuscrits de Spinoza [1]; souvent dans ses propres œuvres il cite et discute l'auteur de l'*Éthique*. Il est vrai que c'est presque toujours en adversaire, et même parfois avec des mots fort durs, en le frappant d'une réprobation dans laquelle on voit bien qu'il ne serait pas fâché d'englober Descartes [2]; mais il faut dire, à sa décharge, que c'était là le langage courant en parlant du « blasphémateur » Spinoza. On s'attendrait

---

les *Principes de la nature et de la grâce*, le *Sentiment de M. Leibniz sur le livre de M. de Cambrai* et la *Lettre à l'abbé Nicaise sur la question de l'amour divin*.

1. Voir les *Lettres de Spinoza*.
2. « Spinoza n'a fait que cultiver quelques mauvais germes épars dans la philosophie de M. Descartes. »

pourtant à plus d'équité de la part de Leibniz, quand on songe que sa doctrine doit tant à celle de Spinoza. Lui-même a plusieurs fois déclaré, sans doute, que ce qui le séparait de Spinoza, c'est qu'il cherchait à réagir contre le caractère purement géométrique de l'*Éthique* pour y substituer des considérations vraiment morales [1]. C'est ainsi que, à l'idée du déterminisme mécanique, il a cherché à opposer l'idée d'une causalité morale. Le monde, pour lui, n'est pas, comme pour Spinoza, le produit nécessaire du développement de la substance divine; c'est le produit d'une libre création, c'est un monde conçu et réalisé par Dieu comme étant le meilleur des mondes possibles. De même, les actions de l'homme ne sont pas le résultat fatal de ses pensées et de sa situation antérieures; les motifs qui les ont causées, en montrant à la volonté le meilleur parti à prendre, l'ont « inclinée » seulement sans nullement la nécessiter. Ainsi, au principe spinoziste de la nécessité géométrique, Leibniz prétend opposer son principe moral du « meilleur ». Mais, en réalité, ses solutions diffèrent bien moins qu'il ne veut le croire de celles de Spinoza. La liberté qu'il reconnaît à l'homme n'est pas une liberté complète. Elle a, dit-il, trois caractères : les actes de l'homme sont *contingents*, car on ne peut les déduire d'une loi fatale de l'uni-

---

[1]. La *Théodicée* de Leibniz est remplie d'affirmations de ce genre. Voir aussi la *Réfutation* inédite de Spinoza par Leibniz (publiée par M. Foucher de Careil), où Leibniz critique notamment (p. 62 et suiv.) la théorie de Spinoza sur la volonté, et (p. 56 et suiv.) sur l'immortalité.

vers; ils sont *spontanés*, car la monade se développe selon sa seule loi; ils sont *intelligents*, car elle ne fait que ce qui lui paraît le meilleur, que ce qu'elle juge devoir la conduire à sa perfection. Seulement il est aisé de voir qu'une semblable liberté ne diffère guère moins du libre arbitre ordinaire que de la nécessité. Car si, par sa conception de la monade, Leibniz s'interdit d'admettre la dépendance de l'individu par rapport au monde extérieur, en revanche il ne supprime pas la dépendance de la volonté par rapport à l'entendement, ni la détermination de tout acte par des motifs, puisque l'intelligence est pour lui un caractère essentiel de la liberté. Et, quant à sa restriction du « meilleur », de la « nécessité morale », on peut se demander si elle est bien réellement utile : car qu'une action soit fatalement déterminée par ces motifs, ou bien que ceux-ci « inclinent seulement la volonté, sans la nécessiter », mais de telle sorte néanmoins qu'elle se porte toujours dans le sens où ils la dirigent, quelle différence cela fait-il, si, négligeant une querelle de mots, on va jusqu'au fond des choses? Ainsi Leibniz a mis, si l'on peut ainsi dire, une étiquette morale sur le déterminisme de Spinoza; mais, en réalité, il a maintenu la conception spinoziste de la liberté comme « déterminisme intérieur », l'idée spinoziste de la nécessité psychologique de toute action.

Quant aux lois mêmes de la morale, elles ne sont pas non plus, chez Leibniz, fort différentes de ce qu'elles étaient chez Spinoza. Comme Spinoza, Leibniz ne reconnaît à l'individu d'autre règle morale que celle de travailler à sa félicité, c'est-à-dire à la perfection de son être. L'être véritable de la monade, ce sont ses perceptions : donc la règle de notre existence doit être de développer nos pensées, de les amener à l'état de clarté et de distinction le plus parfait. Or la passion est une perception confuse; la raison, une perception distincte. Comme Spinoza, par suite, Leibniz condamne la vie suivant la passion, en la traitant d'esclavage, et nous invite, pour en sortir, à éclaircir et à rendre adéquates nos idées : « Notre connaissance, dit-il, est distincte ou confuse. La connaissance distincte, ou l'intelligence, a lieu dans le véritable usage de la raison; mais les sens nous fournissent des pensées confuses. Nous sommes exempts d'esclavage, en tant que nous agissons avec une connaissance distincte; mais nous sommes asservis aux passions, en tant que nos perceptions sont confuses. En ce sens nous n'avons pas toute la liberté d'esprit souhaitable, et nous pouvons dire avec saint Augustin, que, étant assujettis au péché, nous avons la liberté d'un esclave [1]. » Ainsi, assurer son bonheur par le perfectionnement de ses idées, par la conformité de ses actes à la loi de la raison, voilà, d'après Leibniz, l'idéal de l'homme. — Mais, en développant nos idées claires et distinctes, en étendant et tout à la fois en perfectionnant nos connaissances, que faisons-nous, sinon rendre notre intelligence, dans une certaine mesure, semblable à celle de Dieu? Et ainsi, connaissant par

---

1. *Théodicée*, III° partie.

la raison ce que connaît Dieu, nous connaîtrons Dieu lui-même. Mais on ne peut connaître Dieu, dans son infinie perfection, sans l'aimer et sans le bénir. Donc la raison, dont l'usage fait notre suprême béatitude, ne nous conduit à autre chose qu'à un amour infini de l'être divin. Par suite « la véritable félicité consiste dans l'amour de Dieu, mais dans un amour éclairé, dont l'ardeur soit accompagnée de lumière [1] ». « En faisant son devoir, en obéissant à la raison, on remplit les ordres de la Suprême Raison, on dirige toutes ses intentions au bien commun, qui n'est pas différent de la gloire de Dieu [2]. » Et, de plus « on trouve qu'il n'y a pas de plus grand intérêt particulier que d'épouser celui du général, et on se satisfait soi-même en se plaisant à procurer les vrais avantages des autres hommes [3] ». L'analogie de ces principes avec ceux de Spinoza n'est-elle pas évidente? En somme, dans les deux doctrines, une théorie de l'amour de Dieu vient couronner une théorie du développement individuel. Seulement il y a chez Leibniz, dans les expressions tout au moins, un peu plus de désintéressement. De même que, au début de son Éthique, il avait dit, non pas, comme Spinoza, « intérêt », mais « perfection », de même, au terme de sa théorie, il parle, non d'obéissance à la nature, mais de confiance en Dieu. « Faites votre devoir, dit-il, et soyez contents de ce qui vous arrivera, non seulement parce que vous

---

1. *Théodicée*, préface.
2. *Id.*
3. *Id.*

ne pouvez résister à la Providence divine ou à la nature des choses, mais parce que vous êtes entre les mains d'un bon maître [1]. » Leibniz parle de devoir et de Providence, et cela le distingue étrangement de Spinoza; il parlait aussi de monade active et libre, au lieu de parler de l'homme — avec Spinoza, — comme d'un simple mode de Dieu, qui tient de Dieu seul tout son être et toute sa puissance d'agir. Sa métaphysique individualiste diffère donc fort, en apparence du moins, de la métaphysique unitaire de Spinoza — quoique au fond elle en soit dérivée, par une étrange et remarquable superposition du dynamisme d'Aristote au mécanisme de l'*Éthique*. Mais sa morale ne diffère guère de celle du philosophe de la Haye. Toutes deux sont essentiellement des morales rationalistes, nullement (comme le sera celle de Kant) des morales de la liberté. Toutes deux prennent comme point de départ l'idée du développement métaphysique de l'être, c'est-à-dire l'idée du perfectionnement de la pensée. Toutes deux aboutissent à la théorie de l'amour de Dieu, conçu comme seul capable d'assurer à l'homme la parfaite et éternelle félicité. Les principes essentiels sont donc semblables dans les deux doctrines; l'intention seule, plus désintéressée et plus proprement morale chez Leibniz, les sépare. L'accent est différent, la pensée est la même.

1. *Théodicée*, préface.

CHAPITRE XIX

LOCKE ET L'ESPRIT ANGLAIS

Locke est un contemporain de Spinoza : ils sont nés la même année, en 1632. S'il n'a pas, à proprement parler, subi l'influence de l'*Éthique*, si même il répudie toute parenté avec Spinoza — le mettant, avec Hobbes, au nombre de « ces auteurs décriés » dont les idées politiques sont contraires à tous les sains principes, — il n'en existe pas moins entre sa doctrine et celle du sage de la Haye de curieuses analogies, que l'histoire de la morale est intéressée à relever, car elles marquent comment, au même instant, mais chez deux esprits très différents, l'éthique de Descartes et l'éthique judéo-chrétienne se combinèrent, s'altérant l'une l'autre en un eudémonisme religieux.

Le principe de la morale de Locke — principe que Spinoza eût accepté, — c'est la négation de toute loi morale innée : tout le premier livre de l'*Essai sur l'En-*

tendement humain est consacré à démontrer l'impossibilité de tous principes innés, tant de spéculation que de pratique. Le seul sentiment qui soit inné, conclut Locke, c'est le désir du bonheur et l'aversion pour la misère. C'est cette inquiétude (*uneasiness*) produite par l'appréhension du mal et la soif du bien-être, qui dans tous les cas détermine la volonté à agir. Comme Spinoza, Locke pose donc à la base de la morale un fait, la tendance à la conservation de l'être et au bonheur. Comme lui, par suite, il déclare que le bien et le mal s'analysent, pour l'individu, en utile et en nuisible : « le bien et le mal n'est que le plaisir ou la douleur, ou bien ce qui est cause du plaisir et de la douleur que nous sentons [1] ». La vertu n'est donc pas quelque chose d'estimable « en soi »; elle n'a de valeur que par le bien qu'elle procure aux hommes : « elle n'est, dit Locke, si généralement approuvée que parce qu'elle est utile ». Ce sont là des principes, comme on voit, tout spinozistes. Il est vrai que, à la différence de l'auteur de l'*Éthique*, Locke semble admettre l'existence d'un libre arbitre. « Ayant le pouvoir de suspendre l'accomplissement de ses désirs, comme il paraît évidemment par l'expérience, l'âme est, en conséquence, en liberté de les considérer tous l'un après l'autre, d'en examiner les objets, de les observer de tous côtés, et de les comparer les uns avec les autres. » Cependant, en d'autres passages, Locke affirme que la question du libre arbitre n'a pas de sens,

---

[1]. *Essai sur l'Entendement*, liv. II, chap. XXVIII, § 5.

que dire : « je suis libre de sortir » ne signifie autre chose que : « j'ai la clef de mon appartement dans ma poche ». Mais, même dans le passage que nous venons de citer, et dans lequel l'existence du libre arbitre est affirmée, on voit à combien peu de chose il se réduit pour Locke : il ne consiste, selon lui, que dans la faculté de suspendre notre jugement pour donner à la réflexion le temps de prononcer (théorie de la liberté fort analogue à celle de Descartes). Et comme le seul usage que Locke indique de ce libre arbitre, est la destruction des passions mauvaises, il devient évident que, par liberté, Locke n'entend rien de plus que ce que Spinoza entendait par activité de l'esprit, et que sa théorie du libre arbitre n'est, sous un autre nom, que la théorie de Spinoza sur la raison.

Plus loin, c'est encore, malgré les apparences, une théorie spinoziste [1] que Locke soutient, quand il distingue trois sortes de lois morales : la loi divine, qui décide de ce qui est péché ou devoir; la loi civile, qui est la règle du crime ou de l'innocence; la loi philosophique, mesure du vice et de la vertu, qui se confond avec la loi d'opinion ou de réputation, mesure de l'éloge ou du blâme. Spinoza n'avait-il pas dit, lui aussi, que les actions humaines sont susceptibles de trois sortes d'appréciations : celle que portent les individus, en tant que ces actions leur sont utiles ou nuisibles; celle que l'État prononce, en tant qu'elles sont, ou non, conformes aux lois civiles; celle que porte la

---

1. Voir le *Traité théologico-politique*, passim.

Raison, en tant qu'elles sont, ou non, inspirées par des idées claires et distinctes, qu'elles enveloppent, ou non, une tendance à se conformer à l'ordre nécessaire des choses? Il y a plus : après avoir, comme Spinoza, distingué ces trois espèces d'idéal moral, Locke, comme Spinoza encore, les réconcilie en les associant, en les subordonnant l'une à l'autre. Selon Locke il se trouve, par une harmonie naturelle, que nous ne saurions rechercher notre utilité sans travailler en même temps au bonheur de nos semblables, que nous ne saurions parvenir à la suprême béatitude sans nous conformer aux prescriptions de la Divinité; aussi la poursuite bien entendue de l'intérêt personnel satisfait-elle à la fois la loi d'opinion, la loi civile et la loi divine. « L'estime ou le déshonneur, la vertu et le vice, se trouvent partout conformes, pour l'ordinaire, à la règle invariable du juste et de l'injuste, qui a été établie par la loi de Dieu; rien dans ce monde ne procurant et n'assurant le bien général du genre humain, que l'obéissance aux lois que Dieu a imposées à l'homme, et rien au contraire n'y causant tant de misère et de confusion, que la négligence de ces mêmes lois [1]. » Et ainsi, sûrs d'avance que l'obéissance à la loi divine doit, en fin de compte, assurer le bonheur de l'humanité et par là-même notre bonheur propre, nous comprenons qu'il est de notre intérêt véritable de sacrifier un instant à Dieu le plaisir immédiat, pour retrouver par la suite

---

1. *Essai sur l'Entendement*, liv. II, chap. XXVIII, § 12.

une somme de bonheur infiniment plus considérable. Bien plus, comme aucune félicité mondaine ne peut être comparée à la béatitude éternelle, nous comprenons que notre bien suprême, c'est le bonheur des élus dans l'éternité. Nous sommes, de cette façon, amenés peu à peu, par la règle même de l'intérêt, à sacrifier le plaisir présent au devoir, le bonheur terrestre à la béatitude future. La règle utilitaire, la règle morale par excellence, c'est donc l'obéissance à la loi divine. Qui ne voit que, sauf le sacrifice de la vie présente à la vie éternelle [1], ces principes sont ceux de Spinoza? L'unité des principes d'action, leur réduction à la règle de l'intérêt individuel, leur subordination au principe de l'amour de Dieu, telles sont les idées fondamentales de l'éthique de Locke, comme de l'éthique de Spinoza.

Nous avons eu soin de faire remarquer, au début de ce chapitre, que ces ressemblances entre Locke et Spinoza sont moins le fait d'une imitation que d'une rencontre. L'esprit utilitaire de la nation anglaise, joint au tempérament religieux de Locke, suffisent à expliquer l'utilitarisme chrétien de ce philosophe, sans qu'on ait à y voir une influence de Spinoza. Mais il est vraiment curieux que ces deux cartésiens dissidents se soient, sans guère se connaître, si généralement rencontrés. Cela a même d'autant plus d'importance que,

1. Chez Spinoza, ce sacrifice n'avait aucune raison d'être, puisque, comme nous l'avons montré (Ire partie, chap. xi), la vie éternelle n'est, pour l'auteur de l'*Éthique*, que la vie présente élevée, agrandie, portée à son plus haut point d'intensité et de perfection.

les doctrines de Locke s'étant fort répandues en France (grâce surtout à Voltaire) au xvIIIᵉ siècle, leur ressemblance avec les théories morales de l'*Éthique* ne dut pas peu contribuer à rendre celles-ci intelligibles aux lecteurs de cette époque. Et si précisément la métaphysique de Spinoza fut, au siècle de l'Encyclopédie, dédaignée par ceux-là mêmes qui reproduisaient certains des principes de sa morale, n'est-ce pas, en partie tout au moins, parce que Locke, adversaire de la métaphysique *a priori*, en avait détourné les esprits, tandis que, imbu des principes de la morale utilitaire, il frayait la voie à des doctrines analogues ?

Mais, si Locke servit ainsi, dans une certaine mesure, à favoriser, dans la France du xvIIIᵉ siècle, la diffusion des idées spinozistes, il n'eut pas, chose curieuse, la même influence dans son propre pays. Spinoza fut peu connu, et fort méprisé généralement, par les successeurs anglais de Locke. Berkeley ne cite qu'en passant les « folles imaginations de Vanini, Hobbes et Spinoza »; il méprise « ce moderne athéisme, que ce soit celui de Hobbes, Spinoza, Collins, ou qui vous voudrez ». Dans l'Alciphron [1], il dit que les définitions de Spinoza sont d'ordinaire trompeuses et à double entente, et il cite comme exemple la définition donnée du droit par Spinoza : « le droit est un pouvoir naturel ». Ainsi Berkeley tient Spinoza en médiocre estime. Mais du moins l'avait-il lu; ce qu'on ne saurait affirmer de Hume, lequel d'ailleurs était peu curieux,

---

1. *Septième Dialogue*, § 29.

et n'eût sans doute pas cité Spinoza, même s'il l'avait connu, afin de ne pas paraître sectateur d'un auteur aussi décrié [1]. Car Spinoza était naturellement en butte aux plus violentes attaques de la part des écrivains religieux. En 1678, Ralph Cudworth avait prétendu réfuter Spinoza dans un paragraphe méprisant de son *True intellectuel System of the Universe.* Cette critique surtout théologique fut reprise et continuée par des auteurs moins connus, tels que Mathias Earbery (*Deis m Examined*, 1697) et John Howe (*the Living Temple*). — A son tour, Clarke (*Boyle Lectures*) reproche amèrement à Spinoza sa théorie de la substance, et sa négation de la finalité ainsi que du libre arbitre. Le même Clarke écrit sa *Démonstration de l'existence et des attributs de Dieu,* contre « Hobbes, Spinoza et leurs sectateurs ». Plus tard, il dirige contre les mêmes auteurs la morale religieuse de son *Discours sur les devoirs immuables de la religion naturelle.* — Ramsay, enfin, dans ses *Philosophical principles of natural and revealed religion* (1748), réfute le déterminisme de Spinoza. — Mais le plus curieux ouvrage de cette série est un court pamphlet d'Alexander Innes, dirigé contre l'hédonisme et l'utilitarisme de Mandeville, et intitulé « Αρετη-λογια, ou recherche sur l'origine de la vertu morale; où les fausses théories de Machiavel, de Hobbes, *de Spinoza,* et de M. Bayle, telles qu'elles sont réunies et rédigées par l'auteur de

---

[1]. Et pourtant nous avons déjà relevé (chap. II et XI) l'analogie des idées de Hume avec les idées de Spinoza sur la constitution de l'esprit humain.

la fable des Abeilles (Mandeville), sont examinées et réfutées ; et où la nature et le caractère d'obligation, éternels et inaltérables, de la vertu morale, sont établis et revendiqués » (Westminster, 1728). Il n'est pas question de Spinoza dans l'ouvrage, non plus d'ailleurs que de Hobbes et de Bayle, mais le titre suffit à prouver qu'on se servait du nom de Spinoza comme d'une sorte d'épouvantail, qu'on le considérait comme un écrivain abominable, ayant professé en matière morale toutes sortes d'opinions fausses et dangereuses au premier chef; et qu'il suffisait que quelqu'un passât, comme Mandeville, pour disciple de Spinoza, pour qu'il fût immédiatement discrédité, honni, méprisé, tenu pour imposteur et scélérat.

Mais du moins il semblerait que Spinoza, s'il était aussi maltraité par les écrivains orthodoxes, dût être en grande vénération parmi les rares penseurs athées que comptait alors l'Angleterre. Rien, en réalité, n'est moins certain. Ces écrivains ne parlent jamais de lui qu'avec mépris [1] ; il est vrai que c'est probablement une tactique, destinée à détourner de leur auteur le reproche de spinozisme. Seul, Toland fait exception à cette règle : dans la IVe de ses *Lettres philosophiques* [2], il déclare que Spinoza fut « sobre; rigide observateur des lois de son pays; entièrement dégagé de la passion d'acquérir des richesses (§ 3) », encore qu'il eût l'ambition d'être un chef d'école (§ 5). Mais il réfute la métaphysique de Spinoza, à laquelle il reproche notam-

1. Voir le livre de M. Pollock sur Spinoza, dernier chapitre.
2. Nous citons d'après la traduction française (Londres, 1768).

ment de rendre inexplicable le mouvement dans la nature ; il n'admet pas non plus sa morale, et pense que l'*Éthique* détruit la responsabilité humaine, en faisant de Dieu l'auteur véritable des crimes (§ 15). Ainsi les écrivains athées eux-mêmes — lors même que, comme A. Collins, ils suivraient de bien près Spinoza dans leur revendication de la liberté de penser [1] — se défendent d'admirer et de continuer l'auteur de l'*Éthique*. Tant était grand le préjugé qui leur défendait de dévoiler et d'affirmer leurs véritables sympathies !

Peut-être s'attend-on à trouver plus d'équité et de bonne foi chez des écrivains indépendants, dont les principes sont différents de ceux de Spinoza, sans qu'eux-mêmes aient intérêt à le décrier. Mais ceux-là, pour la plupart, ignorent l'*Éthique*. Nous ne voyons pas que Spinoza soit connu par des auteurs comme Hutcheson ou Shaftesbury, ou encore comme Adam Smith, dont les systèmes sont d'ailleurs si contraires au sien, puisque ceux des deux premiers s'appuient sur le sens moral et celui d'Adam Smith sur la sympathie [2]. Chez Hartley et chez Paley, on retrouverait peut-être quelque chose qui rappellerait Spinoza : une théorie de l'intérêt personnel à laquelle se superpose une apologie de l'amour de Dieu et de l'amour de l'humanité ; on pourrait même remarquer la curieuse

---

1. *Discours sur la liberté de pensée*, traduit et examiné par Crouzas (Londres, 1766).
2. Voir pourtant, dans notre chapitre VII, quelques propositions de Spinoza qui font penser à Adam Smith.

analogie qui existe entre la théorie de Spinoza relative aux habitudes rationnelles qu'il convient de prendre, et la théorie de Hartley sur la formation des habitudes morales et du caractère. Mais ce ne sont là que des analogies, et nous ne les croyons pas assez profondes pour y voir la trace d'une influence véritable de l'*Éthique*. Un peu plus tard, Gibbon citera Spinoza dans ses observations critiques sur le sixième livre de l'*Énéide*; et Dugald Stewart lui consacrera quelques pages, assez médiocrement intéressantes d'ailleurs, dans la première dissertation préliminaire de l'*Encyclopoedia Britannica*. Mais tout cela ne témoigne pas d'une connaissance bien intime de Spinoza, encore moins d'un attachement réel aux doctrines de ce penseur. L'Angleterre fut toujours un pays trop peu tourné vers les spéculations de la métaphysique pour pouvoir comprendre exactement — à de rares exceptions près — la théorie d'un auteur dont toute la force réside dans sa puissance d'abstraction métaphysique. La France à cet égard était mieux partagée; et c'est pour cela que les théories de Spinoza y eurent toujours plus de succès qu'en Angleterre. Les penseurs français du XVIII° siècle n'étaient point des métaphysiciens : de là vint qu'ils ne comprirent jamais Spinoza qu'imparfaitement. Mais ils héritaient d'un siècle qui avait été celui de la haute métaphysique : et de là vint qu'ils purent comprendre quelque chose de Spinoza.

CHAPITRE XX

BAYLE ET BOULAINVILLIERS
LA SOCIÉTÉ FRANÇAISE AU XVIIIe SIÈCLE

C'est à Bayle que revient, pour la plus grande part, le mérite d'avoir fait connaître au public français du XVIIIe siècle la doctrine de Spinoza. Dans son célèbre article du *Dictionnaire philosophique*, où il n'expose guère de Spinoza que la métaphysique, il se livre contre l'auteur de l'*Éthique* à une polémique sur la sincérité de laquelle on a discuté, mais qui nous paraît, en somme, fort naturelle : quoi d'étonnant, si ce sceptique déterminé maltraite un dogmatiste aussi convaincu que Spinoza, et ne lui réserve guère moins de critiques qu'à ses adversaires chrétiens? L'article de Bayle, sans être d'une véritable profondeur, était du moins clair, exact, et suffisamment complet. Il fit connaître à beaucoup de gens Spinoza, que presque personne n'allait lire dans son « grimoire latin ». Diderot le copia plus tard dans l'*Encyclopédie*, et c'est par ces deux dictionnaires que Spinoza survécut. Dès l'article de Bayle, sa réputation fut faite : un personnage de haute vertu — Bayle l'avait dit, — mais un métaphysicien abstrus et peu intelligible ; telle sera, pour le XVIIIe siècle, la physionomie de Spinoza.

L'article de Bayle semble avoir fait de bonne heure sensation. Car, au début du XVIIIe siècle, les écrivains religieux se croient obligés de renouveler contre Spinoza les anathèmes dont l'avaient chargé leurs prédécesseurs. Massillon déclame contre lui, dans son sermon « des doutes sur la religion »; Fénelon, nous l'avons déjà dit, le condamne. Le cardinal de Polignac va jusqu'à le réfuter en vers latins, comme il l'avait fait pour Lucrèce; le cardinal de Bernis le réfute en vers français. L'abbé Pluquet le combat à son tour, et s'attire les railleries de Voltaire [1]. Tout cela faisait maudire Spinoza par les âmes pieuses, mais répandait son nom et sa doctrine, et le rendait cher, par avance, à un siècle athée.

Bientôt on eut mieux, pour le connaître, que le simple article de Bayle. Un spinoziste convaincu, le comte de Boulainvilliers, avait composé un abrégé français de l'*Éthique*, en deux parties : la première résumant la métaphysique; la seconde, la morale de Spinoza. Il n'osa pas le publier sous le titre de « abrégé de Spinoza », et voulut le faire paraître sous le nom de « réfutation ». Son intention, disait-il dans sa pré-

---

1. Voltaire, *les Systèmes*, note. Édit. Moland, t. X.

face, avait été de démasquer les odieuses doctrines de Spinoza; il avait donc commencé par les résumer, et il en aurait ensuite écrit la critique, s'il s'était trouvé assez de génie pour la composer; mais, ne se croyant pas capable de le faire, il laissait cette œuvre à accomplir à un plus digne, espérant bien que « après avoir montré le poison, quelqu'un viendrait, qui donnerait l'antidote ». Toutefois, même avec cette prudente réserve, il n'eut pas le courage de livrer son travail à l'impression. L'ouvrage ne parut qu'après la mort de l'auteur, en 1731, et, suivant une indication probablement mensongère du titre, à Bruxelles. Il était accompagné des critiques de Spinoza faites par Fénelon et par Lamy, et le livre portait le titre général de *Réfutation des erreurs de Spinoza*. L'édition aurait-elle été faite à la demande de Boulainvilliers, désireux d'abriter, même après sa mort, son exposé de Spinoza sous le couvert de ces deux réfutations peu suspectes, et de prouver ainsi la sincérité de ses intentions? Ou bien serait-elle l'œuvre d'un pieux, mais naïf éditeur, qui, trompé par le nom de « réfutation » adopté par Boulainvilliers, aura joint innocemment son travail à ceux de Lamy et de Fénelon, sans se douter qu'il introduisait ainsi l'ennemi dans la place, et glissait, dans le remède qu'il offrait au public, un « poison » plus fort que l' « antidote » qu'on lui opposait? Toujours est-il que la traduction abrégée de Boulainvilliers fit fortune : quoiqu'elle affaiblît le texte en le résumant, ou parfois en le délayant, elle aida fort à la notoriété de Spinoza. C'est elle qu'a en vue Voltaire, quand il écrit : « Il n'y a peut-être pas dix hommes qui aient lu Spinoza d'un bout à l'autre, bien qu'on l'ait récemment traduit en français », ce qui n'est qu'une boutade. C'est elle encore que cite ou que copie Voltaire chaque fois qu'il veut parler de Spinoza : on s'en aperçoit assez à l'inexactitude de son langage. Comme d'ailleurs le *Traité théologico-politique* avait été traduit en français dès 1678, sous ce titre étrange : *la Clef du Sanctuaire*, les lecteurs français, grâce à Boulainvilliers, purent lire tout ce qu'il y avait d'essentiel dans Spinoza. Ils ne le lurent que dans une assez méchante traduction, qui n'avait aucun des mérites de hauteur, de force et de concision de l'original latin. Mais auraient-ils été bien capables de saisir et d'apprécier ces qualités de l'original? En abaissant Spinoza, Boulainvilliers le mit à la portée d'un siècle pour qui les hautes spéculations étaient devenues lettre morte. Il lui permit par là de sortir du décri où était tombé, depuis l'importation des idées anglaises par Montesquieu et par Voltaire, tout ce qui touchait à Descartes, et l'empêcha d'être totalement méconnu.

Sur la société française proprement dite, Spinoza fut loin d'avoir une influence comparable à celle que Descartes, par exemple, avait exercée au siècle précédent. On avait vu jadis des salons cartésiens; on ne vit pas de salons spinozistes. La doctrine de Spinoza — nous avons montré par quelles causes [1] — ne put jamais avoir une action de ce genre. Il put être à la

---

1. Chap. xv.

mode de louer Spinoza, d'opposer sa vie vraiment admirable aux vies de saints que citait l'Église, comme ses doctrines aux enseignements du dogme officiel. Mais nulle part, dans « le monde », il n'y eut une véritable connaissance de Spinoza. Comme au XVII° siècle, on le croyait un athée épicurien, et c'est pour cela que certains se réclamaient de lui et le portaient aux nues, qui jamais peut-être n'avaient ouvert l'*Éthique*. En somme, et suivant un mot fort juste, cette fois, de Voltaire, Spinoza, dans la société française du XVIII° siècle, fut « moins lu que célébré [1] ». — Et d'ailleurs, si les contemporains de Voltaire eussent pu, en plus grand nombre, lire et même comprendre Spinoza, il nous paraît plus que douteux qu'ils eussent approuvé les tendances de sa morale. Les hommes du XVIII° siècle, en effet, admettent bien l'utilitarisme de Spinoza, mais le plus souvent ils négligent d'y adjoindre l'amour de Dieu, qui dans l'*Éthique* le complète et le couronne. Il est vrai que, comme Spinoza, ils croient que l'homme ne peut faire son bonheur qu'en assurant celui de ses semblables, car ils ont, à défaut d'autre culte, le culte de l'humanité. Mais Spinoza voyait là une proposition rationaliste, une conséquence nécessaire du lien métaphysique des hommes entre eux; le XVIII° siècle, au contraire, en fait une « vue du cœur », une vérité de sentiment : c'est par la sympathie naturelle, non par la réflexion, que les hommes de ce temps se déclarent « amis de l'humanité ». Chez

---

1. *Les Systèmes.*

Spinoza, c'était l'intelligence qui faisait tout ; au XVIIIe siècle, il semble au contraire que la sensibilité, pour ne pas dire la sensiblerie, doive guider toute la vie humaine.

Mais, si tels sont les principes qui dirigent les gens du monde, peut-être en trouvera-t-on d'un peu différents chez les esprits plus élevés qui honorent ce siècle, chez tous ceux qui se parent alors du titre de « philosophes ». En effet, si l'on examine de près cette école « philosophique », on y trouve une tendance tout opposée à celle du public, un rationalisme exagéré à côté du sentimentalisme de la foule ; et c'est par là que ces « philosophes » se rapprochent de Spinoza. Tous ces penseurs croient que la raison peut tout, que sa domination doit pratiquement s'étendre à toutes choses, qu'il faut réformer l'État et le monde d'après un plan purement rationnel. De là les systèmes de politique abstraits qu'ils construisent, Rousseau (grand sentimental pourtant) tout le premier ; or rien n'est plus voisin de ces systèmes que ceux dont le *Traité politique* nous donne les linéaments. Dans les uns comme dans les autres, on retrouve la chimère platonicienne de l'État tout entier gouverné par la raison, de l'État idéal. De ce rationalisme à outrance vient aussi l'attitude, si spinoziste, que prennent ces « philosophes » à l'égard de leurs adversaires : tolérance entière pour les hommes, intolérance absolue pour les idées. Voltaire dit qu'il ne faut brûler personne pour ses opinions, comme Spinoza avait dit qu'il faut laisser chacun maître de sa pensée dans les limites de la sécurité publique. Mais Voltaire traite de fous ou d'imposteurs ses adversaires, se sachant certain, lui, de posséder la vérité, comme Spinoza qui déclarait sans colère « qu'il ignorait si son système était le meilleur, mais savait bien qu'il était le vrai [1] ». Ainsi Spinoza et les philosophes du XVIIIᵉ siècle sont parfaitement d'accord sur la question du rationalisme, et sur les conséquences pratiques qu'il entraîne. Peut-être n'est-ce pas une rencontre fortuite, et faut-il penser, ou bien qu'il y a là quelque action directe de Spinoza, ou bien, ce qui paraît plus probable, que les écrivains du XVIIIᵉ siècle, élevés dans les idées cartésiennes, ont gardé les tendances de Descartes en le reniant, et qu'ils sont ainsi (comme l'a récemment soutenu un éminent critique [2]), bien plus que leurs aînés du XVIIᵉ siècle, les vrais fils de Descartes et les frères authentiques de Spinoza.

Quoi qu'il en soit, ces écrivains se divisent nettement, au point de vue de l'histoire des idées spinozistes, en deux groupes. Les uns, ce sont les penseurs les plus éminents du siècle, Montesquieu, Jean-Jacques Rousseau, Voltaire, Diderot, d'Alembert, Condillac, n'ont avec Spinoza que des rapports en quelque sorte accidentels : on ne sent pas chez eux la trace d'une parenté bien étroite avec l'auteur de l'*Éthique*. Les autres, au contraire, sont certainement de la famille

---

1. Lettre à Albert Burgh : « *an optimam philosophiam invenerim nescio; veram invenisse scio* ».
2. Ferdinand Brunetière, « Cartésiens et jansénistes », dans la *Revue des Deux Mondes* (1888).

de Spinoza; ils sont moins connus, mais ils ont aussi leur influence : ce sont Helvétius, d'Holbach, La Mettrie, Saint-Lambert, sans oublier la petite phalange, issue directement du philosophe de la Haye, que composent, avec le bon abbé Sabatier de Castres, ces deux panthéistes aujourd'hui obscurs, Dom Deschamps et Robinet. — Ce sont ces deux groupes que nous allons successivement étudier.

CHAPITRE XXI

LES PHILOSOPHES FRANÇAIS DU XVIIIᵉ SIÈCLE

Si, parmi les grands esprits du XVIIIᵉ siècle qui ont connu l'œuvre de Spinoza, nous citons Montesquieu, ce n'est pas qu'il nous paraisse que l'illustre auteur de l'*Esprit des Lois* ait le moins du monde subi l'influence de Spinoza. Mais de son temps, cette accusation fut lancée contre lui par des critiques malveillants. Il prit soin lui-même, d'ailleurs, de la repousser, dans la *Défense de l'Esprit des Lois*. Il y déclare avec preuves à l'appui, qu'il a, au contraire, défendu toujours contre le fatalisme la croyance à la Providence, et soutenu, contre Hobbes et Spinoza, que les rapports de justice et d'équité sont antérieurs à toute loi positive. En un mot, donc, Spinoza ne peut aucunement passer, quoi qu'on en ait dit, pour avoir inspiré, si peu que ce soit, l'œuvre morale et l'œuvre politique de Montesquieu [1].

---

[1]. Montesquieu du reste semble avoir lu Spinoza, car il écrit, dans la 59ᵉ lettre persane : « On a fort bien dit que, si les

Nous ne voyons pas non plus, malgré des analogies apparentes, que Spinoza ait exercé une bien profonde action sur Jean-Jacques Rousseau. Sans doute Rousseau, comme Spinoza, semble réduire l'amour du bien à l'amour de notre propre perfection, et même, en un remarquable passage, à l'intérêt individuel : « Il est certain, a-t-il écrit, que faire le bien pour le bien, c'est le faire pour notre propre intérêt, puisqu'il donne à l'âme une satisfaction intérieure, un contentement d'elle-même, sans lequel il n'y a pas de vrai bonheur [1] ». Sans doute aussi Rousseau adopte — en la développant singulièrement — la théorie spinoziste du contrat social, et comprend, à peu près comme Spinoza, les droits et les devoirs réciproques de l'État et des sujets. Mais ces ressemblances, disons-nous, ne sont pas essentielles, et, pour qui va au fond des choses, les principes des deux doctrines sont bien différents. Si tant est que Jean-Jacques ait, en morale, des théories bien arrêtées, ses théories seraient, à notre avis, presque l'opposé de celles de Spinoza. Spinoza ne prêche d'ordinaire que l'intérêt ; Rousseau, que le désintéressement. L'un condamne, l'autre exalte la sensibilité et le sentiment. L'un n'admet ni le devoir, ni la liberté ; l'autre proclame leur réalité. Spinoza déclare que la vie sociale est la plus favorable au bonheur et à la moralité de l'homme ; pour Rousseau, au contraire —

---

triangles faisaient un Dieu, ils lui donneraient trois côtés ». L'auteur qu'il cite ne peut être que Spinoza. (Voir *Lettres de Spinoza*, édit. Van Vloten, lettre LX.)

1. Lettre à d'Offreville, 4 octobre 1761.

et c'est un de ses principes fondamentaux, — la société corrompt l'homme : né bon, il ne peut le demeurer que s'il est élevé selon la loi de nature. L'opposition des deux systèmes saute aux yeux. Rousseau d'ailleurs, quand il en a eu l'occasion, n'a pas manqué de rejeter toute parenté avec Spinoza. N'a-t-il pas écrit à un ami, panthéiste déclaré, que « s'il découlait quelque morale du système de Spinoza, elle serait purement spéculative, et n'admettrait pas de lois de pratique[1] »? Comment donc lui-même aurait-il voulu s'inspirer d'une morale qu'il jugeait si incomplète? Il y a plus : dans sa lettre à Christophe de Beaumont, l'auteur d'*Émile* et du *Contrat social* oppose son malheur et ses intentions pures à la félicité constante dont fut accompagné l'athéisme de Spinoza. Est-ce là le langage d'un disciple? et n'y faut-il pas voir, à l'inverse, l'indignation d'un adversaire? J.-J. Rousseau nous paraît donc, en somme, n'avoir, pour sa morale tout au moins, nullement été à l'école de Spinoza : leurs deux éthiques n'ont guère de rapports, et, si elles en avaient, ce serait toute autre chose, croyons-nous, que des rapports cordiaux.

Nous serions plutôt portés à chercher le spinozisme chez Voltaire. Non que cet esprit facile, mais peu profond en somme, rappelle le puissant esprit de Spinoza. Mais Voltaire connaissait Spinoza, comme il connaissait toutes choses, et il en parlait volontiers. Il ne lui

---

1. Lettre à Dom Deschamps, 8 mai 1761. Citée par Beaussire, *Antécédents de l'hégélianisme*, p. 148.

attribuait, il est vrai, ni beaucoup de génie philosophique — Spinoza lui semblait un cartésien plus brumeux encore que Descartes, — ni même beaucoup de sincérité : n'a-t-il pas dit que Spinoza ne maintenait dans son système le nom de Dieu « que pour ne pas trop effaroucher les hommes [1] »? Mais il aimait à rappeler la haute vertu de Spinoza, en l'opposant à ses erreurs métaphysiques ; apparemment pour prouver qu'on pouvait être un homme de bien hors de la religion révélée. Quelle appréciation il portait sur la morale théorique de Spinoza, c'est ce qu'il est assez difficile de déterminer. D'une part, il trouvait le *Traité théologico-politique* « le plus bel ouvrage de Spinoza » [2], semblant par là faire assez peu de cas du métaphysicien et du moraliste de l'*Éthique*; mais cette tendresse pour l'exégète du *Traité théologico-politique* ne vient-elle pas simplement du plaisir que trouvait Voltaire à le voir attaquer l'autorité de la Bible, et peut-on sérieusement en conclure que tout le reste de l'œuvre de Spinoza déplût à Voltaire? De même, dans *le Philosophe ignorant*, après avoir montré quelles erreurs Spinoza commet en métaphysique, Voltaire ajoute que « par là il ruine tous les principes de la morale, tout en étant lui-même d'une vertu rigide »; mais c'est une critique volontairement peu solide, que celle qui porte ainsi après soi son correctif immédiat. Tout au contraire, il y a dans l'œuvre de

1. Lettres à Son Altesse le prince de ***, 1767. Édit. Moland, *Mélanges*, t. V, p. 523.
2. *Lettre sur Spinoza*.

Voltaire un fort curieux passage [1], où il met la théorie de l'amour de Dieu, chez Spinoza, en comparaison avec la théorie analogue qu'on rencontre chez Fénelon, et juge que la doctrine du philosophe panthéiste n'est pas inférieure à celle du prélat chrétien. On en pourrait, semble-t-il, conclure que Voltaire, dont on sait l'estime pour Fénelon, a voulu relever aux yeux de son siècle le système moral, si attaqué par les orthodoxes, de Spinoza; mais rien ne nous dit que, en faisant cette comparaison — si ironique à l'adresse de l'archevêque de Cambrai, qui avait réfuté Spinoza, — Voltaire n'ait pas uniquement voulu donner un coup de griffe, en passant, à la morale de l'Église. Donc, avec un écrivain aussi élastique, aussi insaisissable que Voltaire, dont chaque phrase presque peut s'interpréter en deux ou trois sens différents, le mieux est de ne pas trop presser ce qu'il a pu dire de Spinoza, car on ne trouverait dans ses jugements que discordance et confusion. Le plus clair et le plus simple de ces jugements, celui qui paraît résumer le moins imparfaitement tous les autres, c'est encore celui-ci : « Plaignons l'aveuglement de Benoît Spinoza, et imitons sa morale. Étant plus éclairés que lui, soyons, s'il se peut, aussi vertueux [2]. » Mais que d'obscurités même dans cette phrase! Si nous voulons vraiment savoir ce que Voltaire pensait de la morale de Spinoza, renonçons à bien pénétrer les jugements qu'il en a portés, et tâchons de saisir sa véritable impression,

1. *Dictionnaire philosophique*, art. Dieu, section III.
2. *Questions sur les miracles*, première lettre.

non dans ce qu'il a dit explicitement de l'*Éthique*, mais dans ce que laissent deviner les principes de sa propre morale. Or, la morale de Voltaire est, avant tout, humanitaire ; son désir essentiel, c'est d'assurer la paix et la bienveillance mutuelle entre les hommes : « ne faites pas à autrui ce que vous ne voudriez pas qu'on vous fît », voilà, assure-t-il [1], la règle universelle du juste et du bien. Il y a plus : le mérite ne saurait se trouver que dans l'accomplissement d'actes utiles à la société : « la vertu est ce qui est utile au bien commun [2] ». « Il n'y a que deux choses qui méritent d'être aimées pour elles-mêmes : Dieu et la vertu. Qu'est-ce que la vertu ? Bienfaisance envers le prochain [3]. » Si cette doctrine s'écarte beaucoup, assurément, de la théorie primitive de Spinoza, fondée exclusivement sur l'intérêt immédiat de l'individu, elle s'écarte beaucoup moins de la théorie définitive, celle où Spinoza recommandait à l'homme, comme guides de sa conduite, l'obéissance à l'ordre et la recherche du bonheur de la société. En donnant un peu plus à l'humanité et un peu moins à Dieu, Voltaire n'est pas très loin, cependant, des conclusions auxquelles arrivait Spinoza. Le point de départ est différent, le point d'arrivée est presque le même. Seulement les considérations qui mènent de l'un à l'autre sont pour Spinoza métaphysiques ; elles sont exclusivement psychologiques chez Voltaire. La méthode des deux

1. *Réflexions sur les « Pensées » de Pascal.*
2. *Éléments de la philosophie de Newton.*
3. *Dictionnaire philosophique*, art. Vertu.

penseurs est opposée, plutôt que leurs conclusions. Mais cela suffit pour qu'on ne puisse pas voir, dans Voltaire, un disciple véritable de Spinoza.

Notre conclusion sera à peu près la même, en ce qui concerne Diderot et d'Alembert. Diderot connaît l'œuvre de Spinoza; il lui consacra même, dans l'*Encyclopédie*, un long article, trop inspiré de Bayle il est vrai, et exclusivement rempli par des considérations métaphysiques. Mais sa morale n'a nullement les mêmes bases que celle de Spinoza. Comme Jean-Jacques Rousseau, Diderot fait reposer l'éthique sur le désintéressement. Il est vrai que, à ses yeux, faire le bien de nos semblables — ce qui est toute la vertu — est en même temps assurer notre bien personnel véritable. « L'homme, écrit-il, est intègre ou vertueux, lorsque, sans aucun motif bas ou servile, tel que l'espoir d'une récompense ou la crainte d'un châtiment, il contraint toutes ses passions à concourir au bien général de son espèce : effort héroïque, et qui toutefois n'est jamais contraire à ses intérêts particuliers[1]. » Ainsi, pour Diderot, l'altruisme n'est pas contraire à l'égoïsme, mais c'est l'altruisme qui est le premier moteur de nos actions, et le seul qui ait une valeur morale : principe directement contraire à celui de Spinoza. — Mais cette opposition des principes va ensuite en diminuant, et, dans le reste de son éthique, Diderot parle presque comme Spinoza. C'est la raison qui doit gouverner, à ses yeux, toute la vie morale :

1. *Essai sur le mérite et la vertu*, discours préliminaire. — Voir aussi l'article Vertu de l'*Encyclopédie*.

« le mérite et la vertu dépendent d'une connaissance de la justice et d'une fermeté de raison, capables de nous diriger dans l'emploi de nos affections [1] ». De même, pour Diderot comme pour Spinoza, ce n'est que en travaillant au bien général de l'humanité que l'individu peut assurer son propre bien-être : « les affections sociales sont seules capables de procurer à la créature un bonheur constant et réel [2] »; et, comme la vertu consiste précisément dans le sacrifice de nos passions aux affections sociales, « l'homme ne peut être heureux que par la vertu [3] ». Enfin, quoique avec moins de chaleur, et peut-être même uniquement par prudence, Diderot place, comme Spinoza, la souveraine béatitude de l'homme dans la connaissance de Dieu : « On ne peut, dit-il, atteindre à la perfection morale, arriver au suprême degré de la vertu, sans la connaissance du vrai Dieu [4] ». — En résumé, Diderot arrive, par une voie différente, à peu près aux mêmes prescriptions que Spinoza; seulement, comme Voltaire et même plus que celui-ci, il accentue dans son éthique les théories sociales et humanitaires, et il admet, comme procurant le bonheur individuel, mais non comme se confondant avec lui, une vertu désintéressée.

Comme tous les moralistes du XVIII° siècle, d'Alembert se propose surtout de concilier l'intérêt individuel

---

1. *Essai sur le mérite et la vertu,* liv. I, partie II, section 4.
2. *Id.,* liv. II, partie I, section 1.
3. *Id.,* conclusion.
4. *Id.,* liv. I, partie III, section 3.

avec l'intérêt général. Il n'est point fort éloigné de Spinoza quand il déclare, tout au début des chapitres de ses *Éléments de Philosophie* consacrés à la morale, que « les préceptes de la morale tendent à nous procurer le plus sûr moyen d'être heureux, en nous montrant la liaison de notre véritable intérêt avec l'accomplissement de nos devoirs ». Sur cette question fondamentale, d'Alembert est même beaucoup plus d'accord avec Spinoza que ne l'était Diderot; puisque, pour lui, le fait primordial de la morale, c'est la recherche de notre propre utilité. C'est de l'égoïsme qu'il fait, d'une manière assez bizarre, sortir le désintéressement, qui devient ainsi, pour l'individu, le meilleur moyen d'être heureux, le plus habile de tous les calculs : « l'amour éclairé de nous-même est le principe de tout sacrifice moral ». Mais, sur ces prémisses, assez conformes aux doctrines de l'*Éthique*, d'Alembert élève une théorie qui, en divers points, est en désaccord formel avec celle de Spinoza. D'abord, il arrive bien vite à déplacer le point de vue fondamental de la morale, à substituer l'intérêt commun à l'intérêt personnel; c'est ainsi qu'il écrit : « le mal moral est ce qui tend à nuire *à la société*, en détruisant le bien-être physique de ses membres ». De plus, il accorde à l'homme le libre arbitre : si l'homme n'est pas libre, dit-il excellemment, les châtiments que lui inflige la société peuvent être utiles, ils ne sont plus justes. Enfin, Spinoza professait que les passions doivent être converties en affections actives, tendant à réaliser la perfection de celui qui les éprouve; pour d'Alembert, les passions doivent être conservées, et simplement subordonnées à l'amour de l'humanité; ici encore, le principe de l'intérêt social s'est substitué au principe du bonheur individuel. — Somme toute, tandis que Diderot partait d'un principe de désintéressement opposé à celui de Spinoza pour en tirer des conséquences analogues à celles que l'*Éthique* proclame, la morale de d'Alembert, à l'inverse, a le même fondement utilitaire que celle de Spinoza, mais les conclusions des deux doctrines sont sensiblement différentes. Par suite, ni Diderot ni d'Alembert ne sont assez en conformité de vues avec Spinoza pour qu'on puisse faire d'eux des élèves du sage de la Haye.

Pour Condillac, s'il exerça, comme psychologue et logicien, une influence considérable sur la fin du XVIIIe siècle, il n'eut jamais, comme moraliste, qu'une médiocre importance. Aussi ne nous appesantirons-nous pas sur ses rapports avec Spinoza. Dans son *Traité des Systèmes*, il a réfuté la première partie de l'*Éthique*, et notamment le déterminisme de Spinoza (lui-même est partisan de la liberté morale, à laquelle il consacre une dissertation insérée à la fin de son *Traité des Sensations*). Mais on doit reconnaître que, dans cette réfutation, il n'oppose à l'*Éthique* que des arguments insignifiants, et auxquels lui-même ne paraît pas attacher grande importance. Quant aux parties II, III, IV et V de l'*Éthique*, qui contiennent notamment la morale de Spinoza, Condillac déclare qu'il les a implicitement réfutées en réfutant la Ire partie, dont les quatre autres ne font, dit-il, que développer les principes. On voit qu'il traite assez cavalièrement la morale de Spinoza. Et pourtant, ses propres idées ne sont pas fort différentes de celles qu'on trouve développées dans l'*Éthique*. Lui aussi fait dériver les passions du plaisir et de la peine, n'attribuant, il est vrai, au désir, que cette même origine dérivée[1]. Lui aussi déclare que « le bon et le beau ne sont pas absolus : ils sont relatifs au caractère de celui qui en juge, et à la manière dont il est organisé[2] ». Seulement ces analogies doivent s'expliquer, non par une action de Spinoza, mais par l'action de Locke, dont les principes moraux sont, comme nous l'avons montré, assez voisins, en somme, de ceux de Spinoza. C'est Locke qui est le maître de Condillac, ce n'est nullement Spinoza.

On en peut dire presque autant de tous les philosophes, sauf Rousseau, dont nous venons de parler. C'est de Locke au fond qu'ils s'inspirent, quand ils paraissent s'inspirer de l'auteur de l'*Éthique*. Jamais ils n'ont eu assez de métaphysique pour comprendre Spinoza. Jamais ils n'ont su s'élever, comme lui, au principe transcendant de l'amour de Dieu. Ils se sont toujours bornés à concilier « physiquement », ou, si l'on veut, psychologiquement, le principe de l'amour de soi avec le principe de l'amour d'autrui, sans en chercher, comme Spinoza, l'accord profond et nécessaire dans l'unité des êtres finis au sein de l'Être infini. Aussi, lors même qu'ils semblent se rappro-

---

1. *Traité des Sensations*, Ire partie, chap. II, 4.
2. *Id.*, IVe partie, chap. III, 2.

cher de Spinoza, ils en diffèrent au fond : ce sont des systèmes divergents qui se croisent à un moment donné, mais sans jamais se confondre. Il y a là deux natures d'esprit trop distinctes pour pouvoir jamais entièrement se pénétrer. Les philosophes que nous venons de passer en revue procèdent de l'empirisme de Locke, non du rationalisme transcendant de Spinoza. C'est chez d'autres penseurs, moins éminents écrivains que ceux-là, mais philosophes plus systématiques et plus résolus, qu'il faut chercher la postérité française de Spinoza.

CHAPITRE XXII

LE PANTHÉISME ET LE MATÉRIALISME FRANÇAIS AU XVIIIᵉ SIÈCLE

Les écrivains dont nous avons maintenant à parler appartiennent tous à l'école panthéiste et presque matérialiste qui règne en France depuis le milieu du XVIIIᵉ siècle jusqu'à la Révolution. Tous s'inspirent de Spinoza. A la vérité, ils n'avouent guère, d'habitude, cette filiation. Un seul homme au XVIIIᵉ siècle, l'abbé Sabatier de Castres, se proclame franchement spinoziste. Ce peut paraître un étrange apologiste que l'abbé Sabatier, mais certes c'est un apologiste convaincu et plein d'ardeur. Dans ce siècle, où tous considéraient Spinoza comme un athée, qui aurait, disait-on, détruit le fondement de toutes les religions, l'abbé Sabatier eut le mérite de reconnaître que, au contraire, la doctrine de Spinoza était essentiellement religieuse. Son livre fait pressentir et annonce le grand enthousiasme mystique dont l'Allemagne va bientôt être prise à la lecture de Spinoza. C'est l'*Éthique*, déclare l'abbé Sabatier, qui l'a confirmé et affermi dans sa foi religieuse; c'est à Spinoza qu'il a dû de redevenir chrétien. Aussi est-ce « contre les athées et les incrédules » qu'il prétend défendre le philosophe de la Haye, et c'est contre eux qu'il invoque l'autorité de l'*Éthique*[1]. Mais cet étrange, quoique peut-être bien clairvoyant, apologiste, semble n'avoir guère été écouté, et les disciples les plus connus de Spinoza, au siècle même de l'abbé Sabatier, se trouvent précisément dans le camp de ceux contre lesquels le bon abbé argumentait.

De tous ceux-là, Helvétius est à la fois le plus connu et le moins nettement décidé dans le sens du matérialisme. Sa métaphysique évidemment est encore incertaine; mais sa morale est inspirée par le véritable esprit de l'épicurisme. Aussi tout ce qui, dans l'*Éthique*, se rattache à une théorie utilitaire de la morale, se retrouve-t-il dans les deux livres d'Helvétius : *De l'Esprit* et *De l'Homme*. On y retrouve d'abord, en effet, le déterminisme, que Helvétius affirme tant de l'esprit que de la nature. « Ce qui est, et ce qui sera, écrit-il, n'est qu'un développement nécessaire[2]. » « La liberté, appliquée à la volonté, serait le pouvoir libre de vouloir ou de ne pas vouloir une chose; mais ce pouvoir supposerait qu'il y a des

---

[1]. Le titre du livre de Sabatier de Castres est en effet : *Apologie de Spinoza et du spinozisme contre les athées, les incrédules*, etc. Cet ouvrage parut en 1766, à Paris, et fut réimprimé à Altona en décembre 1805, in-8.
[2]. *De l'Esprit*, discours III, chap. IX.

volontés sans motifs, et par conséquent des effets sans cause. On ne peut donc se former aucune idée de ce mot de liberté, appliqué à la volonté, et il faut la considérer comme un mystère[1]. » Par suite, puisque tous nos actes sont inflexiblement déterminés par des causes, la psychologie et la morale sont des sciences mathématiques. Il faut, dit Helvétius[2], donner à la morale la clarté de la géométrie, et, grâce à de bonnes définitions des mots dont on se sert, assurer en morale comme en géométrie l'accord de tous les hommes. — De même que la liberté, le bien en soi est nié par Helvétius, tout comme par Spinoza : aucune chose, d'après Helvétius, ne peut être dite bonne ou mauvaise, qu'au regard de tel ou tel individu, de tel ou tel État, mais jamais d'une manière universelle, permanente, absolue. — Et ce n'est pas seulement sur cette partie destructive et critique de la morale qu'Helvétius s'accorde avec Spinoza, c'est aussi sur les principes positifs et dogmatiques de son système. Comme l'auteur de l'*Éthique*, en effet, il place à la base de la morale un fait, la tendance de l'être à se conserver, dont il fait sortir, suivant que cette tendance est éclairée ou non, la vertu ou le vice. Seulement, pour Spinoza, l'instinct de conservation était le fait primordial, duquel dérivaient le plaisir, la peine et le désir, et par ceux-ci les autres passions; pour Helvétius, au contraire, l'amour de l'être pour lui-même est un produit du plaisir et de la peine, lesquels se rattachent à un prin-

---

1. *De l'Esprit*, discours I, chap. IV.
2. *De l'Homme*, section II, chap. XVI.

cipe supérieur et seul véritablement primitif, la sensibilité physique. « La sensibilité physique a produit en nous l'amour du plaisir et la haine de la douleur; le plaisir et la douleur ont ensuite déposé et fait éclore dans tous les cœurs le germe de l'amour de soi, dont le développement a donné naissance aux passions, d'où sont sortis tous nos vices et toutes nos vertus [1]. » « L'amour-propre ou amour de soi est un sentiment gravé en nous par la nature; il se transforme dans chaque homme en vice et en vertu, selon les goûts et les passions qui l'animent [2]. » « L'homme est sensible au plaisir et à la douleur physiques; en conséquence, il fuit l'une et recherche l'autre, et c'est à cette fuite et à cette recherche constante qu'on donne le nom d'amour de soi.... Nous lui devons (à cet amour de soi) tous nos désirs, toutes nos passions.... C'est à lui qu'on doit l'étonnante diversité des passions et des caractères. L'amour de nous-mêmes nous fait en entier ce que nous sommes [3]. » C'est cet « amour-propre » qui engendre en nous l'amour du pouvoir, d'où sont dérivées, au dire d'Helvétius, toutes nos autres inclinations. « Chacun, écrit-il, veut commander, parce que chacun voudrait accroître sa félicité, et, pour cet effet, que tous ses concitoyens s'en occupassent.... L'amour du pouvoir, fondé sur celui du bonheur, est donc l'objet commun de tous nos désirs. Aussi les richesses, les honneurs, la gloire,

---

1. *De l'Esprit*, discours II, chap. XXIX.
2. *Id.*, discours I, chap. IV.
3. *De l'Homme*, section IV, chap. IV.

l'envie, la considération, la justice, la vertu, l'intolérance, enfin toutes les passions factices (c'est-à-dire toutes celles qui ne naissent pas des besoins, des douleurs et des plaisirs physiques) ne sont-elles en nous que l'amour du pouvoir déguisé sous ces noms différents. Le pouvoir est l'unique objet de la recherche de tous les hommes[1]. » En résumé, c'est l'amour de nous-mêmes — expliqué à son tour par le plaisir et la douleur, c'est-à-dire par la sensibilité physique, — c'est l'amour de nous-mêmes, autrement dit l'intérêt personnel, qui est le mobile de toutes nos actions, le guide unique de notre conduite; c'est donc lui, conclut Helvétius, qui doit être le principe de toute morale. « La douleur et le plaisir, écrit-il, sont les seuls moteurs de l'univers moral; et le sentiment de l'amour de soi est la seule base sur laquelle on puisse jeter les fondements d'une morale utile[2]. » C'est donc exclusivement en faisant appel à l'égoïsme de l'individu, que les moralistes peuvent prétendre se faire écouter de lui : « en substituant le langage de l'intérêt à celui de l'injure, ils pourraient faire observer leurs maximes[3] ». Et quelle règle les moralistes eux-mêmes doivent-ils suivre ? celle précisément qu'enseignait Spinoza : montrer à l'homme la liaison de ses idées et de ses actions, lui prouver que son plus grand intérêt est de s'instruire, de rendre ses pensées claires et distinctes. Pour agir sur la conduite des hommes,

---

1. *De l'Homme,* section IV, chap. iv.
2. *De l'Esprit,* discours II, chap. xxix.
3. *Id.*, discours II, chap. xv.

il suffira au philosophe de les éclairer : « en guérissant les hommes de leurs erreurs, on les guérirait de la plupart de leurs vices [1] ». Or, dans cette voie, le progrès possible est indéfini ; il n'y a pas de limite assignable au perfectionnement de la moralité. « Tous les hommes ont la puissance physique de s'élever aux plus hautes idées, et les différences d'esprit qu'on remarque entre eux dépendent des différentes circonstances dans lesquelles ils se trouvent placés, et de l'éducation différente qu'ils reçoivent [2]. » Pour donner à tous les hommes cette connaissance de leur vrai intérêt qui doit assurer leur bonheur, il suffira que le législateur prenne de sérieuses mesures pour les bien faire instruire. Helvétius croit à la puissance absolue de l'éducation, et, par l'éducation, du législateur ; ceci encore n'est pas un de ses moindres traits de ressemblance avec Spinoza.

Les bases de la morale et la marche à suivre pour diriger l'homme vers son idéal, sont donc conçues à peu près de la même façon par Spinoza et par Helvétius. Mais la divergence apparaît, quand il s'agit de préciser la nature de cet idéal. Pour Spinoza le souverain bien de l'homme était de se conformer à l'ordre divin, et de contribuer par là au bonheur de l'humanité. Pour Helvétius, qui laisse de côté toute tradition religieuse, il ne saurait plus être question d'amour de Dieu. L'idéal de l'homme, c'est simplement l'union de son intérêt propre et de l'intérêt

---

1. *De l'Esprit*, discours II, chap. XXIX.
2. *Id.*, discours III, résumé.

social; il y doit trouver à la fois, en effet, la vertu et le bonheur. « Un homme est juste, écrit Helvétius, lorsque toutes ses actions tendent au bien public [1]. » « La vertu n'est que le désir du bonheur des hommes; la probité, que je regarde comme la vertu mise en action, n'est, chez tous les peuples et dans tous les gouvernements divers, que l'habitude des actions utiles à la nation [2]. » D'ailleurs, en demandant à l'individu de rechercher en toutes choses le bien de la société, on ne prétend pas lui demander le sacrifice de son bien-être propre : ce serait une prétention ridicule, puisque, nous l'avons vu, on ne peut influer sur l'homme, d'après Helvétius, qu'en intéressant son égoïsme à l'action qu'on lui propose. Ce qu'on conseille seulement à l'individu, c'est de diriger autant que possible sa conduite de telle façon que, en songeant avant tout à ses intérêts, il soit en même temps utile à ses semblables. « L'homme vertueux n'est donc point celui qui sacrifie ses plaisirs, ses habitudes et ses plus fortes passions à l'intérêt public, puisqu'un tel homme est impossible; mais celui dont la plus forte passion est tellement conforme à l'intérêt général, qu'il est presque toujours porté à la vertu [3]. » Mais ce n'est point une tâche facile que d'indiquer les moyens par lesquels peut se faire cette conciliation du bien de l'individu et du bien de la société. Tel est justement, d'après Helvétius, le but

---

1. *De l'Esprit*, discours II, chap. VI.
2. *Id.*, discours II, chap. XIII.
3. *Id.*, discours III, chap. XVI.

que doivent se proposer le moraliste et le législateur :
« l'union de l'intérêt personnel et de l'intérêt général
est le chef-d'œuvre que doit se proposer la morale [1]....
Tout l'art du législateur consiste à forcer les hommes,
par le sentiment de l'amour d'eux-mêmes, à être
justes les uns pour les autres [2]. » — Ainsi est singulièrement restreinte, par Helvétius, la fin élevée que
Spinoza proposait à l'homme : l'auteur de l'*Éthique*
plaçait la félicité de l'individu dans l'amour de Dieu
et dans l'amour de ses semblables; l'auteur du livre
De l'Esprit, philosophe moins original et âme moins
haute, ne garde plus, de ces deux buts de l'activité
humaine, que le second. En faisant dériver l'amour
de soi de la sensibilité, en restreignant à des objets
finis l'effort de l'individu, Helvétius montrait doublement combien il était, en métaphysique, inférieur à
Spinoza. La morale d'Helvétius a presque tous les
défauts de la morale de Spinoza, sans en avoir les
mérites : elle n'est qu'un utilitarisme découronné,
sans métaphysique et sans poésie.

D'Holbach est un philosophe plus profond, un penseur plus systématique qu'Helvétius. L'auteur du
Système de la Nature est, comme on sait, matérialiste
en métaphysique et en morale. Ce n'est nullement,
quoiqu'on dise le contraire d'habitude, un écrivain
sans vigueur et sans mérite. Au contraire, les arguments du matérialisme sont présentés par lui avec
toute la clarté et toute la force dont ils sont suscep-

1. *De l'Esprit*, discours II, chap. XXII.
2. *Id.*, discours II, chap. XXIX.

tibles : aucun écrivain de cette école n'a, à notre connaissance, mieux exposé ces doctrines que d'Holbach. Mais quelques-unes des idées les plus hautes de la métaphysique et de la morale lui échappent. En métaphysique, il donne, comme Spinoza, une théorie exclusivement scientifique de la matière et du mouvement; mais, à la différence de Spinoza, il prétend ramener toute pensée et toute conscience à de simples phénomènes corporels, et il ne voit plus dans l'univers que des modes finis, oubliant l'infinie et éternelle substance dont l'auteur de l'*Éthique* faisait le centre de son système. En morale, de même, il suit d'abord Spinoza dans ses développements utilitaires; mais, sur les questions dernières, il se sépare de lui, et, à la place de la théorie de l'amour de Dieu, il ne laisse plus subsister que la théorie de l'intérêt général. — Tout d'abord, comme Helvétius, et plus fidèlement encore que lui, il suit Spinoza dans la partie critique de son système. « La liberté, dans l'homme, n'est que la nécessité renfermée au dedans de lui-même[1] »; — c'est exactement l'idée de Spinoza. Le déterminisme est d'ailleurs parfaitement compatible avec la liberté — affirme d'Holbach, presque dans les mêmes termes que Spinoza, — puisque nos actions, qu'elles soient déterminées ou non, n'en sont pas moins utiles ou nuisibles à la société, et, par suite, n'en sont pas moins dignes de récompense ou de châtiment[2]. Le libre arbitre est donc une chimère

---

1. *Système de la Nature*, Ire partie, chap. xi.
2. *Id.*, chap. xii.

inventée par l'imagination des hommes, et cela, sans aucune utilité réelle pour la morale. Il en est de même pour le « bien en soi. » Comme Spinoza, d'Holbach critique l'idée du « bien absolu », en se fondant sur l'idée du déterminisme universel. Toutes choses, dans la nature, se produisent en vertu d'une absolue nécessité; donc toutes choses sont ce qu'elles doivent être, et il n'y a dans le monde ni ordre ni désordre[1]. Donc rien n'est, « en soi », bon ou mauvais : une chose n'est bonne que relativement aux hommes. L'utilité est le seul critérium du bien et du beau : « la vertu n'est aimable que parce qu'elle est utile[2] ». — Aussi toutes les morales, élevées sur ce double fondement du libre arbitre et du bien en soi, sont-elles fausses et de nulle valeur. D'Holbach critique tour à tour la morale religieuse : « l'esprit religieux, dit-il, fut et sera toujours incompatible avec la modération, la douceur, la justice et l'humanité »; puis les moralistes de l'antiquité (à l'exception toutefois d'Épicure) : « jamais, leur objecte-t-il, la vraie sagesse ne doit parler un langage différent de celui de la nature »; enfin les moralistes modernes, soit qu'ils se soient appuyés sur le dogme métaphysique — faux d'après notre auteur — d'une loi morale éternelle et nécessaire, soit qu'ils aient pris comme point de départ le principe psychologique de la sympathie, que d'Holbach juge radicalement insuffisant pour

---

1. *Système de la Nature*, Ire partie, chap. IV et V.
2. *Système social ou Principes naturels de la morale et de la politique*, Ire partie, chap. III.

étayer une Éthique solide. — Ainsi, tant qu'il ne s'agit que de détruire, l'auteur de l'*Éthique* et celui du *Système de la Nature* sont d'accord sur tous les points. Ce sont les mêmes doctrines qu'ils attaquent, ce sont les mêmes arguments qu'ils font valoir contre elles. Puis, quand tous deux en arrivent à la partie positive de leurs systèmes, c'est encore le même principe qui leur sert de base à tous deux. Comme Spinoza, d'Holbach cherche le fondement de la morale, non dans une idée, mais dans un fait, l'amour de soi. Le mobile de toutes nos actions, à ses yeux, c'est la tendance à conserver notre être[1]. « L'homme, par sa nature, doit chercher à se conserver et à fuir tout ce qui pourrait nuire à son existence ou la rendre pénible[2]. » Il doit donc rechercher le plaisir et le bonheur, qui n'est que « le plaisir continué »; mais il ne doit pas s'abandonner indifféremment à toutes sortes de plaisirs, car il en est qui lui causeraient, en fin de compte, plus de maux que de biens. Le rôle de la morale est précisément d'éclairer l'homme sur son véritable intérêt : « elle est faite pour indiquer à l'homme le plaisir le plus durable, le plus réel, le plus vrai ». Or deux voies s'offrent à l'homme : ou bien il se laisse guider par les mouvements instinctifs de son cœur, par les passions, ou bien il dirige sa conduite par le calcul et la réflexion, par l'entendement et la raison. De ces deux voies, la morale ne condamne pas entièrement la première, mais elle veut

1. *Système de la Nature*, Ire partie, chap. IV.
2. *Système social*, Ire partie, chap. VI.

qu'on ne la suive qu'avec prudence. « Les passions inhérentes à notre nature — écrit-il — se résolvent toutes en désir du bien-être et en crainte de la douleur. Elles sont donc nécessaires. Elles ne sont par elles-mêmes ni bonnes ni mauvaises, ni louables ni blâmables. Elles sont utiles et estimables, quand elles nous procurent notre bonheur et celui de nos semblables; elles sont nuisibles, dignes de mépris et de haine, quand elles font tort, soit à nous-mêmes, soit à ceux avec qui nous vivons. » Mais l'autre conduite, celle qui est guidée constamment par la raison, par une juste appréciation des conséquences bonnes ou mauvaises de chaque acte, est tout à fait conforme à la saine morale. La règle suprême de l'éthique, c'est que l'homme doit s'éclairer pour discerner son intérêt véritable et pour le suivre. « Le méchant — écrit d'Holbach après Fontenelle — est un mauvais calculateur Plus notre esprit s'éclaire, et plus nous apprenons à calculer avec justesse et à préférer la plus grande somme de biens à la moindre. » Or l'homme, quand il raisonne juste, voit qu'il est une manière, et une seule, de s'assurer constamment le bonheur. Quel est ce moyen? C'était, pour Spinoza, l'amour de Dieu, lequel produisait subsidiairement l'amour de l'humanité; pour d'Holbach, qui se sépare ici de son maître, après s'être jusqu'alors fidèlement attaché à ses traces, ce moyen est la recherche du bien de la société. Notre intérêt, en effet (c'est une idée sur laquelle d'Holbach ne cesse de revenir), ne peut être satisfait que si tous ceux qui nous entourent sont heureux : vu la réciprocité d'action dans laquelle sont tous les hommes, le bonheur d'un seul influe nécessairement sur celui de tous les autres, et réciproquement; donc « pour se rendre heureux lui-même, l'homme est obligé de s'occuper du bonheur de ceux dont il a besoin pour son propre bonheur : la morale lui prouvera que de tous les êtres, le plus utile à l'homme, c'est l'homme [1] ». Ainsi notre règle de conduite doit être de toujours travailler en vue du bien de l'humanité, pour que, par contre-coup, notre bonheur soit assuré par celui de nos semblables. Cette règle, d'Holbach en fait l'application à toutes nos idées morales, à l'idée du bien : « l'utilité constante et permanente des hommes est le seul caractère auquel nous puissions reconnaître le vrai, le bon, le beau [2] »; à la vertu : « la vertu n'est que l'utilité des hommes réunis en société [3] »; au sens moral, que d'Holbach définit « l'aptitude naturelle à saisir promptement les effets avantageux ou nuisibles des actes [4] »; au devoir même : « l'obligation morale est la nécessité d'être utile à ceux que nous trouvons nécessaires à notre propre félicité, et d'éviter ce qui peut les indisposer [5] ». Il n'y a donc mérite, vertu, obéissance au devoir, bien moral, que dans la poursuite du bonheur de la société; et cette vertu doit avoir pour résultat

---

1. *Système social*, Ire partie, chap. VI.
2. *Id.*, chap. III.
3. *Id.*, chap. VI.
4. *Id.*, chap. IX.
5. *Id.*, chap. VII.

de satisfaire d'une manière durable les intérêts de celui qui s'y conforme : « l'objet de la morale est de faire connaître aux hommes que leur plus grand intérêt exige qu'ils pratiquent la vertu ; le but du gouvernement doit être de la leur faire pratiquer[1] ». Ici, comme on le voit, d'Holbach conserve tout ce qui, chez Spinoza, traitait de la conformité du bien individuel et du bien général, et de la tâche du moraliste et du législateur. Mais il rejette les idées de Spinoza sur l'amour de Dieu et l'immortalité, prix de la vie morale; et cela n'a rien d'étonnant chez un auteur qui consacre de longues pages à des déclamations contre la religion, à laquelle il attribue une grande partie des maux de la société. En un mot, parti, comme Spinoza, d'une morale égoïste et utilitaire, d'Holbach le suit dans la partie critique et dans les premiers développements de la partie positive de son système; mais il abandonne sa trace au moment même où Spinoza s'élève à des considérations supérieures. Il ne sait pas, comme son maître, voir la substance derrière les modes, l'amour infini de Dieu derrière l'union avec les êtres finis. D'Holbach est un disciple de Spinoza, mais qui n'a pas l'élan sublime de son maître. Il y a entre eux toute la différence qui sépare le matérialisme du panthéisme.

Un autre écrivain, aujourd'hui beaucoup plus oublié encore que d'Holbach, mais qui eut aussi son heure de célébrité, J.-B. Robinet, semble, en métaphysique,

---

1. *Système social,* introduction.

être plus voisin encore de Spinoza. L'auteur, d'abord anonyme, du livre *De la Nature*, qui fut successivement attribué à tous les écrivains renommés du siècle, est absolument d'accord avec Spinoza sur tout ce qui touche la nature et les attributs de Dieu. Il entend la liberté et l'intelligence divines exactement dans le même sens que le philosophe de la Haye. Il joint de plus à son panthéisme un évolutionnisme déclaré : en même temps que de Maillet (le célèbre Telliamed, si raillé par Voltaire), il affirme que les éléments et les êtres se sont peu à peu transformés les uns dans les autres. Ce précurseur — bien peu scientifique, d'ailleurs, et bien étrangement aventureux — de Charles Darwin, forme ainsi, d'une certaine manière, la transition entre le panthéisme « statique » de Spinoza, et le panthéisme « dynamique » de M. Herbert Spencer. Il est vrai que, en rappelant Spinoza, il ne paraît pas le bien connaître. Les analogies de leur doctrine sont plutôt le fait d'une rencontre que le résultat d un emprunt. — Mais, de toute façon, s'il est spinoziste en métaphysique, Robinet ne l'est guère en morale. Il admet le libre arbitre, et de son existence fait découler la nécessité du mal sur la terre[1]. Il est grand partisan du « sentiment » comme règle de la vie : « c'est au sentiment seul, déclare-t-il, qu'il appartient d'établir une règle de morale[2] ». Il prône fort l'instinct ou sens moral, dont il fait « la source de l'amabilité intérieure de la vertu,

---

1. *De la Nature*, Ire partie, chap. XX-XXII.
2. *Id.*, IIe partie, chap. I-II.

et de la laideur intrinsèque du vice¹ »; c'est rétablir, contre Spinoza, l'existence du bien et du mal en soi en dehors de leur utilité pour l'homme. En somme, rien de moins spinoziste que cette morale, qui affirme la réalité du bien absolu et du libre arbitre, et qui substitue à la raison le sentiment. Robinet nous offre ce curieux exemple d'un spinoziste qui va plus loin que son maître en métaphysique, et qui n'ose, même un instant, suivre sa trace en morale.

Nous avons trouvé, en Robinet, un spinoziste précurseur de Darwin; nous trouvons, en Dom Deschamps, un spinoziste précurseur d'Hegel². Dom Deschamps a laissé une réfutation manuscrite de Spinoza, dans laquelle il l'accuse, entre autres griefs, de ne pouvoir tirer de son système aucune morale. Mais, quand lui-même en vient à poser le principe d'une éthique, il ne s'éloigne guère des idées de Spinoza. Panthéiste déclaré, il pense que le principe de la conduite morale est la tendance qu'a l'homme à remonter à sa source, qui est « le tout ». Cette tendance ne peut se satisfaire que si nous nous unissons d'esprit et de cœur avec nos semblables³. — Mais sur ces principes panthéistes, Dom Deschamps greffe une théorie sociale du communisme le plus outré, et qui fait songer, moins encore à Platon, qu'à certains rêveurs du commencement de notre siècle. — A l'in-

1. *De la Nature*, IIe partie, chap. VII.
2. Voir E. Beaussire, *les Antécédents de l'hégélianisme dans la philosophie française.*
3. Beaussire, *op. cit.*, p. 125-7.

verse de Robinet, Dom Deschamps est un spinoziste plus hardi que son maître sur les questions de pratique, puisqu'il veut réaliser « physiquement » et matériellement l'union des individus au sein du Tout, union qui restait, pour Spinoza, tout idéale et toute morale.

Les écrivains que nous venons d'étudier rappellent encore Spinoza dans l'ensemble par une certaine vigueur et une certaine originalité de pensée : La Mettrie ne le rappelle plus que par la hardiesse de certains détails. La Mettrie est un pur matérialiste; et il n'a même pas, dans l'exposition des doctrines matérialistes, le talent et la science que possède d'Holbach. Il n'a aucune métaphysique; tout son système se réduit à une morale, et toute sa morale à l'idée du plaisir. On connaît cette invocation du plaisir qu'il met au début de son *Art de jouir* : « Plaisir, maître souverain des hommes et des dieux, devant qui tout disparaît, jusqu'à la raison, tu sais combien mon cœur t'adore, et tous les sacrifices qu'il t'a faits[1]! » Et ce n'est pas une simple déclaration littéraire que fait ici La Mettrie. Tout son *Discours sur le Bonheur*[2] tend à établir qu'il n'y a d'autre bien et d'autre bonheur que le plaisir vivace et durable. Cette œuvre est tout entière dirigée contre Sénèque, dont l'idéal, dit La Mettrie, n'est que le bonheur privatif, et dont l'απαθεια ne vaut pas le plaisir des sens. Dans cette

---

1. *Œuvres philosophiques* de La Mettrie, Amsterdam, 1774; t. III, p. 265.
2. *Id.*, t. II, p. 95-193.

polémique contre le stoïcisme, La Mettrie se rencontre parfois avec Spinoza ; par exemple, lorsqu'il soutient que « bien qu'il n'y ait point de vertu proprement dite, ou absolue, il en est de relatives à la société [1] » ; ou encore lorsqu'il condamne le remords, qui n'est à ses yeux « qu'une fâcheuse réminiscence [2] » ; ou bien lorsqu'il déclare que « par rapport à la félicité, le bien et le mal sont en soi fort indifférents [3] ». Mais, s'il s'accorde ainsi parfois avec Spinoza sur des opinions négatives, il est évident que les principes positifs de son système diffèrent de ceux de l'*Éthique*. Spinoza aussi recommandait à l'homme le plaisir, mais il ennoblissait doublement ce principe, à sa base, en le rattachant à l'idée métaphysique de la conservation de l'être, à son sommet, en le faisant aboutir à la joie d'aimer Dieu. La Mettrie ne voit que le plaisir brutal, le plaisir des sens. S'il rejette tout superflu [4], ce n'est pas au nom de la raison : car « ni la vertu, ni la philosophie, ne peuvent avec toutes leurs rames nous conduire au port désiré [5] » ; c'est simplement parce que le superflu nous embarrasse, et ajoute à nos besoins et à nos gênes physiques. Au fond, ce n'est pas le bonheur de l'âme qui doit nous préoccuper, c'est le bien-être du corps. « Songer au corps, avant que de songer à l'âme, c'est imiter la nature, qui a fait l'un avant l'autre. Quel autre guide plus sûr ! N'est-ce pas suivre

1. *Œuvres philosophiques*, t. II, p. 121.
2. *Id.*, t. II, p. 128.
3. *Id.*, t. II, p. 138.
4. *Id.*, t. II, p. 165.
5. *Id.*, t. II, p. 163.

à la fois l'instinct des hommes et des animaux? Disons plus, et prêchons une doctrine que nous avons eu l'honneur de ne pas suivre : il ne faut cultiver son âme, que pour procurer plus de commodités à son corps[1]. » Certes, avec ces lignes de l'auteur de *l'Homme-Plante* et de *l'Homme-Machine*, nous sommes loin des théories de l'*Éthique* : Spinoza, en affirmant l'exact parallélisme de l'âme et du corps, n'a-t-il pas toujours maintenu l'indépendance du principe pensant? Celui qui a dit que le souverain bien de l'homme réside dans la jouissance sensuelle, est-il le disciple de celui qui a dit : « tout l'effort de la raison ne tend qu'à comprendre, et toute la béatitude de l'homme ne consiste qu'à aimer Dieu »?

Les deux philosophes dont il nous reste à parler sont, en date, postérieurs aux précédents. L'auteur du *Catéchisme universel*, si répandu et si célébré pendant la Révolution, Saint-Lambert, n'est point, par son éducation et par ses tendances générales, un spinoziste, mais en maint endroit ses opinions se rapprochent de celles de Spinoza. C'est, en réalité, un élève de Rousseau. Ses théories sont celles du sensualisme anglais, mitigé par une certaine hauteur de sentiment qu'il tient de Jean-Jacques. Sa morale est surtout une morale sociale. Il fait dériver de l'amour-propre toutes nos passions, y compris la pitié[2]; il est vrai qu'en d'autres passages il les fait naître pour la plupart de l'amour ou de l'aversion que nous avons

1. *Œuvres philosophiques*, p. 151-152.
2. *Analyse de l'homme*, sections V et XIII.

pour des objets étrangers[1]. Il ne condamne point absolument les passions ; il veut seulement qu'on les dirige en vue du bien de la société ; il approuve même généralement celles d'entre elles qui ne peuvent causer à l'âme que de la joie : « le plaisir, écrit-il, est plus près de la vertu que le chagrin[2] ». Mais il veut que toutes les passions soient ordonnées sous la loi de la raison : « Celui qui est parvenu à vaincre en lui les passions qu'il faut vaincre, à diriger celles qu'il faut conserver, à se tenir dans cette modération qui ne veut jamais rien de trop ; celui-là seul sait vivre, puisqu'il sait préparer, conserver et attendre le bonheur. Mais que faut-il faire pour parvenir à cet empire sur soi-même ?... C'est d'apprendre à rendre notre amour pour la raison une véritable passion : elle sera composée du besoin de l'estime de nos semblables, de l'amour de l'ordre, de la justice, de la patrie, de notre famille, de nos devoirs, du désir d'être contents de nous-mêmes. Il faut substituer aux passions dangereuses la passion de les vaincre. Cette dernière a des jouissances vives et pures[3]. » La raison se faisant passion elle-même pour triompher des passions, et l'emportant dans l'âme par suite du plaisir qu'elle procure, n'est-ce pas exactement la théorie de Spinoza ? — Saint-Lambert se rapproche encore plus de l'*Éthique* dans son commentaire sur le *Catéchisme universel*. Ici, en effet, il est dit que l'amour-propre

1. *Analyse de l'homme*, section XVIII.
2. *Id.*, section XVIII.
3. *Id.*, section XXVII.

est le mobile de tous les hommes, mais que tous ne savent pas s'aimer. Les hommes qui s'aiment bien sont ceux qui cherchent à se connaître eux-mêmes, et qui ne séparent pas leur bonheur du bonheur des autres hommes : car par là ils arrivent à être parfaitement contents d'eux, ce qui est le suprême bonheur. La vertu devient ainsi une disposition habituelle à contribuer au bonheur des hommes; le vice, une disposition à sacrifier à notre intérêt mal entendu ce que nous devons à nos semblables. L'amour est la cause de la plupart des vertus. On le voit : avec l'accent, avec l'élévation métaphysique en moins, et toujours — comme tous ces écrivains du XVIIIe siècle — en substituant l'amour des hommes à l'amour de Dieu, c'est là une théorie qui rappelle à certains égards celle de l'*Éthique*. Parti de principes empruntés à de tout autres écoles, à l'école sensualiste d'une part, à l'école du sentiment de l'autre, Saint-Lambert arrive, à maintes reprises, à des conclusions qui ne diffèrent qu'assez peu de celles auxquelles aboutissait Spinoza.

Pour Volney, ce serait plutôt l'inverse qui serait le vrai. Cet écrivain, en effet, rappelle fort Spinoza par les prémisses de son système; mais leurs conclusions ne laissent pas d'être divergentes. Volney, dans sa *Loi naturelle*, veut, exactement comme Spinoza, poser les « principes physiques de la morale, déduits de l'organisation de l'homme et de l'univers [1] ». Comme Spinoza encore, il veut donner pour base à l'éthique

---

1. C'est le sous-titre même de son livre.

ce fait universel dans l'espèce humaine, la tendance de l'être à se conserver. Il tire de cette tendance le principe de l'intérêt individuel, et il en fait la règle unique de notre conduite. Jusqu'ici, il est en parfait accord avec Spinoza. Mais voici que tout à coup il passe, de cet égoïsme fondamental, à l'altruisme, en invoquant beaucoup moins l'intérêt individuel que la sympathie et que le besoin d'affection qui est inné en nous. Il abandonne Spinoza, en un mot, pour passer à Jean-Jacques Rousseau. C'est exactement l'inverse de ce qu'avait fait Saint-Lambert, par rapport auquel Volney se trouve ainsi dans la situation même où nous avons vu d'Alembert se placer par rapport à Diderot. En somme, lui non plus n'est pas resté un élève fidèle de l'auteur de l'*Éthique*; lui non plus n'est pas un spinoziste proprement dit.

En un mot, les auteurs que nous avons passés en revue dans ce chapitre portent tous la marque de l'influence de Spinoza. Mais cette influence, ils ne l'ont subie que partiellement. A part l'abbé Sabatier de Castres, ils n'ont vu dans la morale de Spinoza que ses théories utilitaires, et ils ont complètement laissé de côté tout ce qu'elle renfermait de métaphysique et d'élevé. Ils appartiennent à un siècle qui n'aime point les hautes spéculations, et ils sont bien, en ce sens, à l'unisson de leurs contemporains. Heureusement la fin de ce siècle devait voir, dans les idées philosophiques comme dans les idées politiques et sociales, une grande et féconde révolution. Les fils de ces utilitaires mesquins furent soulevés d'une noble admiration pour tout ce qui s'élevait au-dessus de la vie moyenne et journalière de l'humanité ; cette génération prosaïque fut suivie d'une génération enthousiaste qui sut, dans la politique, dans l'art, dans la philosophie, reconquérir et ressusciter l'idéal. Et alors, le grand penseur de la Haye, le profond disciple de Descartes, apparut aux jeunes écoles comme un tout autre philosophe que celui qu'avaient imaginé leurs prédécesseurs. On n'avait vu jusque-là que le côté le moins noble de sa doctrine ; on n'y vit plus désormais que le côté élevé, poétique, celui par lequel elle s'adaptait merveilleusement aux besoins nouveaux de l'intelligence et aux nouvelles aspirations du cœur. Celui qu'avaient invoqué les athées du XVIIIe siècle va devenir, aux yeux de leurs héritiers, le plus religieux des penseurs et le plus mystique des savants. Cette étrange et brusque révolution, qui coupe si nettement l'histoire de la philosophie spinoziste, fut d'abord l'œuvre d'un pays où Spinoza semblait avoir été jusque-là inconnu : elle commença en Allemagne.

CHAPITRE XXIII

LA RENAISSANCE DU SPINOZISME EN ALLEMAGNE

Si Spinoza était longtemps demeuré inconnu en Allemagne, cela tenait surtout au long empire que Christian Wolf, l'élève et le successeur de Leibniz, avait exercé pendant les deux premiers tiers du xviiie siècle, sans contestation ni partage, sur la pensée et l'enseignement germaniques. Or Wolf avait précisément dirigé contre Spinoza une de ses plus importantes dissertations, où il établissait, en partant des principes de la Monadologie, que les substances sont en nombre infini, à l'encontre de la proposition fondamentale de l'*Éthique*. La dissertation de Wolf eut pour effet d'empêcher pendant de longues années qu'on considérât, en Allemagne, Spinoza comme un philosophe de quelque valeur. Cependant, vers la fin du xviiie siècle, au moment où, grandie par les victoires de Frédéric II, l'Allemagne voyait renaître peu à peu sa poésie, son théâtre, sa critique, sa science, elle se sentit prise d'une véritable aversion pour cette philosophie classique de Leibniz et de Wolf dont elle avait accepté jusqu'alors sans discussion l'autorité. Non qu'elle voulût rejeter la métaphysique : au contraire, elle prétendait s'y enfoncer plus que jamais; mais elle prétendait rejeter la métaphysique traditionnelle et arriérée de l'école. Quoi d'étonnant dès lors si l'admiration de la jeune philosophie se porta dès l'abord sur un génie à la fois aussi profondément métaphysicien et aussi absolument indépendant que Spinoza? De tous les penseurs modernes, Spinoza était le seul qui pût répondre au double besoin de l'esprit germanique : Descartes était peut-être à la fois trop clair dans la forme et trop peu décidé au fond pour satisfaire l'esprit à la fois nébuleux et systématique des Allemands; Berkeley était un métaphysicien plus subtil et plus conséquent, mais trop entaché de christianisme aux yeux de ces philosophes libres penseurs; il ne restait donc que Spinoza, qui unit à la hardiesse la profondeur, et c'était lui par conséquent qui était tout désigné pour devenir le Dieu de la nouvelle école.

L'admiration qu'elle lui avait vouée, cependant, n'éclata pas tout d'abord. On ne la connut dans le public qu'en 1785, lorsque F.-H. Jacobi, dans ses lettres à Moïse Mendelsohn, eut publié le récit d'une conversation que lui-même avait eue avec Lessing, et eût ouvertement signalé Lessing comme un sectateur de Spinoza. On connaît — sans qu'il soit besoin d'en reproduire ici l'analyse, si souvent et si bien faite déjà [1] — le célèbre entretien de Lessing et de Jacobi. Étant allé voir l'auteur de la *Dramaturgie*, Jacobi trouva en lui un fanatique admirateur du monisme de l'*Éthique*. « Ἐν καὶ πᾶν, voilà tout mon système », lui aurait déclaré Lessing, ajoutant que le panthéisme était la seule philosophie cohérente qu'il connût. De ce jour, le spinozisme fut, comme on dit aujourd'hui, « lancé » en Allemagne; depuis qu'un écrivain aussi connu que Lessing s'était avoué disciple de l'*Éthique*, il devenait permis de suivre un si illustre exemple, et beaucoup le firent, dont les uns étaient réellement des admirateurs du sage de la Haye, et dont les autres ne voulaient que suivre la mode, paraître au courant des choses de la métaphysique, ou afficher leur dédain pour la religion établie. Chose curieuse! aucun des trois écrivains de valeur dont le nom est mêlé à cette renaissance du spinozisme, Lessing, Mendelsohn, Jacobi, n'était vraiment disciple de Spinoza. Lessing connaissait l'*Éthique* de longue date; il s'en était, par écrit, plusieurs fois entretenu avec Mendelsohn lui-même, avant l'année (1780) de sa célèbre conversation avec Jacobi. Mais il n'était rien moins qu'un pur spinoziste; dans ses lettres à Mendelsohn, lui-même déclarait que « le point de vue de Spinoza n'est pas applicable à la nature humaine et à la conduite »; il ne partageait donc nullement les idées morales de Spinoza. Et, quant à ses idées métaphysiques, il n'en était pas non plus si fort partisan que le crut Jacobi.

1. La voir notamment dans le livre de M. Pollock sur Spinoza, dernier chapitre.

Le ton même de l'entretien démontre que les réponses de Lessing furent, en grande partie, ironiques; que, voyant Jacobi tout étonné d'entendre une profession de foi assez hétérodoxe, il s'amusa à pousser à l'extrême son spinozisme, et voulut, en somme, faire montre plutôt d'esprit que de conviction. Quant à Mendelsohn, le correspondant et de Lessing et de Jacobi, il possédait assez bien, semble-t-il, les principes du spinozisme; mais il était loin de s'y rallier. S'il expose la métaphysique de Spinoza dans son *Entretien de Néophile et de Philopon*, ailleurs il attaque l'auteur de l'*Éthique* en lui reprochant notamment de n'être pas un moraliste. A quoi un récent et éminent interprète de Spinoza a répondu avec profondeur que Spinoza n'était pas un moraliste, sans doute, au sens du moins qu'a usuellement ce mot; mais que lui faire un semblable reproche, c'est dire qu'il n'est pas ce que, d'après la nature de sa doctrine, il ne pouvait absolument pas être : « c'est faire la même chose que si l'on disait de Schiller, par exemple, que ce poète n'était pas musicien [1] ». En somme, au moins sur la question de la morale, celle qui nous intéresse le plus ici, ni Lessing, ni Mendelsohn n'approuvaient Spinoza. Et, pour Jacobi, il était, lui, un adversaire de l'*Éthique*. Faisant reposer toute philosophie sur le sentiment, il ne pouvait pas goûter le rationalisme de Spinoza. Dans son entretien avec Lessing, il accusa Spinoza d'être un sophiste, et de prétendre maintenir à la fois,

1. Kuno Fischer, *Geschichte der nueuren Philosophie*, t. II, chap. XXIV, — 2º édit.

sans pouvoir vraiment les concilier, le fatalisme et la morale. Mais il est vraiment remarquable que cet adversaire de Spinoza parle souvent de lui en meilleurs termes que son admirateur Lessing. Dans ses lettres à Hemsterhuis, par exemple, il déclare que « Spinoza avait le sens le plus droit, le jugement le plus exquis, et une justesse, une force, et une profondeur de raisonnement très difficile à surpasser [1] ». Dans ses lettres à Mendelsohn sur le spinozisme de Lessing, il rend à l'auteur de l'*Éthique* cet éloquent et poétique hommage que « la vérité divine était dans son âme; l'amour de Dieu faisait toute sa vie ». S'il combat le spinozisme, ce n'est pas qu'il le trouve une doctrine peu solide au point de vue rationnel, c'est qu'il croit, étant partisan exclusif du sentiment, qu'aucune doctrine purement rationnelle ne peut suffire. Au contraire, aux yeux de la seule raison, la théorie de Spinoza lui paraît la plus forte de toutes celles qui ont été jusque-là construites; et, s'il la réfute, c'est parce qu'il prétend avoir par là même réfuté toutes les autres doctrines qui s'appuient, avec moins de force qu'elle, sur le seul raisonnement. Mais une réfutation qui contenait un tel hommage devait évidemment faire plus de bien que de mal à la doctrine de Spinoza; et Jacobi, en croyant la combattre, lui rendait le plus signalé service : en voulant la faire condamner, il ne servit qu'à la faire mieux connaître.

---

1. Lettres de Jacobi à Hemsterhuis, dans les *OEuvres complètes de François Hemsterhuis*, publiées par Meyboom; Leuwarde, 1846, 3 vol. in-12. — 2° vol., p. 223.

Sur l'influence de Jacobi et son utilité pour la diffusion des idées spinozistes, nous avons d'ailleurs un précieux témoignage, celui de Goethe. Ce fut Jacobi, en effet, qui instruisit Goethe des doctrines de l'*Éthique*. Le grand poète avait bien lu Spinoza dans sa jeunesse, mais cette première lecture n'avait pas laissé en lui de traces profondes; elle n'avait guère servi qu'à lui inspirer le désir de revenir sur ce même sujet. Ce ne fut que plus tard, lorsque Goethe, déjà mûri par la vie, fut allé faire une retraite à Pempelport chez son ami Jacobi, qu'il approfondit l'*Éthique* en sa société. « Jacobi, dit-il, bien plus avancé que moi dans la méditation philosophique, même dans l'étude de Spinoza, cherchait à diriger, à éclairer mes aveugles efforts [1]. » Cette méditation en commun semble avoir exercé sur la pensée de Goethe la plus profonde influence. Car Goethe, à partir de ce jour, se déclara hautement spinoziste. Ce n'est pas que, dans son admiration pour le philosophe de la Haye, il eût la prétention de comprendre pleinement « ce disciple de Descartes, qui s'est élevé par une culture mathématique et rabbinique à une hauteur de pensée où l'on voit, jusqu'à nos jours, le terme de tous les efforts de la spéculation [2] ». Ce n'est pas même qu'il crût partager — sauf la croyance à la nécessité des lois du monde [3] — les idées fondamentales de la métaphysique de Spinoza. Au con-

---

[1]. Mémoires : *Vérité et Poésie*, IIIe partie, liv. XIV (p. 538 de la traduction française de Porchat).
[2]. *Vérité et Poésie*, IVe partie, p. 573 de la traduction Porchat.
[3]. *Id.*, p. 574.

traire, il sentait parfaitement la profonde différence de leurs deux esprits; il sentait combien le mécanisme géométrique de Spinoza s'accordait mal avec les tendances de sa propre intelligence, tout éprise de mouvement et de vie; mais précisément il aimait à trouver chez Spinoza les qualités « complémentaires » des siennes; il se plaisait à croire que ce n'étaient là que deux formes, en apparence divergentes, en réalité conciliables, d'une même doctrine, et que Spinoza et lui travaillaient à une même œuvre [1]. Mais ce qui, chez Spinoza, séduisait le plus l'esprit de Goethe, c'était assurément sa morale. La placidité souveraine avec laquelle Spinoza contemplait les agitations du monde, frappa au plus haut point l'âme si mobile et si inquiète du poète allemand. « Ce que je lus dans l'*Éthique* (écrit Goethe) ou ce que je crus y lire, je ne puis en rendre compte; mais j'y trouvai le calme de mes passions; et il me sembla qu'il m'ouvrait une large et libre vue sur le monde sensible et moral…. Cette sérénité de Spinoza qui calmait et égalisait tout, contrastait avec la véhémence de mon âme qui remuait et agitait tout, et sa précision mathématique avec ma manière habituelle d'imaginer et de sentir. » Ainsi la lecture de l'*Éthique* reposait et calmait l'esprit de Goethe : en le méditant, disait-il, je sens passer en moi « un souffle

---

1. Comme l'a dit, avec sa délicatesse ordinaire de sentiment, un maître trop tôt disparu, — Goethe, et peut-être avec lui toute l'Allemagne, ont cru être spinozistes, alors qu'ils n'étaient en réalité que panthéistes. (E. Caro, *la Philosophie de Goethe*, chap. II.)

de paix [1] ». Une autre chose encore lui rendait cher le philosophe de la Haye : il trouvait dans sa morale le plus parfait et le plus pur désintéressement. « Ce qui m'enchaîna surtout, dit-il, ce fut ce désintéressement sans limites qui rayonnait autour de chacune de ses pensées. » Goethe, à cette heure de jeunesse relative, professait le plus vif enthousiasme pour l'idée de renoncement, et il la trouvait merveilleusement exprimée par Spinoza [2]. N'était-ce pas Spinoza qui avait dit que nous devons aimer Dieu pour lui-même, pour la seule perfection de son essence, sans rien attendre de lui en échange, sans espérer qu'il nous rende amour pour amour? Goethe jugeait admirable cette théorie, et il y voyait la plus haute expression du désintéressement moral; ne s'apercevant pas qu'au fond de ce désintéressement apparent, il y avait encore pour Spinoza une considération d'intérêt — la plus haute de toutes, il est vrai, et la plus pure, — la considération de l'intérêt qu'a l'âme à connaître la vérité et à l'aimer. Goethe, du reste, ne devait pas rester toujours un aussi fervent spinoziste. Dans la seconde moitié de sa vie, sous l'influence de son ami Schiller, il passa à une école fort différente, à l'école de Kant. Comme l'auteur des trois *Critiques*, il parla de devoir absolu et de liberté morale; il abandonna, en un mot, les théories principales de l'*Éthique*. Mais il eut beau déserter lui-même le spinozisme, l'impulsion qu'il avait donnée,

---

1. *Vérité et Poésie*, IV⁰ partie, liv. XVI, p. 572 de la traduction Porchat.
2. *Vérité et Poésie*, ibid., p. 572.

après Jacobi, ne s'arrêta plus. Il avait montré la route; de nombreux écrivains s'y précipitèrent. Le culte de Spinoza, dont il avait été l'initiateur, va se répandre et s'affermir de jour en jour. Du sage de la Haye, Goethe avait fait un apôtre et un saint ; ses successeurs en vont faire un Dieu.

Le plus connu de ces disciples fanatiques de Spinoza, c'est Schleiermacher. Déjà Herder, dans un ouvrage consacré à l'exposition de la théologie spinoziste [1], avait proclamé le philosophe de la Haye « bien plus divin que saint Jean ». Schleiermacher va encore plus loin. Du haut de la chaire chrétienne, dans une allocution plus tard reproduite dans ses *Doctrines religieuses*, il adressa un jour à ses auditeurs cette étrange prière, « de sacrifier avec lui une boucle de cheveux aux mânes du saint proscrit Spinoza ». « L'esprit de l'univers — disait-il de Spinoza dans son poétique langage, — l'esprit de l'univers le pénétrait; l'infini était son commencement et sa fin; l'universel, son unique et éternel amour. Il était plein de religion et de l'Esprit Saint ; et voilà pourquoi il est demeuré seul, sans jamais avoir été égalé, maître dans son art, bien élevé au-dessus de la foule profane, sans disciples et sans droit de cité nulle part. » Paroles bizarres, sans doute, à certains égards, mais qui mettent bien en lumière le caractère essentiellement religieux sous lequel la doctrine de Spinoza apparaissait aux hommes de ce temps. Par quel remarquable revirement, quand

1. *Gott, einige Gespraeche ueber Spinoza's System* (Gotha, 1787).

les écrivains français du xviiiᵉ siècle considéraient Spinoza comme un athée et l'aimaient comme tel, les premiers écrivains allemands du xixᵉ siècle le célèbrent-ils comme l'homme qui posséda la plus haute notion et le plus parfait amour du divin ! Outre Schleiermacher, qui ne se contente pas du reste de l'enthousiaste exclamation citée tout à l'heure, mais qui eut aussi le mérite d'exposer avec fidélité et avec talent le système moral de Spinoza[1], — il faut citer, au premier rang de ces écrivains, Novalis. Poète et romancier, fondateur, avec Tieck et les deux Schlegel, de l'école romantique allemande, Novalis n'est donc pas un homme du métier, un philosophe proprement dit. Mais son opinion n'en a ici que plus de prix, car elle marque bien ce qu'on pensait de Spinoza, en dehors même du monde strictement philosophique, dans le public lettré en général. Or l'expression de Novalis, en parlant de Spinoza, est plus outrée même que celles de Herder et de Schleiermacher : il l'appelle « un homme enivré de Dieu ». N'est-ce pas un jugement bien caractéristique, moins encore de Spinoza lui-même, que de l'époque où il a été porté? Époque où l'on voit le chef même de l'école mystique, l'illustre Franz Baader, commencer par écrire, en des termes presque identiques à ceux de Spinoza, sur le fondement physique de la morale, pour finir par des propositions mystiques qui font songer à Fénelon, montrant ainsi par son propre exemple que les doc-

---

1. Dans ses *Grundlinien einer Kritik der bisherigen Sittenlehre* (Berlin, 1803); voir p. 57 et suiv.

trines spinozistes peuvent mener à un mysticisme tout chrétien. Époque où le docteur Paulus, pour satisfaire à la demande universelle, donne (en 1802) une édition de Spinoza complète, trop complète même, où les moindres indications de l'auteur et ses plus insignifiantes notes marginales sont consignées avec un soin jaloux! Et cet enthousiasme ne s'éteignit pas avec ceux qui en avaient donné le signal. On le retrouvera, un peu plus tard, dans de jolis vers de Henri Heine, dans le travail si consciencieux d'Auerbach [1], dans l'essaim de thèses, de monographies, de travaux de tous genres, que suscitera, en tous les coins de l'Allemagne savante au XIXe siècle, la pensée de Spinoza. Mais, avant d'en être venu là, avant d'être tombé ainsi dans le domaine de la pure érudition, le spinozisme inspira des penseurs de premier ordre, les plus illustres des philosophes allemands, les Fichte, les Schelling, les Hegel. Ces écrivains si profondément originaux se trouvèrent en même temps être — sans le chercher et le vouloir — les premiers en date des commentateurs de Spinoza.

1. *Spinoza, ein Denkerleben.*

CHAPITRE XXIV

LA MORALE DES PHILOSOPHES ALLEMANDS

Le véritable restaurateur de la philosophie allemande, Kant, semble être resté totalement étranger au puissant mouvement qui entraîna, de son temps, les plus illustres de ses compatriotes vers l'étude de la doctrine spinoziste. Non qu'il ait expressément protesté contre ce mouvement; il ne parle guère de Spinoza dans ses œuvres, et, quand il en parle, c'est plutôt avec éloge : c'est ainsi qu'il déclare, par exemple, le déterminisme de Spinoza fort logiquement conçu, et fort supérieur à tous les essais tentés pour concilier la nécessité et la liberté par les philosophes qui font du temps une propriété des choses en soi [1]. Tout au plus pourrait-on voir l'expression indirecte du sentiment de Kant à l'égard de Spinoza, dans une

---

1. Kant, *Critique de la raison pratique : examen critique de l'analytique.* — Traduction Picavet, p. 184-5.

curieuse lettre adressée par son ami Georges Hamann, le célèbre « mago du Nord », à Jacobi, lettre où la méthode géométrique de Spinoza est déclarée impuissante à construire une morale [1]. Mais sans rechercher ce que Kant a pu dire de l'œuvre de Spinoza et de sa valeur, une chose est évidente : c'est que rien n'est plus opposé aux principes de la morale spinoziste que les principes de la morale kantienne. Le point de départ de la théorie de Spinoza, c'est la négation du bien en soi et de la moralité absolue; les fondements de la théorie de Kant sont le devoir, la loi morale et l'impératif catégorique, c'est-à-dire encore des absolus, non plus les absolus objectifs de l'ancienne métaphysique, mais des absolus intérieurs. La seule chose que l'*Éthique* dit à l'homme de poursuivre, c'est sa conservation et son bonheur; la seule chose que la *Critique de la raison pratique* et la *Métaphysique des Mœurs* déclarent estimables, c'est une bonne volonté. L'*Éthique* nous donne des préceptes d'utilité, la *Critique* des règles de devoir. Spinoza « recommande » à l'homme de songer à son intérêt véritable; Kant lui « commande » d'accomplir une obligation absolue. L'un veut que nous nous tenions en joie; l'autre, que nous inspirions le respect. Comme instrument de la moralité, le philosophe de la Haye accorde à l'homme la raison, mais lui dénie la liberté; le philosophe de Koenigsberg proclame, au moins dans le monde des

---

[1]. Hamann appelle ironiquement l'*Éthique* : « ce squelette du moraliste géomètricien ». — Voir la correspondance de Jacobi, dans *Jacobi's Gessammelte Werke* (band IV, abtheilung 3).

noumènes, l'existence du libre arbitre : tu peux, dit-il à l'homme, parce que tu dois. — L'acte vraiment moral doit assurer, pour le premier de ces penseurs, outre notre bonheur personnel, celui de tous nos semblables ; mais, si nous écoutons le second, le salut de l'univers ne rachèterait pas un mensonge. Enfin, d'après Spinoza, toute notre félicité consiste dans l'amour intellectuel de Dieu ; mais, pour Kant, l'existence de Dieu n'est certaine qu'à titre de postulat de la loi morale, et, par conséquent, ce que nous devons aimer avant tout, ce n'est pas Dieu, c'est le devoir. — Ainsi éclate, sur tous les points, l'opposition entre Spinoza et Kant ; entre la doctrine de l'utile, même épurée par des considérations rationnelles, et la doctrine du devoir ; entre le système de l'égoïsme, même sublime, et le système du désintéressement absolu. Peut-être y a-t-il plus de solidité dans la théorie de Spinoza ; il y a plus d'élévation dans la théorie de Kant. La première a plus de complexité et de largeur ; la seconde a plus d'unité. L'une embrasse mieux tout l'homme, l'autre exalte davantage ses facultés supérieures. L'une est plus scientifique, l'autre est plus proprement morale. Suivant une belle distinction introduite par Kant lui-même dans la philosophie, la première s'impose davantage à notre admiration ; la seconde, à notre respect.

Entre la morale de Kant et celle de Spinoza, il y avait donc nécessairement opposition d'influence et d'action. Ce fut pourtant au plus illustre des disciples de Kant, à Fichte, qu'il appartint de remettre dans tout leur jour les doctrines morales de l'*Éthique*, en combinant, ou plutôt en superposant, les enseignements de Kant et de Spinoza. Dans sa jeunesse, Fichte avait lu Spinoza, et avait été vivement frappé des idées de ce philosophe. S'étant plus tard attaché à Kant, il avait abandonné ses premières tendances, pour admettre, avec l'auteur des trois *Critiques*, une loi morale absolue. Dans un livre qu'il écrivit à cette époque, la *Doctrine des Mœurs réduite en système*, l'influence de Kant est visiblement prépondérante. Fichte y garde bien quelques points de contact avec Spinoza : il déclare, par exemple, que la félicité de l'homme est de s'affranchir de l'esclavage des passions, et d'assurer le bonheur de ses semblables. Mais l'inspiration essentielle vient du kantisme : Fichte, dans cet ouvrage, admet l'impératif catégorique, la liberté nouménale, et des règles pratiques plus sévères même que celles de Kant, à tel point que Schopenhauer a pu dire : « Lisez la morale de Fichte comme un miroir propre à grossir les défauts de la morale kantienne ». Sur un point important, toutefois, Fichte cherche à concilier Spinoza et Kant : il admet, avec le second, que nous possédons le libre arbitre, mais il déclare, avec le premier, que nous devons essentiellement travailler à nous conquérir la pleine et entière liberté. Cette adjonction du libre arbitre réel à la liberté idéale n'est-elle pas, au fond, le véritable correctif dont a besoin la morale de Spinoza ? — Ainsi Fichte, dans le plus kantien de ses écrits moraux, songe encore à Spinoza et lui emprunte ses meilleures théories. Bientôt il fait plus. En métaphysique, il passe du subjectivisme kantien [1] à une théorie d'idéalisme transcendant assez voisin du panthéisme de l'*Éthique*. En morale, il passe de la doctrine du devoir absolu à une théorie religieuse qui ressemble fort à celle du philosophe de la Haye. On peut voir cette transformation en train de s'accomplir dans un des plus remarquables ouvrages de Fichte, la *Destination de l'Homme*. Écrit au moment précis où cette crise se produit dans l'esprit de Fichte, et reflétant exactement la marche des pensées de son auteur, ce livre nous élève successivement, sur le redoutable problème de notre fin et de nos devoirs, du doute à la science et de la science à la croyance. Il commence, comme les œuvres de Kant, par une affirmation du devoir et du libre arbitre. « Il existe un bien absolu. Le chercher, le trouver, le reconnaître quand je l'ai trouvé, tout cela ne dépend que de moi. J'ai le pouvoir de le faire. » C'est même sur l'existence de la loi morale que l'auteur s'appuie pour prouver l'existence du monde extérieur, mis en doute par la science, laquelle considère toute connaissance comme une pure modification de notre être propre. Mais, à cette théorie toute kantienne, Fichte ajoute aussitôt des idées visiblement inspirées de l'*Éthique*. Ce n'est pas tout, dit-il, que de rendre ce monde mieux ordonné et plus parfait par notre obéissance à la loi morale; en faisant le bien,

---

1. Et même la façon dont Fichte a entendu ce subjectivisme, dans ses premiers écrits, nous paraît bien spinoziste. Ce « moi » qui se pose en s'opposant le « non-moi », n'est-ce pas, en métaphysique, la même chose que ce qu'est, en morale, l'amour de soi (de Spinoza) qui engendre, en se développant, l'altruisme?

nous dépassons véritablement la sphère de l'humanité finie, et nous entrons, dès cette vie, au sein d'un monde supérieur; notre esprit, notre volonté, vont s'identifier avec la Volonté, avec l'Esprit infinis, et nous devenons nous-même quelque chose d'infini et d'absolu. Or n'est-ce pas la théorie même de la béatitude et de l'immortalité spinozistes? Si donc, dans la *Destination de l'Homme*, les idées kantiennes sont la base sur laquelle s'édifie la théorie de Fichte, ce sont les idées de Spinoza qui en forment le couronnement; c'est à elles que reste le dernier mot, et dès lors on peut dire que Fichte est décidément entré dans la voie du spinozisme. — Il y a plus. Dans une œuvre postérieure à la *Destination de l'Homme*, œuvre qui, par sa date, peut être considérée comme le résumé de la doctrine morale de Fichte sous sa forme définitive, dans la *Méthode pour arriver à la Vie bienheureuse*, nous retrouvons, exprimées avec une rare éloquence, les grandes idées de Spinoza sur l'amour de Dieu. Fichte, sans doute, n'a pas totalement oublié les leçons de Kant, et il donne à l'impératif catégorique sa place dans l'édifice de la moralité, mais il ne lui donne qu'une place inférieure : au-dessus de l'obéissance au devoir, il place l'union avec la Divinité. Dans la *Doctrine des Mœurs*, Kant prévalait sur Spinoza; dans la *Destination de l'Homme*, les parts faites aux deux influences étaient à peu près égales, mais déjà Fichte penchait visiblement du côté de Spinoza; dans la *Méthode pour arriver à la Vie bienheureuse*, les idées du philosophe panthéiste l'emportent définitivement. Dès le début de son œuvre, Fichte affirme, comme Spinoza, l'identité de la vie et du bonheur, de la connaissance et de la vertu. « La vie, ou l'être, c'est le bonheur [1]. » La vie véritable est dans la conscience et dans la pensée; le bonheur ne se distingue pas de la science. Pour être heureux, l'homme n'a qu'à repousser sa misère; « qu'il rejette l'accidentel, le néant, et alors immédiatement il atteindra l'éternel et le bonheur; devenir heureux, c'est ramener notre amour, de la variété, vers l'unité [2] ». Le moyen que Fichte indique à l'homme pour assurer sa félicité, est précisément celui que préconisait Spinoza : se rendre indépendant des objets du dehors, en s'élevant de la passion à l'action véritable : « Le bonheur ne peut être donné à l'homme par aucune puissance extérieure, et il doit le prendre lui-même de ses propres mains [3] ». C'est par la raison, dont Fichte ne distingue pas la liberté, que doit se faire ce progrès dans la moralité et dans le bonheur. Guidés par elle, nous passons peu à peu d'une activité inférieure à une activité plus haute, d'un moindre bien-être à une félicité plus complète. Ces stades successifs sont au nombre de cinq. Au degré le plus bas, est une vie exclusivement attachée aux objets sensibles; celle-là, quoique très préférable à la mort, est infiniment éloignée de la perfection. Puis vient l'existence consacrée au devoir, celle où se réa-

---

1. *Méthode pour arriver à la Vie bienheureuse*, 1re leçon. Voir la traduction de M. Francisque Bouillier.
2. *Id.*, Ire leçon.
3. *Id.*, IVe leçon.

lise « une moralité ordonnatrice du monde »; cette vie, que Kant considérait comme la plus haute de toutes, est, il est vrai, fort supérieure à la précédente, puisque l'homme s'y conforme à la loi morale; mais elle n'a point encore un prix infini : elle ne nous explique pas, en effet, pourquoi la loi morale a une valeur absolue, car elle ne nous mène pas jusqu'à Dieu. Restituer à la morale, comme son couronnement, l'idée divine, qui tient trop peu de place dans le système de Kant, et chercher en l'Être suprême, en même temps que la racine du savoir, le principe de la béatitude, telle est la fin que Fichte s'est proposée. Aussi les parties de son livre consacrées aux trois stades supérieurs de la connaissance et de la vertu (1° moralité créatrice d'un monde nouveau; 2° religion; et 3° science), sont-elles tout entières le développement de cette idée, que « le comble de la perfection et de la félicité, c'est l'union avec l'être divin par un renoncement sans réserve à sa propre personnalité ». Sans doute, Fichte interprète ici inexactement la pensée de Spinoza : « dès que l'homme, dit-il, parvenu au faîte de la liberté, abandonne et perd sa liberté propre et son indépendance, il entre en participation avec le seul être véritable, l'être divin et avec le bonheur qui y est contenu »; or, pour Spinoza, comme nous l'avons vu, l'union avec le divin n'est pas l'abandon de notre personnalité propre, mais au contraire son extension et son développement infinis. Mais, cette divergence mise à part, il est évident que, dans l'ensemble de ses théories sur l'amour de Dieu, Fichte s'inspire directement de l'*Éthique*.

D'abord, il ne connaît pas d'autre moyen pour arriver à posséder Dieu que celui qu'indiquait Spinoza : la contemplation de l'éternelle et absolue nécessité des choses. L'opinion vulgaire (selon lui) croit à la contingence, et laisse au hasard le soin de décider quel possible se réalise; la pensée véritable saisit le réel et le nécessaire par intuition, et ainsi s'unit à Dieu [1]. Puis, quand Fichte a indiqué de la sorte les moyens de conquérir l'absolu, il est saisi, à la vue de cette suprême vérité, du même sentiment que Spinoza : sentiment de pure et profonde joie qui déborde de son cœur et le pousse à répandre autour de lui, parmi ses semblables, la « bonne nouvelle » qui fait son bonheur. « La véritable religion béatifie; la véritable religion seule donne aux hommes, ici-bas et dans toute l'éternité, l'existence, la valeur et la dignité; il faut travailler de toutes ses forces pour qu'elle devienne, autant que possible, le partage de tous les hommes [2]. » Arrivé à ce comble de la félicité, l'homme se sent pris d'un profond dédain pour sa vie antérieure, pour ses erreurs passées, et il conçoit qu'il n'y a d'existence véritable que dans la méditation du divin. « La véritable vie vit en Dieu et aime Dieu; la vie apparente vit dans le monde et s'efforce d'aimer le monde. La véritable vie est heureuse par elle-même; la vie apparente est nécessairement misérable et malheureuse [3]. » — Ainsi la morale de Fichte, comme celle de Spinoza, a pour

---

1. *Méthode*, IIIe leçon.
2. *Id.*, IIe leçon.
3. *Id.*, Ire leçon.

conclusion une théorie de l'amour de Dieu; bien plus, elle est, sur presque tous les points de cette théorie, exactement parallèle à celle du penseur hollandais. Sans doute, ici, on ne trouve plus, à la base de la morale, des théories utilitaires; au contraire, Fichte, fidèle sur ce point aux enseignements de Kant, débute par une doctrine du devoir et de la moralité absolue. Mais, après tout, dans ce livre de la *Méthode pour arriver à la Vie bienheureuse*, la partie essentielle, ce sont les idées religieuses par lesquelles il se termine; et, par ces idées, nous l'avons montré, Fichte se rapproche de Spinoza; bien mieux, il l'imite directement. — Pour conclure, nous pouvons donc dire que Fichte, après une jeunesse spinoziste, subit fortement l'influence de Kant, qui se marque dans sa *Doctrine des Mœurs réduite en système*; qu'ensuite il revint au spinozisme, et que cette tendance, déjà marquée dans la *Destination de l'Homme*, apparaît pleinement dans la *Méthode pour arriver à la Vie bienheureuse*. Ce fut lui, en somme, qui fit le plus complètement revivre les idées morales de Spinoza, au moins dans leurs conclusions de haute religiosité, et qui mérite vraiment, mieux que Lessing et que tout autre, d'être appelé le restaurateur de la morale spinoziste en Allemagne.

L'illustre successeur de Fichte, Schelling, semble avoir eu, dans sa morale, une évolution analogue à celle de son maître. Parti d'une théorie voisine de celle de Kant, il aboutit, dans ses ouvrages postérieurs, à une conclusion qui rappelle les doctrines qu'avait formulées Spinoza. Dans son livre de l'*Idéalisme transcendantal* (1800), encore placé sous l'influence de Kant, il émet au sujet de la liberté et du devoir des idées assez semblables à celles qui sont développées dans la *Critique de la Raison pratique*, mais avec un moindre appareil de rigueur scientifique et avec une couleur poétique prononcée. Mais déjà, dans ses *Leçons sur la méthode des Études académiques* (1802), le point de vue central de sa morale se déplaçait. En métaphysique il était arrivé à un panthéisme assez rapproché de celui de Spinoza, avec lequel d'ailleurs il se déclarait en parfaite communauté d'idées spéculatives, sauf, disait-il, que son propre système était dynamiste, et celui de Spinoza, mécaniste. En morale, la même influence se faisait sentir sur sa pensée. A l'obéissance — kantienne — due à la loi morale, il substituait maintenant l'amour — spinoziste — de Dieu. « La moralité, écrivait-il [1], c'est la sagesse qui aspire à ressembler à Dieu, à s'élever au-dessus des choses finies dans la région des idées. » Cette tendance va en s'accentuant dans les écrits ultérieurs de Schelling, et de plus en plus il s'achemine vers la doctrine toute religieuse qui termine l'*Éthique*. Dans *Philosophie et Religion*, nous le voyons, comme le moraliste hollandais, se débattre entre le déterminisme et la liberté, et, comme Spinoza encore, après s'être interdit par ses prémisses d'admettre un bien absolu, se réfugier pourtant, en fin de compte,

---

[1]. *Leçons sur la méthode des Études académiques.*

dans une sorte de mysticisme. Il ne pouvait, en effet, en restant fidèle à ses principes, donner à la morale un fondement stable, puisque, par sa théorie de l'identité, où il devance Hegel, il détruisait l'opposition fondamentale du bien et du mal. Il ne pouvait non plus lui donner une véritable sanction supra-sensible, puisque, à vrai dire, il refusait à son Dieu la personnalité. Mais, à l'exemple de l'auteur de l'*Éthique*, il chercha le bonheur suprême et la source de toute félicité durable dans la contemplation de cette nature, de cette force et de cet ordre nécessaire des choses qu'il nommait la Divinité. Bien plus, à l'exemple aussi de Spinoza, il admit que, seules, les âmes qui se seraient élevées à ces hautes spéculations seraient immortelles. Arrivé à ce moment de sa vie et de sa doctrine, Schelling est donc bien éloigné de Kant et de la théorie de l'impératif catégorique : sa morale, comme sa métaphysique, est devenue purement panthéiste.

Par la suite, cette propension de Schelling au spinozisme devait s'accuser davantage encore. Les *Recherches philosophiques sur la liberté humaine* (1809) reproduisent presque textuellement les idées du philosophe de la Haye. L'homme, d'après cet ouvrage, se développe nécessairement suivant les lois de sa nature. Tant qu'il ne réagit point sur le milieu extérieur et se laisse guider par ses impressions sensibles et ses passions, il est esclave. Il faut qu'il se fasse à lui-même sa liberté, en développant sa raison et tout son être, et en s'unissant à la Divinité : il n'est libre qu'en Dieu et dans son rapport avec Dieu. — Ainsi se retrouvent, dans la morale de Schelling, tous les points essentiels de la morale de Spinoza : à la base, le déterminisme et la négation du bien en soi; au sommet, l'union de l'homme avec Dieu, avec le Dieu du panthéisme, union qui procure à la fois à l'homme la liberté, le bonheur suprême et l'immortalité de son âme. — Depuis l'époque où Schelling écrivait les ouvrages précités, d'où nous avons tiré ces maximes, il ne cessa pas de produire de nouveaux travaux philosophiques, parfois d'une haute importance; mais nous ne voyons pas que, dans ces travaux, il ait touché d'une façon bien approfondie, ni surtout bien nouvelle, aux principes de la morale. Somme toute, on peut dire que, après une courte période de kantisme, Schelling adopta et garda toute sa vie les idées qui forment la substance du système moral de Spinoza.

Dans l'œuvre de Schelling, la morale occupait déjà relativement une moindre place que dans l'œuvre de Kant et de Fichte. Il en est de même pour Hegel. L'auteur de la *Logique* n'a pas, dans ses productions pourtant si volumineuses, consacré un ouvrage spécial à la morale. On peut toutefois, en rapprochant des passages épars dans ses divers travaux, se faire une idée d'ensemble de ses doctrines morales; et on constate alors que ces doctrines se sont fortement ressenties de l'influence de Spinoza. En métaphysique, comme on sait, Hegel professait le plus grand respect pour les idées de Spinoza, auquel il avait pris sa théorie fondamentale : l'identité du logique et du réel. L'esprit, a-t-il écrit, doit s'être baigné dans « le pur éther de la substance spinoziste » pour pouvoir s'élever aux vérités les plus hautes. Seulement, comme Schelling, il substituait un panthéisme dynamique et évolutionniste au panthéisme mécaniste et statique de Spinoza. Il reprochait sans doute au philosophe hollandais d'avoir conçu l'absolu « comme simple substance et non comme sujet »; mais il le défendait, d'autre part, contre le reproche d'athéisme : il disait que, loin d'avoir absorbé Dieu dans le monde, Spinoza aurait plutôt absorbé le monde en Dieu, et que, loin d'être un athée, il mériterait au contraire d'être appelé un « acosmiste ». Il ne faisait pas moins d'éloges des idées morales de Spinoza que de ses idées métaphysiques : « Il est faux de dire, écrivait-il, que la philosophie de Spinoza détruit la morale [1] »; au contraire cette morale est, « non seulement la plus pure, mais universelle [2] », et « l'on peut dire qu'il n'y a pas de morale plus élevée; car la seule chose qu'elle prescrit, c'est d'avoir une claire idée de Dieu [3] ». Mais ce ne sont pas seulement ces éloges qui nous prouvent l'influence de la morale de Spinoza sur Hegel, ce sont surtout les analogies que l'on peut relever entre les théories morales de Hegel — éparses, nous l'avons dit, mais pourtant cohérentes — et celles de Spinoza. D'abord, sur la question de la liberté, leurs solutions sont presque identiques. Pour Hegel, la volonté dite libre est une

---

[1]. Hegel, *Geschichte der Philosophie*, édit. de Berlin (1844), XV⁰ vol., p. 359.
[2]. *Id.*, p. 357.
[3]. *Id.*, p. 355.

volonté déterminée, mais déterminée par ses propres motifs : « Une liberté qui ne contiendrait aucune nécessité, et une pure nécessité sans liberté, ce sont là des notions abstraites et partant fausses.... La liberté présuppose la nécessité, et elle la contient comme un de ses moments.... La nécessité vraiment intérieure est la liberté [1]. » — Il est vrai que, sur le principe du bien, Hegel se sépare de Spinoza : Spinoza fondait toute sa morale sur l'intérêt personnel, Hegel condamne l'égoïsme : « Lorsque l'homme, dit-il, ne croit et ne veut que lui-même et ses intérêts particuliers, à l'exclusion de l'universel, il est mauvais, et ce mal, c'est sa subjectivité [2] »; Spinoza niait l'existence du bien absolu et du devoir, Hegel ne conçoit pas que ce qui est le bien véritable pour l'homme ne soit pas en même temps le bien absolu, et que ce ne soit pas pour l'individu un devoir de chercher à l'atteindre : « le bien doit se réaliser, on doit travailler pour l'accomplir, et la volonté n'est que le bien lui-même, qui se réalise et s'affirme [3] ». Mais ces divergences, si graves qu'elles soient, n'empêchent pas Hegel de se rapprocher ensuite du philosophe hollandais, et de lui emprunter presque entièrement sa théorie sur le rôle essentiel de la raison dans la morale. Comme l'auteur de l'*Éthique*, celui de la *Logique* identifie le bien et le vrai, et n'admet d'autres guides sûrs dans la conduite que les idées claires et distinctes : « le faux, écrit-il dans un langage tout

---

1. *Logique*, trad. Véra, t. I, p. 271-2.
2. *Id.*, t. I, p. 250.
3. *Id.*, t. II, p. 369.

spinoziste, le faux équivaut au mauvais, à ce qui n'est pas adéquat à soi-même [1] ». C'est à ce critérium unique de toute moralité comme de toute vérité, l'idée adéquate, qu'il rapporte, pour les juger, les diverses doctrines morales émises jusqu'alors; c'est en s'appuyant sur lui qu'il condamne l'égoïsme, et aussi qu'il proclame insuffisante une sympathie fondée uniquement sur la sensibilité et non sur la raison : « autant que les inclinations sympathiques sont des inclinations immédiates, dit-il, leur contenu général est toujours marqué d'un caractère subjectif, et l'égoïsme et la contingence y jouent toujours un rôle [2] ». Avons-nous besoin de faire remarquer que, ici encore, il developpe une idée chère à Spinoza? De plus, il tire de cette doctrine rationaliste la même conséquence que son illustre prédécesseur : l'idée adéquate par excellence étant l'idée de Dieu, le précepte suprême de la morale sera qu'il faut nous élever à Dieu. Sur l'impuissance des choses contingentes et du monde sensible à satisfaire une âme vraiment grande, et sur la nécessité où nous sommes de diriger notre esprit vers l'infini et vers l'absolu, Hegel a écrit à la fin de la *Philosophie de l'Esprit* et dans l'introduction de la *Philosophie de la Religion*, des pages admirables. Mais le Dieu vers lequel il élève nos âmes n'est ni l'être personnel et bon que les religions désignent sous ce nom, ni même la substance infinie, mais sans conscience centrale et sans libre arbitre, de Spi-

1. *Logique*, t. I, p. 242.
2. *Id.*, t. I, p. 254.

noza. Pour Spinoza, l'idéal de l'homme est l'union avec l'universel, la contemplation de la nécessité absolue des choses. Pour Hegel, l'homme n'a pas à chercher en dehors de lui-même un ordre universel, une Nature, avec lesquels il doive s'identifier; il n'existe point, hors de lui, un Dieu dans l'amour duquel il puisse trouver la félicité suprême, mais c'est lui-même qu'il doit faire Dieu. L'Idée, sortie une première fois de son indétermination logique pour s'incarner dans l'organisme vivant et devenir « Idée en soi », l'Idée va — si l'homme veut développer les puissances intellectuelles de son être — s'élever dans son esprit à la pleine conscience d'elle-même, et devenir « Idée en soi et pour soi ». Alors seulement Dieu sera; et l'homme qui aura ainsi atteint à la possession de l'Idée dans sa plénitude, sera Dieu. — Hegel a donc une morale plus subjective encore que celle de Spinoza. Pour celui-ci, il y avait du moins en dehors de l'homme une substance divine, impersonnelle sans doute, mais enfin existant par elle-même; pour Hegel, l'Idée n'a, hors de notre conscience, qu'un commencement d'existence, et elle n'atteint à sa réalité complète, à sa divinité, que dans l'esprit qui pense l'infini. Malgré cette divergence, cependant, on peut dire que la morale de Hegel se termine, comme celle de Spinoza, par des considérations religieuses — au sens où les panthéistes entendent la religion, — c'est-à-dire par l'idée de l'identification de l'être humain avec Dieu. La morale de Hegel est, en résumé, une morale voisine de celle de Spinoza, mais partant, non de l'égoïsme, mais du devoir : c'est un spinozisme modifié et épuré. Des trois célèbres philosophes que nous avons vus répandre, en Allemagne, les théories de l'*Éthique*, Hegel était le plus original et le plus profond à la fois ; aussi, tout en retenant de la morale spinoziste (comme Fichte et Schelling) ce qu'il y avait d'élevé et de religieux en elle, lui a-t-il apporté, plus que ses prédécesseurs peut-être, d'essentielles modifications.

La morale spinoziste, restaurée et renouvelée par ces trois éminents penseurs, avait donc, au début de ce siècle, jeté en Allemagne un vif éclat. Mais bientôt vint pour elle, même en ce pays, l'heure de la décadence. Après Hegel, la morale oscilla entre deux tendances : la tendance matérialiste et la tendance sentimentale. Le chef de l'école matérialiste qui s'intitulait « l'extrême gauche hégélienne », Louis Feuerbach, attaque Spinoza au nom du sensualisme : il lui reproche avoir fait de la nature un Dieu, comme Jacobi lui reprochait d'avoir fait de Dieu la nature [1]. D'autre part, le chef de l'école de la sympathie, Schopenhauer, accuse Spinoza d'être optimiste ; reproche mal fondé d'ailleurs, car Spinoza n'est pas plus optimiste qu'il n'est pessimiste : la vie à ses yeux n'est *a priori* ni bonne ni mauvaise, elle est ce que l'homme la fait, par sa conduite et par sa raison [2]. Tout en admirant la hauteur morale des conclusions de l'*Éthique*,

---

1. Ludwig Feuerbach, *Grundsätze der Philosophie der Zukunft*, 1843.
2. Schopenhauer condamne absolument le vouloir-vivre ; Spinoza au contraire voit dans l'effort de l'être pour se conserver le principe de toute vertu.

Schopenhauer trouve que cette théorie de la béatitude ne s'accorde pas suffisamment avec la métaphysique de Spinoza : « l'éthique contenue dans la philosophie de Spinoza ne sort pas naturellement de sa doctrine; toute louable et belle qu'elle puisse être, cependant elle n'est rattachée au reste qu'à l'aide de sophismes faibles et trop visibles [1] ». De plus, au gré de Schopenhauer, les résultats auxquels aboutit Spinoza sont en flagrante contradiction avec les données utilitaires dont il est parti : « Spinoza, dit-il, de son principe égoïste, *suum utile quærere*, déduit, par des sophismes palpables, une pure doctrine de la vertu [2] ». Ainsi le système moral de Spinoza ne serait qu'un amas de préceptes contradictoires, encore que Schopenhauer veuille bien reconnaître à quelques-uns de la vérité et du prix. — On peut donc dire, d'une façon générale, que les philosophes dont les systèmes vont se partager la faveur publique sont, à partir de Hegel, plutôt hostiles au spinozisme. Seuls, des hommes de science, comme l'illustre physiologiste Johannes Müller, reconnaissent la valeur scientifique de la psychologie morale de Spinoza, de sa théorie des passions entre autres; la déclaration de Müller est précieuse à ce point de vue : « en ce qui concerne, dit-il, les passions dans leurs rapports les unes avec les autres, et indépendamment de leurs conditions physiologiques, il est impossible de donner une meilleure description

---

1. *Le Monde comme représentation et comme volonté*, IV° partie, § 54; trad. Burdeau, t. I, p. 297.
2. *Id.*, III° partie, § 16; trad. Burdeau t. I, p. 92.

que celle de Spinoza; je me contenterai, dans la suite, de donner sur ce sujet ses propositions [1] ». — L'enthousiasme pour Spinoza, qui saisit l'Allemagne à la fin du XVIIIe siècle, fut donc bien loin de rester aussi général dans les âges suivants, et l'Allemagne contemporaine semble assez peu s'en souvenir. Mais n'est-ce pas le sort de toute chose humaine, d'exciter tour à tour l'admiration et le dédain? Nous ne voyons guère, parmi les noms éminents que compte aujourd'hui la pensée germanique, de disciples de Spinoza [2]. Mais n'oublions pas que les théories de l'*Éthique* ont eu, pendant de longues années, le privilège d'alimenter la pensée allemande, d'entretenir et d'aviver l'ardeur philosophique de nobles intelligences; qu'elles sont entrées, pour partie, dans ce profond esprit métaphysique qui fit, au début de notre siècle, la force de la spéculation allemande; qu'elles ont été, enfin, les véritables inspiratrices des trois plus grands systèmes que compte, après celui de Kant, la philosophie d'outre-Rhin : le système de Fichte, celui de Schelling, celui de Hegel.

1. Johannes Müller, *Physiologie des Menschen*.
2. M. de Hartmann, dans sa *Philosophie de l'Inconscient*, cite souvent Spinoza, mais en accommodant sa doctrine aux idées de Schopenhauer.

CHAPITRE XXV

L'ANGLETERRE AU XIXᶜ SIÈCLE

Spinoza, nous l'avons montré, n'avait guère été connu ni apprécié en Angleterre au xviiiᵉ siècle. Mais le début du xixᵉ siècle faillit l'y remettre en honneur. En même temps que le spinozisme renaissait en Allemagne, il renaissait aussi dans la patrie de Bacon; et, comme en Allemagne ç'avaient été deux hommes de lettres, Lessing et Goethe, qui avaient fait, plus encore que les philosophes, son premier succès, — en Angleterre de même ce furent des poètes qui tentèrent de le restaurer. Coleridge fut le premier qui témoigna hautement son admiration pour l'*Éthique*, sans que nous sachions où il avait appris à la connaître. Il transmit ses sentiments à Wordsworth, et l'influence de Spinoza semble n'être pas être restée étrangère à l'esprit tout naturaliste, pour ne pas dire panthéiste, qui anima la jeune école poétique anglaise du commencement de ce siècle. Bien que le *Traité théologico-politique* eût déjà été traduit en anglais par deux fois (1689 et 1737), Shelley en commença, en 1821, une nouvelle traduction. Il obtint, pour cette œuvre, l'appui de lord Byron, qui promit même d'écrire une préface à la traduction. Spinoza jugé par Byron : de quel intérêt n'eût pas été cette œuvre! Malheureusement, la mort de Shelley arrêta tout. La traduction ne fut pas continuée, ni la préface écrite. Le mouvement spinoziste lui-même ne tarda pas à s'affaiblir et à s'éteindre, parce que le panthéisme était trop peu dans les tendances positives de l'esprit anglais, et parce que ce mouvement spinoziste, après avoir trouvé, comme en Allemagne, des poètes pour lui donner l'impulsion, ne trouva pas, à la différence de ce qui s'était passé en Allemagne, de philosophes pour le continuer. Il échoua donc devant ces deux obstacles réunis, l'indifférence du public et l'animosité des écoles.

La philosophie anglaise, en effet, ne pouvait guère être sympathique au spinozisme. D'un côté, elle était représentée par l'école écossaise : mais cette école, qui déjà avec Reid penchait pour la doctrine du devoir, s'était faite, en morale tout au moins, toute kantienne avec Dugald Stewart. De l'autre côté, il y avait Bentham et ses disciples. Mais l'utilitarisme de Bentham, pour offrir quelques ressemblances de détail avec le système moral de Spinoza, n'en était pas moins, par son principe, profondément différent de ce dernier. Bentham part, comme Spinoza, de la considération de l'intérêt personnel. « Il est dans la nature de l'homme, dit-il, de penser avant tout à ses intérêts.... A l'intérêt, le devoir cédera toujours le pas.... Le devoir d'un homme ne saurait jamais consister à faire ce qu'il est de son intérêt de ne pas faire.... Dans les choses ordinaires de la vie, le sacrifice de l'intérêt au devoir n'est ni praticable, ni même beaucoup à désirer; ce sacrifice n'est pas possible et, s'il pouvait s'effectuer, il ne contribuerait en rien au bonheur de l'humanité [1]. » Ainsi le bien moral consiste uniquement dans la réalisation de l'intérêt personnel : « l'acte immoral est un faux calcul de l'intérêt [2] ». Toute la tâche du moraliste se réduit dès lors à dresser une table exacte des plaisirs et des peines, afin que, par de simples opérations d' « arithmétique morale », chacun puisse savoir quel plaisir il doit préférer. Ces doctrines, en somme, étaient toutes — au moins à l'état d'ébauche — dans l'œuvre de Spinoza; ce qui n'est d'ailleurs qu'une coïncidence, car certainement ce n'est pas dans ce métaphysicien réputé si abstrus que Bentham, ennemi de toute métaphysique, aura été les prendre. De plus, après s'être appuyé, comme Spinoza, sur l'intérêt individuel, Bentham arrive, comme lui, à la considération de l'intérêt général. C'est que en effet, pour lui, de même que pour Spinoza, l'utilité véritable de chaque homme est de se concilier l'affection de ses semblables; l'intérêt est de faire le bien; le meilleur moyen d'être heureux, c'est de « chercher son

---

1. Bentham, *Déontologie*, trad. franç. de Benjamin Laroche, t. I, p. 17 et 18.
2. *Id.*, p. 19.

propre bonheur dans le bonheur d'autrui [1] ». Donc, plus nous rendrons service à nos semblables, plus nous-mêmes nous serons heureux; le vrai but de nos efforts, c'est donc la félicité du genre humain. Tout cela encore est spinoziste, et la maxime de Bentham : « assurer le plus grand bonheur du plus grand nombre » pourrait passer pour le résumé précis et complet d'une partie de la morale de Spinoza. — Mais, entre les deux doctrines, il y a, sur un point capital, une divergence profonde. La félicité, pour l'auteur de l'*Éthique*, ne se trouve qu'en Dieu, dans l'union de notre pensée avec l'ordre universel des choses. Pour Bentham, au contraire, la morale n'a aucun caractère métaphysique et religieux : nous n'avons rien à aimer en dehors de l'humanité. La morale de Bentham manque, à dessein, de cet élan poétique qui entraînait Spinoza vers l'infini. Bentham crut que sa gloire serait de dégager la morale de toute idée supra-sensible; il donne en conséquence à sa théorie cet étroit caractère de relativité et de subjectivisme où nous verrions, pour notre part, une infériorité. Comme l'*Éthique*, la *Déontologie* renferme une théorie de l'intérêt personnel et une théorie de l'intérêt général; elle n'a point, comme l'*Éthique*, une théorie métaphysique de l'amour de Dieu. Bentham, sans imiter Spinoza, s'est rencontré avec lui sur quelques questions importantes; mais il n'a pas su, comme lui, s'élever, après les considérations étroites de l'intérêt même généra-

---

1. *Déontologie*, p. 25.

lisé, à la contemplation et à l'amour de l'universelle unité.

Il en faut dire à peu près autant de Stuart Mill. Partant, comme Spinoza, de la notion d'intérêt personnel, il aboutit, comme lui, à l'idée de l'universelle félicité. Mais déjà, sur la façon d'entendre le rapport de ces deux termes, il se sépare du philosophe de la Haye : Spinoza soutenait que, dans tous les cas possibles, les deux intérêts sont inséparables; Stuart Mill reconnaît au contraire que, dans l'organisation actuelle des choses, notre bonheur individuel est souvent en conflit avec celui de la société, mais il pense que des réformes sociales et un meilleur système d'éducation pourraient mettre d'accord les deux intérêts : alors les penchants égoïstes et les penchants sympathiques de notre nature, loin d'être opposés comme aujourd'hui, se confondraient en un seul principe d'action. Voilà une première et importante divergence entre l'*Éthique* de Spinoza et l'*Utilitarisme* de Mill. Il y en a une autre, plus essentielle; c'est la même que nous avons déjà signalée comme séparant Bentham de Spinoza : Stuart Mill, comme Bentham, ne porte pas ses regards — au moins dans son ouvrage capital, l'*Utilitarisme* — au-dessus de l'humanité; Spinoza veut qu'on s'élève à Dieu. Il est vrai que, dans ses *Lettres sur la Religion*, Mill semble bien, lui aussi, mettre en Dieu le bonheur de l'homme. Mais, même ici, il est bien éloigné de Spinoza; car le Dieu que reconnaît (incomplètement il est vrai) Stuart Mill, est le Dieu du christianisme, c'est-à-dire un être personnel, intelligent et bon; le Dieu de Spinoza n'est que la nécessité aveugle, l'ordre inéluctable, mais nullement providentiel, des choses. Ainsi lors même que Stuart Mill édifie ou plutôt ébauche une théorie de l'amour de Dieu, il entend cette théorie en un tout autre sens que Spinoza. Qu'ils soient athées ou chrétiens, c'est toujours sur la question de la morale religieuse que les philosophes anglais se séparent de Spinoza.

Et cependant, chose bien remarquable, c'est par la religion que certains penseurs anglais furent conduits à un demi-spinozisme. Tandis que d'autres, Georges Lewes par exemple, venaient à Spinoza par la science, F.-D. Maurice y venait par la théologie; et le célèbre auteur de *la Crise religieuse*, Mathew Arnold, écrivait, sur le *Traité théologico-politique* de Spinoza, un *Essai* plein de respect et d'admiration. — Fait plus curieux encore : pendant que l'esprit « naturaliste » introduit dans la philosophie par Charles Darwin semblait en avoir définitivement éliminé l'esprit métaphysique et, par là, avoir enlevé décidément toute influence à Spinoza [1], le plus illustre émule de Darwin, M. Her-

---

[1]. Nous n'admettons pas, on le voit, l'opinion soutenue par M. Nourrisson, dans son livre intitulé : *Spinoza et le naturalisme contemporain*. A nos yeux — et nous nous sommes efforcé de le prouver dans tout ce travail, — Spinoza est essentiellement un métaphysicien, un « philosophe de l'absolu ». S'il a d'une certaine façon frayé la voie au naturalisme, en diminuant l'idée de Dieu, rien cependant ne répugnerait plus à sa pensée qu'une philosophie qui réduit tout au relatif, et oublie « la substance » pour ne plus songer qu' « aux modes ». Loin d'être à l'heure présente des alliés, le naturalisme et le spinozisme nous paraissent aussi opposés que le spinozisme et le spiritualisme chrétien.

bert Spencer, réintroduisait, dans la philosophie spéculative comme dans la philosophie pratique, des idées voisines de celles de Spinoza. Nous n'avons pas à nous occuper ici, en détail, de ce qui concerne la philosophie spéculative : il est évident, toutefois, que M. Spencer est un véritable panthéiste, à la façon de Spinoza, et non pas seulement un « naturaliste », puisqu'il reconnaît, derrière les faits « connaissables », une substance « inconnaissable »; cette idée d'inconnaissable sans doute n'est guère spinoziste, mais la conception d'une substance unique, cachée derrière tous les phénomènes et les produisant tous, est la conception même de l'*Éthique*. Le panthéisme métaphysique, peut-on dire, s'est transmis de Spinoza aux philosophes allemands, et de ceux-ci à M. Spencer, en se modifiant chaque fois et en acquérant sans cesse une détermination nouvelle. Purement statique avec Spinoza, auquel la notion de force répugne absolument, ce panthéisme devient dynamique et évolutionniste avec Schelling et Hegel; mais c'est là un évolutionnisme tout *a priori*. Pour arriver à donner au panthéisme la forme scientifique qu'il a aujourd'hui, il faut en faire une théorie *a posteriori*, un évolutionnisme expérimental; et c'est ce qu'il devient chez M. Herbert Spencer. La philosophie spéculative de M. Spencer n'est donc, peut-on dire, que le développement de celle de Spinoza; c'est un panthéisme qui a évolué dans le sens de la science positive et de la méthode expérimentale. Pour la philosophie pratique, qui nous intéresse ici davantage, les ressemblances sont, croyons-nous, plus frappantes encore. La morale de Spencer, en effet, est d'abord, comme celle de Spinoza, une morale « naturelle » : plus d'obligation transcendante, plus de sanction métaphysique, comme il y en avait dans le christianisme et le kantisme; les actes bons sont ceux qui produisent, par eux-mêmes, et non par l'intervention d'une volonté divine, le bonheur de celui qui les accomplit; n'est-ce pas là exactement la théorie de Spinoza : « la béatitude n'est pas le prix de la vertu, c'est la vertu même »? En second lieu, la morale de M. Spencer est essentiellement, comme celle de Spinoza, une morale « scientifique » : l'homme, ici non plus, n'est pas considéré comme « un empire dans un empire », mais bien comme un simple membre de l'univers, comme un produit de l'évolution du monde, comme un être soumis aux mêmes lois d'existence et de développement que tous les autres êtres. Enfin, elle est encore, comme la morale de Spinoza, exclusivement « rationaliste ». Le sentiment n'entre en rien dans la constitution de la morale : la pitié sentimentale trouve dans M. Spencer un adversaire aussi acharné que dans Spinoza. L'abnégation et le sacrifice sont absurdes et immoraux : l'ascétisme, comme dans l'*Éthique*, est sévèrement condamné. Le bien n'est rien de plus que l'intérêt individuel raisonné et sagement entendu. Ainsi la doctrine de M. Spencer sera, exactement comme la doctrine de Spinoza, un utilitarisme rationnel. C'est le bien de l'individu qui est le principe de la morale; mais la raison nous montre que notre bien dépend de celui de nos semblables :

nous chercherons donc l'utilité d'autrui, en vue d'assurer la nôtre ; l'altruisme et l'égoïsme sont inséparables, et s'engendrent réciproquement. Bentham le disait déjà, mais à cela se bornait l'analogie de sa doctrine avec celle de Spinoza ; M. Spencer va plus loin. Comme Spinoza, derrière notre moi, et derrière les « mois » étrangers, il voit l'Être absolu et infini qui fait leur lien et leur unité. Il conçoit que la vraie façon de se servir soi-même et de servir les hommes, c'est de travailler au développement de la substance universelle, à l'évolution du Tout. L'idéal de l'homme, ce sera donc d'entrer en communion, par l'intelligence et la volonté, avec cet être universel et infini dont les sens aperçoivent seulement les modifications particulières et finies ; ce sera de suivre, avec conscience et liberté, les lois nécessaires du monde, de s'unir, d'esprit et de cœur, avec la nature divine. Or n'est-ce pas là (avec l'idée de l'évolution en plus) l'idéal même de Spinoza ? Et les dernières pages des *Principes de Sociologie* [1] de M. Spencer où sont contenues ces idées de haute morale, ne rappellent-elles pas, d'une manière bien frappante et bien inattendue, les dernières pages de l'*Éthique* ? Ce n'est là qu'une coïncidence, évidemment ; car M. Spencer, qui n'est point un érudit en matière d'histoire philosophique, ne connaît guère et peut-être n'apprécie nullement Spinoza. Mais c'est une coïncidence remarquable, et qui prouve, une fois de plus, combien il y a d'unité réelle, quoique non apparente,

---

[1] VIe partie, *Institutions religieuses*.

dans l'histoire du développement de la pensée humaine. Voir aboutir à une même conclusion l'ontologie déductive de Spinoza et la science expérimentale de M. Spencer, voir s'accorder sur tous les points essentiels de la morale le plus conséquent des disciples de Descartes et le plus savant des élèves de Bacon, n'est-ce pas un instructif phénomène, et qui renverse bien des théories préconçues?

CHAPITRE XXVI

LE SPINOZISME EN FRANCE AU XIXᵉ SIÈCLE

Comme en Allemagne et en Angleterre, le début du XIXᵉ siècle fut marqué, dans la philosophie française, par une réapparition du spinozisme. Les élèves de Condillac, les Destutt de Tracy, les La Romiguière, les Cabanis, à l'exemple de leur maître, témoignaient une médiocre estime pour les abstractions ontologiques de Spinoza. Mais la réaction opérée contre cette école sensualiste par Victor Cousin, remit en honneur les hautes spéculations métaphysiques. Disciple et ami de Schelling et de Hegel, Victor Cousin avait appris d'eux à connaître et à admirer Spinoza. Ses premiers cours, tout spéculatifs il est vrai, sont remplis de formules presque panthéistes qu'il devait singulièrement atténuer plus tard. Lui aussi, comme Hegel, défend Spinoza du reproche d'athéisme; et il écrit à la mémoire du « saint méconnu » une de ses plus belles et plus éloquentes pages [1]. Mais bientôt ses doctrines se modifient; en morale, tout au moins, il se range au parti des adversaires de Spinoza. C'est au kantisme qu'il demande ses principales inspirations morales. Tout en adoucissant la rigueur des maximes de Kant, il affirme avec lui, et contre Spinoza, le libre arbitre et le devoir : « Toutes les langues et toutes les institutions humaines, écrit-il dans son principal ouvrage, contiennent la distinction du bien et du mal, de la justice et de l'injustice, de la volonté libre et du désir, du devoir et de l'intérêt, de la vertu et du bonheur, avec cette croyance que le bonheur est une récompense due à la vertu, et que le crime en lui-même mérite d'être puni et appelle la réparation d'une juste souffrance [2] ». De plus, Victor Cousin croit à un Dieu sage et bon, auteur et gardien de la loi morale : nouvelle différence avec Spinoza. En somme, si Cousin a commencé, sous l'influence de l'Allemagne, par être épris des doctrines spinozistes, il n'a pas tardé à se rallier, au cours du développement de son système, à des idées morales tout opposées.

Mais l'impulsion donnée par Cousin à l'étude du spinozisme ne s'arrêta pas, lors même que le chef de l'école fut en partie revenu de son premier enthousiasme. Théodore Jouffroy, dans son cours de droit naturel, réfuta bien le système de Spinoza; mais il le fit avec modération et avec respect, et son fidèle exposé

---

1. *Fragments philosophiques* : fragment écrit dans la synagogue des juifs d'Amsterdam.
2. *Du Vrai, du Beau et du Bien*, IIIe partie, xie leçon.

du panthéisme servit plutôt en France la cause de Spinoza que sa réfutation n'en ébranla le crédit. Bien plus, Jouffroy lui-même, dans le système moral qu'il développait pour son compte, semble avoir subi, à son insu peut-être, l'influence du spinozisme. L'idéal qu'il propose à l'homme, en effet, c'est de reconnaître l'existence d'un ordre universel, de sentir que tout être a une fin et doit l'accomplir, de vouloir contribuer à la réalisation de ces fins et à l'établissement de cet ordre. Or sans doute cette théorie de l'universelle finalité semble bien contraire au spinozisme, mais la différence des deux doctrines est, à ce qu'il nous semble, moins dans les choses que dans les mots : car, des deux côtés, ce qu'on nous prescrit, c'est de conformer notre activité à l'activité universelle, d'unir notre être propre avec l'être infini, d'adhérer à la loi qui préside au développement du monde. L'idéal, en somme, est le même; seulement Jouffroy l'exprime en termes plus purs, dans un langage tout imprégné de christianisme et de kantisme. Moraliste plus original que son maître Victor Cousin, Théodore Jouffroy nous semble aussi plus voisin que lui de Spinoza.

Après Jouffroy, il n'y a point de disciple marquant de l'école éclectique, sauf peut-être M. Vacherot, chez lequel nous ayons à signaler des tendances bien caractérisées au spinozisme. Mais, si l'auteur de l'*Éthique* ne compta guère de fervents parmi les successeurs de Victor Cousin, il compta du moins, parmi eux, beaucoups de lecteurs éclairés et de juges impartiaux. Ce fut le principal mérite de Cousin de donner à l'esprit historique accès en philosophie; d'apprendre à l'école française que la vérité ne se trouve jamais tout entière dans une seule doctrine, mais que tous les systèmes en ont possédé tour à tour quelques parcelles et reflété, à leur heure, quelques aspects; qu'aucun d'entre eux, par suite, ne doit être *a priori* dédaigné ou rejeté, mais que tous méritent un scrupuleux examen et une sympathique attention. Aussi, dans l'école de Cousin, Spinoza fut-il toujours l'objet, de la part de ceux-là mêmes qui combattaient ses doctrines, d'une étude déférente et approfondie. La traduction de Saisset, qui permit pour la première fois de lire l'œuvre de Spinoza tout entière dans un texte français, est le plus important de ces impartiaux ouvrages consacrés chez nous au philosophe de la Haye. D'autres travaux, plus récents, de la même école [1], sont venus ajouter encore, à la connaissance qu'on avait de Spinoza et à l'appréciation qu'on en faisait, de précieux éléments. Presque tous sont écrits par des penseurs plutôt adversaires qu'amis de l'influence de Spinoza. Mais ce sont des adversaires loyaux et sincères, qui ne discutent qu'en connaissance de cause, qui ne blâment qu'avec discernement et avec mesure; de ces adversaires que tout philosophe devrait souhaiter pour lui-même de rencontrer, car leurs critiques font peut-être plus hon-

---

[1]. Citons, entre autres, l'édition du *De Deo et Homine*, de M. Janet, et divers articles du même auteur; les chapitres consacrés à Spinoza par M. Bouillier dans son *Histoire du Cartésianisme*; des articles de M. Franck, et le livre déjà mentionné de M. Nourrisson.

neur à sa doctrine que les louanges intempestives d'outrés et fanatiques admirateurs.

L'école éclectique ne fut pas seule, d'ailleurs, à entretenir en France la mémoire de Spinoza. Dans un esprit analogue à celui des philosophes de cette école, le pasteur Amand Saintes [1] et M. Léon de Montbeillard [2] étudièrent et critiquèrent l'œuvre de Spinoza, vers le milieu de notre siècle. En même temps, l'école saint-simonienne se plongeait dans un panthéisme presque spinoziste; Jean Raynaud consacrait au sage de la Haye un élogieux article dans l'Encyclopédie philosophique qu'il rédigeait avec Pierre Leroux, et tous deux reprenaient pour leur compte la théorie de l'*Éthique* sur l'immortalité facultative. Le panthéisme attirait des écrivains comme Quinet et Michelet; Prévost-Paradol consacrait à Spinoza, dans ses *Essais de Politique et de Littérature*, quelques belles pages; et Alexis de Tocqueville se croyait obligé de signaler les dangers de sa doctrine dans une démocratie, où elle devait fatalement, selon lui, affaiblir et peu à peu supprimer le sentiment de l'individualité du citoyen [3]. L'école positiviste, à son tour, tout en rejetant la métaphysique de Spinoza, comme toute métaphysique, rendait hommage au génie mathématique et à l'esprit si hautement indépendant du grand disciple de Des-

---

[1]. Amand Saintes, *Histoire de la vie et des écrits de Spinoza*.
[2]. Léon de Montbeillard, *De l'Éthique de Spinoza*. Paris, Joubert, 1851.
[3]. De Tocqueville, *la Démocratie en Amérique*, t. II, 1re partie, chap. VII.

cartes. Auguste Comte et M. Littré le mettaient au nombre des plus grands penseurs des temps modernes. Leur hardi et éminent disciple, M. Taine, alla plus loin. M. Taine est le successeur de l'école empiriste qui depuis Bacon a compté, surtout en Angleterre, tant de représentants distingués; Stuart Mill, plus encore peut-être qu'Auguste Comte, est son vrai maître. Mais à l'empirisme, M. Taine ajoute une idée qui modifie singulièrement la doctrine : l'idée de nécessité [1]. Le monde, dit l'empirisme, n'est qu'une série de phénomènes [2], sans que nulle part on y rencontre ce que les métaphysiciens appellent une substance; oui, répond M. Taine, mais ses phénomènes sont liés entre eux par la chaîne d'une nécessité inéluctable. Or cette idée de nécessité, c'est à Spinoza que l'emprunte M. Taine : il lui enlève le caractère transcendant qu'elle avait dans l'*Éthique* — puisqu'il n'admet pas la substance, — mais il lui laisse toute sa portée scientifique : c'est sur la rigidité de ce déterminisme universel qu'il fonde la psychologie, l'histoire, les sciences morales aussi bien que les sciences naturelles. Comme Spinoza encore, M. Taine nie le libre arbitre en déclarant que la volonté, pas plus d'ailleurs que l'entendement, n'est « une faculté », un « pouvoir », mais simplement une série d'états de conscience : qu'il n'y a pas dans l'esprit des agents et des pouvoirs occultes,

---

1. Voir, dans la *Revue philosophique*, le travail de V. Hommay sur « l'Idée de nécessité dans la philosophie de M. Taine ».
2. « L'esprit est un polypier d'images », dit M. Taine; comme Spinoza dirait : « l'esprit est une somme d'idées ».

mais simplement des faits de pensée et leurs lois. Lois qui d'ailleurs sont propres à l'esprit, qui mettent en lui la nécessité sans doute, mais une nécessité purement psychologique et interne. Car, de même toujours que Spinoza, M. Taine n'asservit pas l'esprit à la matière, mais il fait de tous deux des groupes de faits distincts, parallèles, mais séparés : la réalité, écrit-il, a deux faces, pensée et étendue, et au développement de notre intelligence correspond un mouvement de notre cerveau, mais sans que celui-là se réduise à celui-ci : il y a équivalence entre eux, il n'y a pas identité [1]; c'est exactement la théorie de l'*Éthique*. Ainsi les principales idées de Spinoza ont passé dans la philosophie de M. Taine; ce n'est pas une pure rencontre qui explique ces analogies; elles sont le fait d'une influence proprement dite, influence que M. Taine reconnaît lui-même volontiers. Avec Johannes Muller, il déclare, par exemple, que la théorie des passions telle que l'a conçue Spinoza est un monument incomparable d'analyse logique et psychologique, qu'elle constitue pour la science de l'esprit une acquisition définitive [2]. Il n'admire pas moins la morale même de Spinoza, et surtout la vie de sagesse et d'austérité dont elle fut l'expression; il la rapproche de la morale des stoïciens, et son auteur, des Épictète et des Marc-Aurèle; le plus bel éloge qu'il trouve à faire d'un ami trop tôt disparu, est de comparer son noble caractère

---

1. H. Taine, *De l'Intelligence*, t. I, dernier chapitre.
2. H. Taine, *les Philosophes classiques du* XIXe *siècle en France* 3e éd., 1868, p. 256-25..

à celui de « notre cher et vénéré Spinoza[1] ». Cette pénétration du spinozisme dans le système de M. Taine, comme dans le système de M. Spencer, cette admiration d'écrivains empiristes pour le plus dogmatique et le plus rationaliste des métaphysiciens, ne sont-elles pas curieuses à relever comme des témoignages de l'esprit philosophique de notre temps, d'un temps où toutes les limites s'effacent, où toutes les séparations disparaissent, où les écoles les plus opposées jadis tendent à se rapprocher, et, lasses de leurs inutiles polémiques, cherchent à s'emprunter les unes aux autres ce que chacune a de meilleur, pour synthétiser en leurs systèmes une part un peu plus large de la vérité?

Si nous avons trouvé chez M. Taine des traces de l'influence de Spinoza, nous ne pouvons nous étonner d'en trouver chez M. Renan; car l'idéalisme de ce dernier est à coup sûr plus propice que l'empirisme du premier au développement des idées spinozistes. Pourtant, ce n'est pas la métaphysique de M. Renan qui rappelle le plus l'auteur de l'*Éthique* : cette métaphysique serait beaucoup plutôt empruntée à Schopenhauer[2]. Mais la morale de M. Renan nous semble étrangement spinoziste. Pour cet écrivain, en effet —

---

1. H. Taine, *Nouveaux Essais de critiques et d'histoire* : voir l'étude sur *Frank Woepke*, 4ᵉ éd., p. 322. Voici d'ailleurs les lignes capitales : « Il était stoïcien de cœur et de conduite. Nul n'a mieux pratiqué la maxime qui ordonne de : supporter et s'abstenir. Bien des fois, en moi-même, je l'ai comparé à notre cher et vénéré Spinoza. »
2. Voir les *Dialogues philosophiques*.

si nous le comprenons bien, — il semble qu'il n'y ait au fond qu'une seule vertu chez l'homme : l'amour désintéressé du vrai; que les vertus pratiques et sociales soient toutes dérivées de celle-là; que le but, en somme, de l'humanité, soit la science, et la science seule. Mais n'est-ce pas une idée profondément et purement spinoziste? Sans nous arrêter à remarquer que les vertus pratiques dont M. Renan a composé sa vie [1] sont celles mêmes qu'on loue chez Spinoza, observons combien son idéal spéculatif, qui importe bien plus, est voisin de celui de l'*Éthique*. Développer sa raison, et par elle s'immortaliser, telle est pour M. Renan la loi suprême de la morale; telle elle était pour Spinoza. Aussi nul n'a-t-il, mieux que M. Renan, compris et exprimé l'originale doctrine de l'immortalité spinoziste. « La raison — a dit cet écrivain, — la raison triomphe de la mort; et travailler pour elle, c'est travailler pour l'éternité [2]. » « Les âmes que la raison gouverne, les âmes philosophiques, qui dès ce monde vivent en Dieu, sont à l'abri de la mort; ce que la mort leur ôte n'est d'aucun prix; mais les âmes faibles ou passionnées périssent presque tout entières, et la mort, au lieu d'être pour elles un simple accident, atteint jusqu'au fond de leur être [3]. » Cette parfaite et remarquable conformité de vue explique comment M. Renan a toujours manifesté, pour la vie et l'œuvre de Spinoza, une admiration profonde. Appelé dans une

---

1. Voir : *Souvenirs d'enfance et de jeunesse*, dernier chapitre.
2. *Discours de réception à l'Académie française.*
3. *Conférence sur Spinoza*, III.

circonstance solennelle, lors de la célébration du deux-centième anniversaire de la mort de Spinoza, à prendre la parole devant une assemblée choisie d'admirateurs et d'élèves du sage de la Haye, M. Renan prononça à cette occasion un éloge de Spinoza qui mérite de compter parmi les plus magistrales études qu'il ait écrites. Sur la philosophie même de Spinoza, M. Renan fait ses réserves; il trouve son auteur « étranger au mouvement réel de la vie », il lui reproche de mettre une géométrie trop inflexible dans des sciences concrètes qui n'admettent pas les lois abstraites et absolues de la pure logique. Mais, ce qu'il loue sans restriction, c'est l'existence même de Spinoza. « Sa vie, écrit M. Renan, fut un chef-d'œuvre de bon sens et de jugement. Elle fut conduite avec cette profonde habileté du sage, qui ne veut qu'une seule chose et finit toujours par l'obtenir [1]. » Spinoza voulut penser librement, et pour cela il se garda de tout éclat qui eût pu le compromettre; ce ne fut pas de la lâcheté, ce fut une prudence qui rendit grand service à la philosophie. C'est pour cela qu'il refusa si noblement une pension du roi de France, une chaire de l'Électeur palatin. « Il eut d'excellents amis, fut courageux lorsqu'il fallut l'être, protesta contre les fureurs populaires quand elles lui parurent injustes. Beaucoup de désillusions ne l'empêchèrent pas de rester fidèle au parti républicain; le libéralisme de ses opinions ne fut jamais à la merci des événements. Ce qui lui fait le

1. Ernest Renan, *Conférence sur Spinoza*, dans les *Nouvelles Études d'histoire religieuse*, p. 519.

plus d'honneur peut-être, c'est qu'il eut l'estime et l'affection sincère des êtres qui vécurent autour de lui [1]. » « Il n'était jamais ni triste ni gai; et l'égalité de son humeur paraissait merveilleuse. Peut-être eut-il un peu de tristesse le jour où la fille de son professeur Van den Ende lui préféra Kerkering; mais j'imagine qu'il se consola vite. La raison est une jouissance, disait-il, et le but où j'aspire dans cette vie, c'est la joie et la sérénité [2]. » Aussi « fut-il parfaitement heureux : il l'a dit, croyons-le sur parole [3] ». Il fut heureux, parce qu'il ne chercha jamais le bonheur dans les biens extérieurs, inconstants et incomplets, mais dans les seuls biens où il est vraiment : la paix de l'âme, la connaissance et la raison. Et c'est ainsi que, pour faire son bonheur, il s'éleva au plus haut degré de science, à la plus pleine conscience de l'universel qu'il ait été donné à l'homme d'atteindre. « C'est ici, c'est dans cette humble demeure du Paviloengracht, conclut M. Renan, que peut-être l'infini a été vu de plus près. » L'insuffisance de ses notions de science positive fut compensée par la pureté de sa morale; et c'est à l'élévation de sa vie qu'il dut toute la grandeur de son œuvre. — Quand on lit ces pages enthousiastes, une pensée s'impose invinciblement à l'esprit : n'ont-elles pas plus de portée que leur auteur ne leur en attribue? Ne passent-elles pas, si l'on peut ainsi dire, par-dessus Spinoza lui-même, pour embrasser dans une vue syn-

---

1. *Conférence sur Spinoza*, p. 521.
2. *Id.*, p. 523.
3. *Id.*, p. 519.

thétique toute une conception de la philosophie et de son rôle? Ne sont-elles pas moins encore un essai historique, qu'une exposition presque personnelle des idées de leur éminent auteur? Au fond, ce que M. Renan voit dans Spinoza, c'est peut-être, par delà le Spinoza de l'histoire, ce philosophe idéal que son esprit a rêvé : ce philosophe qui, par un don unique, saurait réunir à la spéculation la plus libre et la plus profonde, la sagesse pratique et la bonté morale les plus élevées; qui connaîtrait le mot de l'universelle énigme, non pour en ébranler les dogmes établis, mais simplement pour la paix et l'ornement de son esprit; qui ne se révélerait au dehors que par sa modestie et sa sereine bienveillance, en gardant au dedans de lui les trésors de sa science spéculative; qui serait plus docte que les doctes, mais plus humble aussi que les humbles; qui, avec la science d'un Dieu, aurait la douceur d'un enfant. Ce philosophe qu'a rêvé M. Renan, et dont lui-même s'est toujours efforcé de réaliser le type, c'est Spinoza qui lui apparaît comme en ayant le premier, quoique imparfaitement, donné le modèle. Voilà pourquoi M. Renan reconnaît en Spinoza un esprit de la même famille que lui-même; voilà pourquoi il en a choisi l'anniversaire pour tracer publiquement le tableau de son propre idéal spéculatif et pratique.

La morale de M. Renan n'est point même la plus récente qu'ait inspirée un souffle de spinozisme. Le meilleur élève de M. Renan, le jeune auteur de *Sous l'œil des Barbares* et de *Un homme libre*, est aussi, à sa manière, un spinoziste. Et si nous demandons la permission de dire un mot d'une théorie aussi contemporaine, c'est moins encore à cause du talent personnel de M. Barrès, que parce que ses ouvrages nous semblent caractériser assez exactement, dans leur franchise un peu brutale, l'état d'esprit de bon nombre d'intelligences cultivées à notre époque [1], et être très propres, dès lors, à faire voir ce qu'il peut entrer de spinozisme dans la façon de penser du temps présent. Ce qui frappe tout d'abord dans la morale de M. Barrès, c'est l'égoïsme dont elle est empreinte. Mais cet égoïsme n'a rien de vulgaire ; c'est cet « égoïsme théorique » dont parle Kant, et qui est le privilège de quelques esprits distingués. Au fond, cet égoïsme n'est pas fort différent de celui du stoïcien, qui lui aussi s'enferme en soi-même, « se roule en boule sur soi » ($\sigma\varphi\alpha\iota\rho\iota\zeta\varepsilon\tau\alpha\iota$), pour échapper aux prises du monde extérieur et trouver dans son âme seule le contentement et la paix. Et, comme le stoïcisme encore, cet égoïsme s'accommode parfaitement de la plus large et de la plus pleine — mais toute spéculative — expansion du moi : car s'unir d'esprit aux choses, pénétrer par l'intelligence l'univers tout entier, ce n'est rien de plus qu'élever et agrandir le moi, que varier les images qui passent à chaque instant devant ses yeux et réjouissent par leur diversité sa mobile attention. « Pourquoi vous isoler de l'univers [2] ? » « Votre sagesse n'est-

---

[1]. Voir les vers, que nous avons cités ailleurs, de M. Edmond Haraucourt.
[2]. Maurice Barrès, *Sous l'œil des Barbares*, 1888, p. 16.

elle pas en vous [1]? » Voilà les deux formules, si opposées en apparence et pourtant si d'accord, qui résument toute cette morale. C'est précisément dans cette mesure que M. Barrès est spinoziste. Car Spinoza, lui aussi, nous le savons, fonda sur l'égoïsme une morale de la connaissance et de l'amour; Spinoza, lui aussi, nous l'avons vu, concilie les deux formes du stoïcisme, le stoïcisme qui enferme l'individu en lui-même, et celui qui lui montre en Dieu son bonheur. De là les points de ressemblance qu'offre avec sa théorie celle de M. Barrès. Ce n'est point du pur spinozisme, sans doute, que cette brûlante fièvre d'expansion qui agite le moi de M. Barrès : « il halète de tout embrasser, s'assimiler, s'harmoniser; il aspire à l'absolu.... Délices de comprendre, de se développer, de vibrer, de faire l'harmonie entre soi et le monde, de se remplir d'images indéfinies et profondes!... L'univers me pénètre et se développe, et s'harmonise en moi;... et moi, je suis tous les êtres [2]. » Ce serait plutôt du panthéisme à la façon de Maurice de Guérin [3], du panthéisme poétique plutôt que philosophique. Mais, à côté de cela, M. Barrès n'a-t-il pas fait profession de son attachement à Spinoza? Ne déclare-t-il point que Spinoza est l'un des maîtres auquel il doit l'affranchissement de son âme : « dans l'intrigue de Paris, je me suis libéré de moi-même parmi les ivresses confuses de Fichte et dans l'orgueil un peu sec de

1. *Sous l'œil des Barbares*, p. 17.
2. *Id.*, p. 157-158.
3. M. de Guérin, *le Centaure*.

Spinoza[1] »? Spinoza n'est-il point un de ceux auxquels il est agréable de songer, quand d'ailleurs rien ne nous vient troubler dans les douceurs de la paresse, comme à un sage désabusé qui ne nous a point envié un peu de sa consolante sagesse? « Heures exquises et rapides où, fort bien installé, on rêve de Baruch de Spinoza qui, lassé de méditations, sourit aux araignées dévorant les mouches, et ne dédaigne pas d'aider à la nécessité de souffrir[2]! » C'est un précieux éloge, sans doute, que celui-là, chez un auteur qui ne prodigue guère que la critique; mais, vraiment, est-ce bien l'éloge qu'aurait désiré Spinoza?

Chez un autre de nos contemporains, que l'âge et le talent rapprochent de M. Barrès, nous retrouvons cette même influence de Spinoza. Si M. Maurice Barrès est un philosophe qui affectionne la forme du roman, M. Paul Bourget est un romancier qui s'intéresse à la philosophie. Et c'est à ce titre que son œuvre doit nous occuper, car elle représente parfaitement les tendances de toute une jeune école littéraire, celle qui porte dans l'art et dans la critique de hautes préoccupations de moralité et de science à la fois. M. Paul Bourget connaît Spinoza, et il l'aime. La théorie des passions est nécessairement ce qui, dans l'*Éthique*, l'a frappé le plus vivement : et il l'apprécie avec finesse. Il relève fort justement ce caractère d'indépendance, d'autonomie, prêté par Spinoza à la passion, de même

1. Maurice Barrès, *Un homme libre*, Paris, 2ᵉ éd., 1889, p. 229.
2. *Sous l'œil des Barbares*, p. 26-27.

qu'à toute idée[1], comme si la passion et l'idée existaient « en soi », en dehors de l'être passionné et de l'être pensant. Très exactement M. Bourget retrouve la même erreur chez Racine[2], cet autre disciple de Descartes. — M. Bourget admire surtout, dans la théorie spinozienne de la passion, un célèbre scholie sur la jalousie (*Éthique*, liv. III, prop. 35, scholie), qu'il déclare être la plus vivante et la plus forte peinture qu'on en ait donnée[3]. Ailleurs il prête à son Adrien Sixte une série de « remèdes d'amour » qui ressemblent fort aux remèdes de Spinoza contre les passions[4], et qui ont exactement le même défaut que ceux-ci, celui de n'être applicables qu'après guérison. Quant au portrait de Spinoza lui-même, M. Bourget, à côté de quelques traits malicieux, y fait surtout paraître son admiration[5]. De telle sorte que nous restons, en somme, sous une impression favorable. Pour M. Bourget comme pour M. Barrès, comme pour M. Renan et pour M. Taine, et pour combien d'autres aussi[6] ! — Spinoza est mieux qu'un grand penseur : c'est avant tout un sage.

1. Voir notre chapitre II, p. 34, note.
2. *Études et Portraits*, 1889, p. 355.
3. *Physiologie de l'amour moderne*, 1890, p. 220-222.
4. Voir notre chapitre I.
5. *Physiologie de l'amour*, loc. cit.
6. Voir notamment M. André Lefèvre, un des chefs du matérialisme en France, qui loue Spinoza de son indépendance et de la dignité de son caractère, mais ne saurait lui pardonner d'être un métaphysicien abstrait (*la Philosophie*, par A. Lefèvre).

CONCLUSION

SPINOZA ET LA PENSÉE CONTEMPORAINE

Nous avons dû jusqu'ici, pour suivre l'influence de Spinoza, étudier séparément chacune des nations sur lesquelles elle put rayonner. Si maintenant nous essayons de nous élever, au-dessus de ces analyses, à une vue synthétique de l'action du spinozisme, nous ne pouvons nous empêcher d'être frappés, tout d'abord, de la remarquable diffusion des idées de l'*Éthique* à notre époque. Non seulement elles sont connues en France, en Allemagne, en Angleterre, mais nous en retrouverions les traces jusqu'en Amérique, où le stoïcisme du grand moraliste Emerson ne va point sans quelque teinte de panthéisme, et — dans une doctrine bien différente — jusqu'en Russie, où le nihilisme théorique a pris naissance dans la propagation d'une doctrine issue de Spinoza, l'hégélianisme. Nous les retrouverions même en Asie, dans ces foyers toujours si intenses de pensée religieuse et mystique, qui sont la Syrie et surtout la Perse : il n'y a rien, dans toute la philosophie occidentale, qui éveille autant la curiosité des théologiens orientaux, que les doctrines de Hegel et de Spinoza [1]. Mais, en dehors de cette lointaine expansion, si nous restons dans notre vieille Europe, il semble que les théories de Spinoza soient universellement répandues, non seulement dans le monde des philosophes, mais dans celui même des artistes et des savants. La poésie contemporaine n'est-elle pas tout imprégnée de panthéisme? le romantisme en Allemagne, en Angleterre, en France, ne s'est-il pas fait en vue de ranimer et de restaurer le culte de la nature? et, depuis le romantisme même, que voyons-nous chez des poètes comme M. Leconte de Lisle, sinon la continuation et l'exagération du même idéal? A vrai dire, il y a là plus de panthéisme que de spinozisme proprement dit. Tous ces poètes ignorent Spinoza, et c'est sans le connaître qu'ils s'inspirent de son esprit. Mais Spinoza, en revanche, est lu et apprécié par les hommes de science : depuis Johannes Muller jusqu'à MM. Wundt, Taine et Lewes, nous voyons qu'il est universellement admiré par les physiologistes et les psychologues de l'école expérimentale, à tel point qu'on a pu dire que « Spinoza devient de plus en plus le philosophe des gens de science [2] ». N'avons-nous pas vu deux esprits bien opposés, dont l'un représente en philosophie les tendances réalistes et scientifiques,

---

1. Comte de Gobineau, *les Religions et les Philosophies de l'Asie centrale*, 2e édit., p. 139.
2. Pollock, *Spinoza*, dernier chapitre.

et l'autre les tendances idéalistes et poétiques, M. Herbert Spencer et M. Ernest Renan, le premier reproduire en partie Spinoza, le second le couvrir de fleurs? Ainsi, de tous les côtés, à notre époque, on semble admirer Spinoza et s'inspirer de ses œuvres. Les penseurs des écoles les plus opposées paraissent réunis par une commune vénération pour sa mémoire. Ce sentiment s'est fait jour, il y a peu d'années, lors de l'érection d'un monument de Spinoza à la Haye[1]. De toutes les parties du monde ont afflué les souscriptions; des hommes de toute race, de toute croyance, de toute profession, ont tenu à honneur d'envoyer leur obole en vue de contribuer à un grand et tardif acte de justice. A la statue de la Haye est venu s'ajouter — fruit d'un reliquat de la souscription — un monument plus durable : la belle édition des œuvres de Spinoza par MM. Van Vloten et Land, suivant d'assez près les remarquables travaux de deux commentateurs de Spinoza, M. Frederick Pollock en Angleterre, et M. Kuno Fischer en Allemagne. Ainsi rien ne semble manquer de nos jours à la gloire de Spinoza, ni l'hommage matériel de sa patrie et du monde entier, ni le témoignage, plus précieux encore, que portent de son action les travaux des penseurs les plus éminents et les plus divers.

Cependant, dans cette renaissance du spinozisme, il semble qu'une partie de la doctrine soit restée oubliée; et c'est celle précisément qui doit ici nous intéresser

---

[1]. Noter cependant la protestation de M. Renouvier, que publia à cette date la *Critique philosophique*.

le plus, c'est la morale. De toutes les parties de son œuvre, la morale était celle à laquelle Spinoza tenait le plus, puisque c'est pour aboutir à elle qu'il avait composé toutes les autres ; et il se trouvait maintenant que ce qui survivait de son œuvre, c'était précisément ces parties accessoires, psychologie et métaphysique, tandis que la morale, partie essentielle, demeurait sans influence. La conception spinoziste de la nature et de Dieu semblait triompher — non pas, il est vrai, sous la forme même que lui avait donnée Spinoza, mais en s'accentuant, chez les savants, dans le sens du mécanisme, et chez les poètes, dans le sens tout opposé de la vie universelle ; — mais la conception spinoziste du bien et de la félicité humaine semblait au contraire disparaître. Que voyons-nous, en effet, si nous envisageons l'état actuel des doctrines morales? D'un côté, les théories utilitaires, appuyées surtout par l'école anglaise, théories qui enferment l'homme dans la recherche d'un intérêt purement humain, théories d'une « morale indépendante », qui prétend se passer, non seulement de toute religion, mais de toute métaphysique. De l'autre côté, les théories qui fondent la morale sur le devoir, théories mêlées de christianisme et de kantisme, qui font appel à la métaphysique et à la religion, mais qui commencent par placer l'idéal moral dans les régions transcendantes, par établir que son essence n'a rien de commun avec celle de l'intérêt. D'une part donc, une psychologie de l'intérêt; de l'autre, une métaphysique du bien : c'est entre ces deux théories extrêmes que la lutte aujourd'hui est circonscrite. Or la théorie de Spinoza était un essai de conciliation de ces deux systèmes, puisque c'était une métaphysique de l'intérêt et une psychologie du bien. Mais nos moralistes modernes n'ont pas voulu de cette conciliation, et ils ont préféré courir de nouveau aux solutions radicales : ils ont rouvert le vieux débat de l'épicurisme et du stoïcisme, que Spinoza avait prétendu clôturer. Ont-ils bien fait? ont-ils eu tort? l'avenir en décidera. Une chose cependant est certaine : c'est qu'on ne rejette jamais impunément les solutions larges, celles qui donnent, autant que possible, satisfaction aux tendances opposées; c'est qu'il est toujours périlleux d'édifier sur une base étroite des systèmes, quand il s'en présente un, tout à côté, qui repose sur de plus amples données. Nos contemporains peuvent avoir plus de lumières que Spinoza sur tel ou tel point particulier; il y a peut-être plus de rigueur scientifique chez les Anglais, plus de subtilité métaphysique chez les Allemands, plus de hauteur et de pureté morale chez les Français, qu'il n'y en avait dans l'*Éthique* de Spinoza; mais nulle part encore, parmi les modernes — à notre connaissance tout au moins, — on ne trouve réunies à un tel degré les qualités qui passent pour les plus opposées. Ce que nos contemporains gagneraient à mieux connaître la morale de Spinoza, ce serait cette incomparable largeur de vues qui, dans l'*Éthique*, fait se succéder, en leur ordre hiérarchique naturel, et se superposer les diverses idées — parfois contraires l'une à l'autre — dont s'inspire toute l'activité de l'homme : amour de soi-même, amour de l'humanité, et, entre ces deux amours, pour en former le lien, amour de l'Être infini. Mais il est une chose qu'ils pourraient encore apprendre de Spinoza, et qui est, au fond, le plus grand enseignement qu'il nous ait légué. Ils pourraient apprendre de lui comment on fait pour pratiquer soi-même les préceptes qu'on a posés pour les autres; comment on peut, par le développement de sa raison, réaliser en sa propre âme l'infinie et la parfaite béatitude; comment la contemplation de l'ordre universel, si nous en faisons l'occupation de notre vie, nous élève au-dessus des choses périssables et nous porte jusqu'à Dieu même. N'est-ce pas le plus beau titre de cette doctrine, d'avoir inspiré toute la vie de son auteur, et d'en avoir fait un modèle incomparable de vertu?

FIN

TABLE DES MATIÈRES

INTRODUCTION

Origines de la morale de Spinoza...................... 1

PREMIÈRE PARTIE

Exposé critique de la morale de Spinoza.

Chapitre I.	— Conception, rôle, et méthode de la morale..	25
II.	— Données métaphysiques de la morale......	32
III.	— Critique de la liberté....	39
IV.	— Critique du bien en soi...................	51
V.	— Critique des théories morales courantes...	60
VI.	— Théorie du bien.........................	69
VII.	— La vie suivant la passion..................	80
VIII.	— La passion et l'action.....................	102
IX.	— Idéal de la vie rationnelle.................	115
X.	— Pratique de la vie rationnelle.............	126
XI.	— Résultats de la vie rationnelle.............	138
XII.	— Politique de Spinoza, dans ses rapports avec sa morale................................	150
XIII.	— Appréciation de la morale de Spinoza : ses mérites...................................	166
XIV.	— Appréciation de la morale de Spinoza (suite) : ses défauts...............................	176

DEUXIÈME PARTIE

Histoire de l'influence exercée par la morale de Spinoza.

Chap. XV.	— Caractères généraux de l'influence qu'exerça la morale de Spinoza..................	187
— XVI.	— Le spinozisme chrétien en Hollande.......	192
— XVII.	— Le spinozisme en France au xviie siècle; Malebranche........................	198
— XVIII.	— Leibniz............................	209
— XIX.	— Locke et l'esprit anglais................	216
— XX.	— Bayle et Boulainvilliers; la société française au xviiie siècle......................	226
— XXI.	— Les philosophes français du xviiie siècle....	234
— XXII.	— Le panthéisme et le matérialisme français au xviiie siècle.......................	246
— XXIII.	— La renaissance du spinozisme en Allemagne.	269
— XXIV.	— La morale des philosophes allemands......	280
— XXV.	— L'Angleterre au xixe siècle..............	300
— XXVI.	— Le spinozisme en France au xixe siècle.....	310
Conclusion.	— Spinoza et la pensée contemporaine.......	326

www.ingramcontent.com/pod-product-compliance
Lightning Source LLC
Chambersburg PA
CBHW060509170426
43199CB00011B/1388